雅理

我只是想去看看外面的世界。我觉得或许在中国也能够很好地获取知识,但我认为那不是最重要的事情。我想拓宽我的视野。在我年轻的时候,我想出去看看更大的世界。这对我来说是无价的。

留学的孩子

雄心勃勃
且忧心忡忡的一代人

Ambitious and Anxious

How Chinese College
Students Succeed and
Struggle in
American Higher Education

马颖毅 著 展宁 等 译

生活·讀書·新知 三联书店

Simplified Chinese Copyright © 2024 by SDX Joint Publishing Company.
All Rights Reserved.
本作品简体中文版权由生活·读书·新知三联书店所有。
未经许可，不得翻印。

图书在版编目（CIP）数据

留学的孩子：雄心勃勃且忧心忡忡的一代人 / （美）马颖毅著；展宁等译. -- 北京：生活·读书·新知三联书店, 2024.9. --（雅理译丛）. -- ISBN 978-7-108-07914-5

Ⅰ. G529.6

中国国家版本馆 CIP 数据核字第 2024Z6L904 号

AMBITIOUS AND ANXIOUS: How Chinese College Students Succeed and Struggle in American Higher Education by Yingyi Ma
Copyright © 2020 Columbia University Press
Chinese Simplified translation copyright © (2024)
by Tao Zhi Yao Yao Culture Co., Ltd
Published by arrangement with Columbia University Press
through Bardon Chinese Creative Agency Limited
博達創意代理有限公司
ALL RIGHTS RESERVED

文字编辑	蔡雪晴
责任编辑	王晨晨
责任校对	张国荣
责任印制	宋　家
出版发行	生活·讀書·新知 三联书店
	（北京市东城区美术馆东街 22 号 100010）
网　址	www.sdxjpc.com
经　销	新华书店
印　刷	三河市天润建兴印务有限公司
版　次	2024 年 9 月北京第 1 版
	2024 年 9 月北京第 1 次印刷
开　本	880 毫米 × 1092 毫米　1/32　印张 11.25
字　数	224 千字
印　数	00,001 － 10,000 册
定　价	68.00 元

（印装查询：01064002715；邮购查询：01084010542）

本书献给我的父母——马宁生与王凤华

你们的爱是我生命的支柱

目 录

中文版序   i
致 谢   vii

第一章   雄心勃勃，忧心忡忡：在美国的中国本科生   1
第二章   小别离：留学成为中国城市新的教育福音   32
第三章   "从哈喽到哈佛"：通往美国高等教育之路   64
第四章   中美教育体系探索与比较   94
第五章   保护性隔离：中国学生自己玩   134
第六章   大学的专业选择、理由和困境   165
第七章   三思而后言：课堂参与的真正难题？   195
第八章   留学生的变化与反思   222
第九章   留下还是回国：这是一个问题   248
第十章   关于中国本科生，美国高等教育需要知道的事   279

附 录   研究采取的方法   298
注 释   303
参考文献   316
译后记   336

中文版序

十多年前，每次我回国，都有人问：何时送孩子留学合适？似乎，问题不在于是否送孩子留学，而是在什么阶段送孩子留学。

我意识到，留学已然从少数学术精英的选择转变为城市中产的普遍选项之一。这一结论得到了数据上的支持：从2005年到2019年，就读于美国高等教育机构的中国本科生数量增加了16倍。

2020年初，新冠肺炎疫情开始肆虐全球。我的这本英文著作也由哥伦比亚大学出版社出版。在书中，我提出"留学作为新的教育福音"的观点，对于大多数来自城市、具有上层和中产阶层背景的中国学生而言，留学美国已成为一种新的"教育福音"。留学不仅许诺了将学生从中国严苛的应试教育体系中解放出来，还开辟了通往高质量教育的新路径。

自我的英文专著出版以来，许多事情发生了变化。疫情和地缘政治给留学生带来了前所未有的挑战。在美国，前总统特朗普反复使用"中国病毒"（China Virus）一词，使得在美的中国学生面临公共卫生污名和新种族主义的威胁。除了煽动性的言论，特朗普政府还提出并实施了几项针对中国学生的政策，其中包括撤销与军方有关联的中国研究生的签证。拜登政府在某些领域改变了政策，但并非全部，从最近一些理工科领域的中国研究生的签证被拒，就可以看出这一点。

在个人层面，这些挑战让许多中国学生措手不及。那些来自城市中产家庭的学生原本认为他们有权利享受全球教育，以此扩展他们的精英资源，如今却发现自己在中美紧张关系加剧和存在致命疫情的情况下面临着难以想象的风险。

更广泛地看，将美国视为全球化和世界性资本中心的观念在疫情之后受到了质疑，这场危机揭示了美国社会内部深刻的分裂。对疫情的不当管理，加上反亚裔仇恨情绪的再次抬头，让中国学生及家长开始质疑美国的实力，重新思考是否留学美国。

那么，留学美国作为教育福音是否已成为过去式？至少我不这么认为。从根本上看，过去十几年推动如此多中国学生去美国读本科的社会力量仍然坚挺，这包括美国高等教育的全球优势，中国学生及家长对优质教育的渴望和中国社会内部日益加剧的教育内卷。无论是疫情还是地缘政治都不足以改变中国学生和家长会继续将留学美国作为教育福音，尽管留美的峰值已过。

美国高等教育的全球优势

中国的高等教育发展迅猛，但是美国仍然拥有40所排名进入前100的世界一流大学。大学的发展需要积淀，中国很难在短时间内建设出世界一流大学，而批判性思维和一流创新人才的培养仍需要时间。

对于中国学生和家长而言，进入一所美国好大学的竞争远没有进入一所中国好大学那么激烈，对于大量渴望高质量教育但无法通过考试进入国内顶尖学校的中国学生来说，美国高等教育仍然具有教育福音的价值。具体而言，进入中国985院校的概率小于5%，而美国一些排名前50的大学的录取率却高达50%。

此外，美国高等教育的自由和开放性还为中国学生提供了难得的第二次选择和向上流动的机会，比如可以更自由地转学和换专业。在美国，大学生换专业的情况非常普遍，美国大学通常会在学生大三或更晚的时候才要求他们确定最后的专业，但在中国大学换专业会受到诸多限制，因为专业选择与学生的高考成绩挂钩。学生有转学的机会也是美国高等教育的一大优势。比如，美国前总统奥巴马本科最初就读于名不见经传的西方学院（Occidental College），在大二时转学到哥伦比亚大学并从那里毕业。在中国，这是难以想象的。

中国学生和美国高等教育彼此需要

对美国大学来说，中国学生仍然是一个非常有吸引力的群体。中国本科生缴纳的学费有助于缓解一些美国大学（尤其是公立院校）面临的财政赤字；而理工科领域的中国研究生为美国教授的实验室提供了关键的人力资本，并为美国未来的发展贡献了科技领域的劳动力。这就是为什么美国高等教育机构往往欢迎中国学生，并在政府限制中国学生入境时为国际学生的权利发声。

美国高等教育具有一定程度的独立性。例如，在2020年夏天，50多所美国大学成功起诉特朗普政府，阻止其吊销线上听课的国际学生的签证。虽然许多国际学生在特朗普政府执政期间感觉生活受到了威胁，但美国高等教育仍为他们提供了可以依赖的缓冲。在特朗普政府的四年任期内，美国高校一再站出来反对联邦政策——从针对伊斯兰国家的旅行禁令，到在疫情期间禁止国际学生在家远程学习的政策。美国高等教育机构在法律上取得的这些胜利，不仅让国际学生感到安心，也让他们备受鼓舞。

简而言之，中国学生和美国高等教育仍然彼此需要，尽管这种需要比疫情前略有减弱。一些学生可能将首选留学目的地从美国转变为加拿大、日本等其他国家，但美国不太可能失去中国学生首选留学目的地的地位。如果有例外，可能就是理工科等敏感领域的中国研究生。一些理工科学生在部分涉及敏感话题的高科技领域较难获得签证批准。美国高等教育机构、科技公司和一些政客对此提出了抗议，认为这等于"自毁长城"，也与美国的国家利益相悖。中国理工科博士生在美国的留驻率仍然超过80%，稍低于2017年90%的高峰。

中国的教育内卷

中国日益加剧的教育内卷也驱动家长和孩子继续考虑留学。内卷带来竞争过度，学生为了微小的优势而不断加大投入，最终导致大家付出的越来越多却收益有限。教育内卷这一概念从疫情期间开始迅速传遍大江南北，成为教育领域中的一个热词。"内卷"（involution）的概念最初由美国人类学家格尔茨（Clifford Geertz）在1963年提出，用于农业发展的研究，后来被引入教育领域，用以描述教育系统中由于资源差异化和激烈竞争导致的过度投入和边际效益递减的现象，即产生了一种"无谓竞争"，中国学生及家长越发感受不到竞争的意义，却又被整个体系裹挟着往前走，不敢停下，生怕落后，身心俱疲。

"无谓竞争"在许多中国学生和家长中催生了摆脱国内教育体系的愿望。新兴中产阶层往往是这一体系中最焦虑的群体，因为他们害怕自己的孩子落后于人，不能保住自己岌岌可危的社会经济地位。本书的研究发现，第二代中国新兴中产阶层是留学的主要群体，即使留学的孩子能在中国教育体系中存活下来，他们仍然认为美国教育在育人方面更好——更全面、更人性化。因此，吸引他们的不仅仅是美国文凭，还有美国高等教育本身。他们对更好教育的渴望是真实的，在后疫情时代也不太可能轻易消失。疫情给国际教育带来了出行和签证方面的挑战，但并没有从根本上改变中国学生接受美国教育的愿望。问题是他们是否以及如何能实现这一愿望。

教育内卷现象的背后有中国教育分层和教育产业化的大时

代背景。与快速扩张的中国高等教育相伴而生的，是教育体系内部日益加剧的分层，为了建设世界一流大学，中国正迅速将教育资源集中在重点院校，进入这些院校的竞争也在加剧。由于高等教育在短时间内迅速扩张，劳动力市场正日益饱和，大学毕业生的就业压力骤增。此外，教育领域的商业化让私人资本的影响愈发强大。提供课外补习服务的私营机构不断增多，将教育变成了一种产业，试图从学生进入重点中学和最终进入顶尖高等学府的愿望中赚钱。这也造就了教育领域的疯狂竞争。

这种现象往往反映了社会对成功的单一定义和价值观的同质化。从这个层面分析，我认为教育内卷的实质是价值观的单一。因此，留学确实可以成为一种打破这种内卷状态的方式，它使学生有机会接触不同的教育体系和文化背景，探索和实践多元的价值观。通过留学，学生不仅能学到专业知识，还能培养跨文化交流的能力和共情能力，这些都是当今世界中极为宝贵的能力。此外，留学还有助于学生建立更为广泛的国际视野，理解和欣赏不同文化中的多样性，这对于拓展价值观、培养独立人格有积极的影响。

在这个高度内卷、国人焦虑疲惫的时代，最容易也最可怕的就是失去自我。留学的孩子在跨出国门的旅程中，通过接触不同的文化、教育制度、生活方式，有机会挑战原有的价值观，探索自己的潜能，继而有可能发现自我，重塑自我，实现个人成长。

马颖毅
2024年7月

致　谢

二十多年前，我在中国获得学士学位后第一次踏上美国的土地。那时我知道，像我这样的学生来美国的唯一途径，就是读由美国高校全额资助的研究生。

2006年，我开始在美国的一所私立研究型大学任教。这所大学坐落在纽约州中部一个安静、似乎一成不变的小城里。随着时间的推移，越来越多的中国本科生涌入这个小城，为小城增添了活力，也促进了亚洲餐馆和超市的繁荣。这些学生几乎都是由家庭资助赴美的。如今，来美国留学的中国本科生人数已经超过了研究生。这种变化很大程度上源于过去二十年中国中产阶层的崛起。

这就是本书的写作动机：中国留学生身上彰显了一个变化的时代和中国。中国留学生在美国的经历与正处于急剧变化的中国的社会、文化和教育背景密切相关。

2012年当我刚着手这个项目时，美国媒体主要关注新一代中国留学生的财富，仿佛所有的中国留学生都很富有。而在特朗普政府上台后，中国留学生又常常遭受怀疑，并被贴上潜在间谍的标签。然而，这些留学生自己的声音却无人问津，他们的经历也付之阙如。这些对他们的审视忽略了这个群体的多样性。

我希望本书能以一种更为平衡且多层次的方式描绘这群新一代的中国留学生。他们不都像以往的留学生那般身处精英学术圈，亦非只是在竞争激烈的中国教育体系中受挫或逃离的一群人。他们的学术背景和其社会经济背景一样多元。他们既可能是企业家的子女，也可能是工程师、医生、司机、教授或程序员的后代。作为新时代中国的年青一代，他们所处的国家既充满着雄心壮志，又深感忧心忡忡，而这些留学生正是这种双重性的体现。

这个项目是我获得终身教职后的心血。对所有帮助我完成这本书的人，我深表感激。首先，我要感谢这项研究的所有参与者，包括那些志在赴美留学的大学生和高中生，以及所有参与国际教育的教育工作者。正是由于他们的努力和奉献，中国在跨国教育领域才能够不断发展。我对他们的慷慨支持、他们对本项目的巨大信任以及他们对教育事业的热忱奉献，深表诚挚的感谢。

我还要特别感谢雪城大学马克斯韦尔学院的院长办公室，他们任命我为2014年至2017年奥汉利学院首届学者。这份奖金为我提供了三年额外的研究经费。在美国，类似的研究项目往往得不到足够的资助，所以这样的支持对我来说意义非凡。

我还要感谢在雪城大学马克斯韦尔学院的同事和朋友：艾米·拉茨（Amy Lutz）、麦当娜·哈灵顿·迈耶（Madonna Harrington Meyer）、特里·劳茨（Terry Lautz）和杰里·米纳（Jerry Miner）。我们多次共饮咖啡、共进午餐，这不仅激发了我的思考，也为原本平淡的学术生活增添了乐趣。我在约翰斯·霍普金斯大学的导师郝令昕（Lingxin Hao）、卡尔·亚历山大（Karl Alexander）和安德鲁·谢林（Andrew Cherlin）不仅邀请我回母校就本书的前期研究和写作发表演讲，还阅读了手稿的多个章节。他们提供的反馈精辟而深刻。我亲爱的朋友，纽约城市大学亨特学院的维维安·路易斯（Vivian Louis）和纽约大学的华宇·塞巴斯蒂安·程（Hua-Yu Sebastian Cherng）抽出宝贵的时间阅读本书，并提出了宝贵意见，对整本书的完善起到了重要作用。

还有几位研究助理积极参与了我的研究。我指导过的研究生张玥（Yue Zhang）参与了项目从构思到实施的全过程，她正在儿童和家庭研究领域开辟自己的学术道路，我不怀疑她将来会有辉煌的学术生涯。本科生研究助理阿什利·韩（Ashley Han）、尤帅（Alex You）等同学协助我更新了研究的统计数据，并招募了不同的参与者。他们的热情和支持帮助我度过了写作本书的漫长时光。

哥伦比亚大学出版社的执行主编埃里克·施瓦茨（Eric Schwartz）在本书尚未成形时就决定与我签约。感谢他的信任。我还要感谢助理编辑洛厄尔·弗莱（Lowell Frye）、制作编辑凯瑟琳·豪尔赫（Kathryn Jorge）以及森维欧（Cenveo）项目经理本·科尔斯塔德（Ben Kolstad）。正是他们在项目最后阶段展现出的敬业精神，保证了本书的顺利完成。此外，我还要感谢我的私人编辑亨利·扬基维奇（Henry Jankiewicz）。亨利教我将写作看作一门手艺，以耐心和精确的态度来对待它。

我非常感谢匿名审阅本书选题和成稿的专家。他们的批评和意见无疑使我在写作中焦点更加明确，主题更加凝练。此外，哥伦比亚大学出版社的设计团队也非常出色。这本书的封面令人赞叹：它用艺术家的眼光完美展示了本书的意蕴和主题。

作为一名曾经的留学生，我也经历了一段充满雄心和忧心忡忡的旅程。我的丈夫林颖（Ying Lin）一直陪伴着我，使这段旅程变得相对轻松。他也曾是留学生，在自然科学领域接受过学术训练，同时对社会问题有着好奇心和非凡的洞察力。他的机敏和幽默让我的生活充满欢声笑语。我们之间的许多次谈话都给予了我启发，照亮了我们共同走过的旅程。

我们的儿子杰登·马·林（Jayden Ma Lin）现在已经是个少年。他出生以来的大部分时间里，我都没有停止过工作。我很难摆脱"职场妈妈综合征"带来的内疚和自我怀疑。直到有一天，他给我带来了一个惊喜。他也开始写书了——他在一个小本子上画了漫画，并且用一些他能拼出的单词编排了故事情节。当时他刚上二年级，却自信地认为自己将成为一名出色的作家。他甚至认真地提议我们进行一场比赛："妈妈，我们来比赛，看谁写的书多。"我哈哈大笑。看到写这本书对儿子产生了积极的影响，我感到非常欣慰。

我亲爱的父母虽然远在万里之外，但始终是我最坚实的支柱。尽管在社会经济地位上算是普通人，但他们实属中国那一代人中最与众不同的父母。他们尊重我的观点和选择，几乎从不强迫我做任何事情。他们对待生活的态度——常常大笑，不时自嘲——教会了我如何在家庭和世间立身处事。虽然我们身距万里，但我每一天都能感受到他们的爱意。他们的支持是我生活的支柱。父母深恩，无以为报，谨将此书献给他们。

第一章

雄心勃勃，忧心忡忡：在美国的中国本科生

在帕森斯设计学院完成本科学业后，我打算前往世界第一的时装设计学院——伦敦的中央圣马丁艺术与设计学院攻读研究生。然后，我希望能像王薇薇（Vera Wang）一样担任知名品牌的时装设计师，工作一年到两年。之后，我计划回到中国，发展自己的品牌。但我不确定自己是否能够实现这些计划。

——小乔[*]，就读于纽约市帕森斯设计学院时装设计专业

我甚至不知道在这里学习和生活到底花了多少钱。父母总是安慰我，说不用担心。我们很少谈论这个。我知道他们也希望我能找到一份高薪的好工作。所以我在这里学习会计，希望能找到一份工作。我经常怀疑在这里留学是否值得。

——小萨，就读于印第安纳大学伯明顿分校会计专业

---

[*] 本书对受访者均做了匿名化处理。——译者注。（凡以*号标示的均为译者注，后不再一一注明。——编者）

小乔和小萨都是新一代赴美留学的中国本科生，这群学生几乎都是自费在美国高校学习。小乔是上海人，于2010年来美国读高中。她先在波士顿地区的一所私立寄宿学校度过了三年，然后就读于纽约市帕森斯设计学院，主修时装设计。属于人数激增的赴美读中学的中国学生中较早出国的一批人，她得以逃离竞争异常激烈的中国教育体制，避开为准备中国高考而进行的紧张的高中应试教育。在私立寄宿学校学习三年，再加上在美国精英私立大学学习四年，包括学费和生活费在内，需要花费近50万美元。但小乔来自一个富裕的家庭——她的父母在上海都是成功的企业家。他们都是大学毕业生，创立了自己的纺织企业，享受到了20世纪70年代末改革开放以来中国开放市场的红利。

小萨来美国的路径与小乔截然不同。她来自中国南方城市广州，并在那里的一所大学读到大二，2012年以交换生的身份来到加利福尼亚大学河滨分校。她经过了压力重重的中国高考，被中国一所虽是二流高校但依旧竞争激烈的大学录取。在近年涌现的中美高校国际合作项目[1]的资助下，小萨得以赴美，然后她从加利福尼亚大学河滨分校转学到印第安纳大学伯明顿分校，成为一名会计专业的全日制学生。她在美国的教育花费比小乔少得多，因为她前两年在中国大学读书的学费每年不到1000美元，尽管她必须支付州外学费*才能

---

* 州外学费（out-of-state tuition），指在美国某个州的公立大学或学院就读时，非本州居民需要支付的学费。

在印第安纳大学伯明顿分校就读。[2]小萨的家庭很普通，母亲没有工作，父亲做小生意。她的父亲晚上还兼职开滴滴，以补贴家用。她的父母都没有上过大学，所以她是家里的第一代大学生。她打算毕业后立即工作，以回报父母对她的教育投资。作为一名会计专业的学生，她在美国的起薪可能会比在中国高，所以她想留在美国。但是，在美国移民限制越来越多的情况下，她不确定自己能否争取到工作签证。

优越且多样的背景

在过去的十年里，美国高校见证了中国本科留学生数量的惊人增长。这些中国本科生推动了美国国际学生入学人数的增长。在全美范围内，从2005年到2015年，中国本科生入学人数从9,304人增长到了惊人的135,629人，增长了10倍以上（见图1.1）。尽管特朗普政府采取了限制性移民政策，但在2016—2017学年中，中国学生的入学人数仍然增长了6.8%。[3]在2017—2018年国际学生总体入学人数减少的背景下，中国本科生入学人数增长了4%，研究生入学人数增长了2%。在2017—2018学年中，有148,593名来自中国的本科生进入美国高等教育体系中学习。[4]

这些变化成为媒体的头条新闻，例如2016年，《纽约客》杂志就发表了题为《中国富家子弟西行》（"China's Rich Kids Head West"）的报道。[5]然而，这样的报道并没有提及像小萨这样的学生，他们来自中国的普通家庭，由父母甚至大家

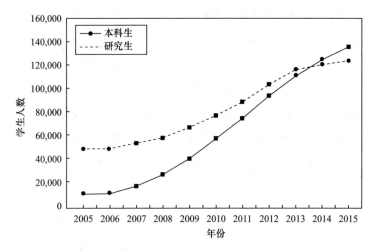

图1.1 2005—2015年在美留学的中国本科生与研究生人数对比
来源：美国国际教育研究所

庭成员竭力凑钱以支付留学费用。本书调查了一批家庭背景不同、沿着不同教育轨迹来到美国的中国学生。绝大多数在美国的中国留学生都是全额支付学费，因此总体而言，他们的家庭条件比一般的中国学生要好。但是，如果认为他们都很富有，那就错了。有些人和小乔一样，从高中开始就在美国接受教育；有些人和小萨一样，在中国上大学，然后转学到美国，这样会大大减轻父母的经济负担。留学生父母的教育背景和职业也大不相同。有些父母是白手起家的小商人，从未上过大学，更不用说出国留学了，他们可能根本不懂英语。另一些父母则受过大学教育，甚至拥有较高的学历，是中国的经济和教育精英。

由于中国实施独生子女政策，这一代中国学生几乎都是独生子女。该政策于2016年1月1日开始放宽，允许家庭生育两个孩子。[6]作为家庭唯一的希望，这些孩子承受着巨大的压力，父母对他们寄予厚望，[7]把大量注意力倾注到投资子女的教育上。[8]然而，面对中国教育体制异常激烈的竞争和中国缺乏世界一流大学的现状，这些家长的殷切期望很难得到满足。根据《泰晤士高等教育》(*Times Higher Education*)世界大学排名，世界一百强大学中只有两所大学在中国，而近一半大学在美国。[9]在这种情况下，中国的父母将出国留学看作子女的一种退路——逃离竞争激烈的中国教育体系，抓住在美国接受更优质教育的机会。无论手中资源如何，父母都尽其所能投资子女的教育。有些父母向亲戚和朋友借钱，有些卖掉房子，有些则打多份工以负担子女在美国学习的开销。

有一次，在办公室跟一名美国学生进行交流时，我告诉她我在写这本关于中国留学生的书，她立刻充满好奇地问道："你能告诉我为什么中国学生要在学校餐厅打工吗？他们不是都很有钱吗？"她自己也在校园里兼职担任餐厅主管，中国学生的求职申请越来越多，这让她感到很困惑。我说："他们并不是全都很有钱。"这名学生感到难以置信："真的吗？！但是他们为什么都在餐厅工作呢？"我把这个问题抛给了小萨。她说："因为我们只能申请餐厅的工作。我们是不能在校外工作的，而许多校内的工作机会，比如勤工俭学，因为由联邦拨款，都不对国际生开放。"事实上，我访问小萨就读的印第安纳大学伯明顿分校时，正值学校的秋季假期，餐厅的工作人员几乎都是中国学生，因为大多数美国学生都回家了。

实际上，接受本书调查的中国留学生中，有三分之一的人在校园内打工，有四分之一的人每周工作超过十个小时，以维持生活开销。

本书旨在呈现一幅在美留学的中国本科生的多元图景，尤其关注他们的家庭背景如何对他们不同的教育轨迹和经历产生影响。

雄心勃勃，忧心忡忡

尽管来自不同背景，但大多数中国留学生的共同特点是，他们都既雄心勃勃又忧心忡忡。小乔正在实现她在帕森斯设计学院学习的梦想，她渴望接下来前往伦敦圣马丁艺术学院学习，因为她认为那里是"世界上最好的"。她已经确定她的职业目标是在中国发展自己的时尚品牌。而作为在加利福尼亚大学河滨分校学习的交换生，小萨喜欢自己在美国接受的大学教育。在这里，她感到自己有许多选择，无论是选择专业还是转学都相当自由。在中国，由于高等教育中的严格规定阻碍了大学生的流动，她几乎不可能更改专业，更不用说换学校了。[10]而在河滨分校，小萨迅速申请了一个排名更高的学校，并成功被印第安纳大学伯明顿分校录取。"那儿的会计专业在美国排名第八"，小萨笑着说。她迅速从一所中国的二流大学升入了美国的一流大学。

在追求大学梦想的过程中，小乔和小萨都在学业和社交上感到吃力。在学业上，他们对充满活力的美国课堂感到兴奋，但也觉得陌生，因为课堂上往往需要由学生来主导讨论。他们知道自己需要多发言，却很难做到这一点，因此感到挫败。他们担心自己在课堂上的沉默寡言会影响成绩。虽然他们觉得自己的英语水平没有问题，但说不清楚为什么无法开口。似乎一系列文化和社交上的障碍阻止了他们像美国同学一样自由参与讨论。为此他们加倍努力，避免因为课堂参与的差距而影响成绩。

在社交上，小乔和小萨都很少有亲密的美国朋友，他们觉得很难与美国人打成一片。在来美国留学之前，他们都以为美国人热情好客——至少是像他们在中国看的美剧《老友记》(*Friends*)和《欲望都市》(*Sex and the City*)中那样。然而，期望与现实之间的差距让人心灰意冷：他们都试图结交美国朋友，却收效甚微，最后只能与中国朋友为伴。在通常以白人为主的美国大学校园里，他们在社交和文化上都位于边缘，这让他们非常失望。

除了学业和社交上的挣扎，小乔和小萨都感到对父母有所亏欠，并对自己的未来感到不确定：她们担心自己能否成功，担心能否赚到足够的钱来回报父母对他们所受教育的投资。用小萨的话说："如果我不能回报他们，我会感到难过和焦虑。"尽孝的心意并没有因为家庭更加富有而减少。小乔的经济负担可能没有小萨那么沉重，但她的心理负担同样不轻，因为在西方主导的时尚界取得成功也并非易事。

与主要由研究生组成的上一代留学生相比，新一代赴美的中国留学生更年轻、更富有，他们渴望在社会和文化领域取得成功，而不仅仅将成就局限于学术领域。在《野心时代》（*Age of Ambition*）这本获得2014年美国国家图书奖的著作中，欧逸文（Evan Osnos）生动地描绘了当代中国人日益膨胀的野心。这些人在中国乃至全世界追逐财富、寻求发展。[11]与这种不断增长的野心相伴的，或者说作为野心不可分割的一部分的，是忧心。野心滋生出了忧心。我认为，新一代中国留学生体现出雄心与忧心的双重性，这一点不仅体现在他们本人身上，也反映在他们的父母、家族以及同龄人群体中。某种程度上，这种雄心与忧心的双重性源自中国新兴的中产阶层及中上阶层家庭维持自身社会地位并将之传承给下一代的愿望。法国社会学家皮埃尔·布迪厄（Pierre Bourdieu）长期以来将教育视作"文化资本"（cultural capital），认为它是社会再生产的一种机制。[12]其他学者，如王爱华（Aihwa Ong）、瑞秋·布鲁克斯（Rachel Brooks）和约翰娜·沃特斯（Johanna Waters）特别指出，对东亚和东南亚富裕人群来说，接受西方教育已成为一种家庭积累策略。[13]在这一积累和社会再生产过程中，学术界和公众的注意力主要集中在出国留学的动机上，而对留学生出国后的生活经历知之甚少。

本书探索和分析了中国本科生在美国的多方面经历，着重关注他们在跨越中美两种不同的教育体系和社会文化规范时体现出的雄心和忧心的双重性。具体表现如下：

（1）他们怀抱着进入美国排名更高的院校的勃勃雄心，但同时对参与完全陌生、有时难以捉摸的大学录取过程感到忧心忡忡。这个过程需要他们准备一系列文件（如个人陈述、推荐信等），也要求他们有参与社会活动的经历，这些都不属于中国的应试教育体系。

（2）他们雄心勃勃地想在美国获得全球视野，但又对无法融入以美国人为主的社交圈子感到忧心忡忡。尽管结交美国朋友是关键的一步，但由于各种内外因素的影响，他们往往发现自己无法摆脱以中国同龄人为主的社交圈子。

（3）他们雄心勃勃地要为实现个人兴趣和职业目标而选择大学专业，但又对中国灌输的实用主义价值观与美国社会崇尚的个人表达价值观（expressive values）之间的矛盾感到忧心忡忡。前者认为科学、技术、工程和商业领域比人文和社会科学领域更重要。

（4）他们试图结合中美教育的优势，但对像公开发言这样的美国课堂的新要求感到忧心忡忡。因为在他们之前的国内社会经历中，发言本身的价值常常受到质疑。此外，他们对违反学术诚信的看法也大致相同，体现出对中国留学生群体声誉受损的焦虑与担忧。

（5）他们对在中国或美国学有所用雄心勃勃，但又忧心于中国日益激烈的竞争和美国当前的反移民环境。让他们感到忧虑的终极问题是，到美国留学是否真的值得。

媒体和学界的缺陷话术

随着中国留学生入学人数的激增，西方媒体的报道逐渐升级，呈现出越来越具批判性的态度，负面色彩也日益浓厚。

在美国和其他西方国家,对中国留学生的负面媒体报道随处可见。[14]人类学家南希·阿贝尔曼(Nancy Abelmann)和姜智妍(Jiyeon Kang)分析了美国有关中国本科留学生的媒体话语,发现媒体报道中存在两种形象的冲突:"优秀的中国学生"和"道德上可疑的、难以融入的中国学生"。[15]他们将这种矛盾的根源追溯到美国长期以来对诱人的中国市场和"黄祸"(the Yellow Peril)的社会想象。诱人的中国市场意味着大量支付全额学费的中国学生入学,但这些学生可能对美国高等教育构成威胁,从挤占美国学生的名额到违反学术诚信,种种问题不一而足。阿贝尔曼和姜智妍指出,虽然20世纪初流行起来的"黄祸"一词在最近的媒体报道中已经不再出现,[16]但是威胁论和不信任的态度并未消失,而且近年来有所激化,尤其是考虑到特朗普政府关于中国的煽动性言论。

换句话说,美国媒体对中国留学生的报道在很大程度上反映了美国人对中国社会的看法——包括中国社会的过去和现在。由于中国经济的崛起,美国媒体的关注点主要集中在中国的新兴富人和暴发户身上。那些穿着路易威登时装、开着兰博基尼豪车的中国留学生引起了广泛的关注。这种对中国留学生财富的关注助长了威胁论。然而,这些报道缺乏对留学生群体的多样性描述,尤其忽视了留学生群体在社会经济层面上的多样性。像小萨这样来自普通家庭的学生往往在这些报道中被忽略,而像小乔这样来自富裕家庭的学生却经常受到关注。一些知名媒体的文章有着吸引眼球的标题,例如"对速度的渴望：美国农村的中国年轻富豪们"[17]。这些文章聚焦于中国留学生的财富和奢华的生活方式，却忽略了学生在学业和社交方面所面临的挑战。那些来自普通家庭的学生的生活、他们的父母为他们做出的牺牲以及他们的抱负和焦虑，同样很少受到关注。一些媒体文章虽然捕捉到了留学生群体在社会经济方面的多样性，但吸引眼球的标题却掩盖了文章内容的复杂性。比如，《外交政策》（*Foreign Policy*）发表的一篇文章题为"中国暴发户着陆美国校园"。除了讲述富裕家庭的故事，这篇文章其实还讲了一位出租车司机的故事，他卖掉了房子，将一年12,885美元的薪水全部用于送儿子出国留学。[18]这个故事代表了中国的普通人，与标题中的暴发户没有关系。

尽管媒体对中国留学生的报道与日新月异的中国有很大关系，但很少有文章深入分析中国社会的背景。在大量关于留美中国学生作弊的报道中，缺乏背景分析和调查报告的问题尤为突出。的确存在一些违反学术诚信的真实案例，媒体对这些个别案例进行了报道。[19]然而，报道有时将这种现象描绘成中国学生中普遍存在的现象。例如，2015年发表在《高等教育内幕》（*Inside Higher Ed*）上的文章《在中国，除了作弊别无选择》，就描述了一些中国学生在申请美国学校时存在的舞弊问题。标题暗示中国普遍存在一种作弊文化。在这篇一千多字的文章中，只有一个短短的五十字的段落，提到了美国录取系统的复杂性，包括对个人陈述和推荐信的要求，而这些对中国人来说都是陌生的概念。文章并没有谈及大学招生政策的差异可能导致学生求助于第三方中介，而第三方中介的素质参差不齐。像这样的文章加剧了美国学校对中国学生的不信任。

对中国留学生群体的学术研究虽然不像媒体头条新闻那样耸人听闻，但也陷入了论述不足的窠臼。在现有的关注留美中国学生的研究中，大多数研究都集中于这些学生在语言、学业、社会和文化特质上的不足，这导致他们在美国学校难以取得成功。这些研究倾向于在传统范式中构建对留学生群体的理解，即认为留学生应努力适应和融入留学国社会。[20] 比如有研究指出，美国学生认为中国留学生英语差、吵闹，并且对结交美国朋友不感兴趣。[21] 在美国教职工眼中，中国留学生唯唯诺诺，缺乏参与精神，依赖性强。[22] 近年来，一些学者主张进行范式转变，认为此种视角将留学生视为异类，只强调他们的单向适应，忽视了他们的能动性和多维度的经历。[23] 例如，教育学者西蒙·马吉森（Simon Marginson）主张将范式从"把跨国教育理解为外国学生'适应'当地要求的过程……转变为将其视作自我塑造的过程"[24]。这确实是一次范式转变的呼吁，有望真正理解留学生的经历以及跨国教育给他们带来的影响。

关注留学生的能动性能有效克服缺陷话语框架，本书进一步将这种能动性置于特定背景中讨论，并主张留学生在海外的自我塑造过程需要考虑他们的教育、社会和文化背景。就中国留学生而言，我认为对他们的深度理解必须建立在过去几十年来中国和世界上已经发生和正在发生的巨大而深刻的社会变革的背景之上。当下的中国留学生浪潮可能具有全新且独一无二的特征，这些特征也许并不在美国人的预想之内，美国人很可能基于对上一代中国留学生的理解来构建他们对中国社会的认知。

如果不了解这些中国学生所处的新的社会背景，我们就有可能误解他们的经历。美国大学可能无法提供这些学生所需的相应支持，也可能除了他们显著的经济贡献之外，无法再从中国留学生群体中收获理想的社会和文化效益。总而言之，本书将把关注点从期望留学生适应美国转向把中国尤其是中国社会变革的转型背景引入研究中，以便更好地理解中国留学生的多方面经历。这样的调查研究需要从倾听中国学生自己的声音和经历开始。

研究问题

我的研究涵盖了三个关键阶段：中国学生在抵达美国之前的经历，他们在美国学习期间的生活经历，以及他们对未来的展望和思考。本书基于跨学科的学术研究，就这些相互关联的阶段提出了以下问题：

（1）赴美之前：这些学生为什么以及如何选择了到美国学习？他们在中国期间是如何准备美国大学的申请的？社会阶层是怎样影响他们的大学申请过程和录取结果的？

（2）抵达美国后：作为跨越中国和美国两种教育体系的学生，他们认为之前在中国接受的教育对他们在美国接受教育有哪些帮助或阻碍？他们选择的专业与中国和美国的同龄人相比有何相似或不同？他们是否有亲密的美国朋友？如果没有，阻碍他们找到美国朋友的因素是什么？社会阶层和所在学校特点如何影响他们在美国的学习和社交经历？

（3）回顾和展望：中国学生如何看待他们在美国的经历？尤其是，这些经历如何改变了他们？国际学生流动往往与移民议题相关联，那么，这些学生如何构想他们获得学位后在哪里定居呢？

中国的社会转型与变革

不考虑当代中国社会广泛的变革，我们就无法充分回答上述问题。自1978年改革开放以来，中国发生了翻天覆地的变化。这一政策使中国成为全球发展最快的经济体，在过去四十多年的大部分时间里都实现了两位数的经济增长。[25] 2010年，中国的国内生产总值（GDP）超过日本，成为世界第二大经济体，并有望超过美国成为全球最大的经济体，尽管截至2017年，中国人均国内生产总值还仅排名第71位。2016年，中国的亿万富翁数量超过美国。[26]

尽管近年来中国经济增速放缓，尤其是2018年成为过去28年来经济增速最慢的一年，[27]但几十年的经济快速持续增长仍催生了富裕阶层和蓬勃发展的中产阶层。截至2018年，中国中产阶层人数已增至4.3亿。[28]中国著名社会学家陆学艺认为，改革开放后中国社会阶层最大的变化是白领阶层人数的增长，如私营企业主、公务员、公司专业人员、经理等。他们构成了中国蓬勃发展的中产阶层的主体，[29]在城市地区，出国留学逐渐成为他们消费的重要组成部分。中国是向美国、英国和澳大利亚等传统留学目的地国家派遣学生人数最多的国家。例如，在美国和澳大利亚，每三名留学生中就有一名来自中国。[30]

较小一部分中国留学生有着工人阶级的背景——父母是工厂工人、超市收银员和司机——他们也加入了充满雄心与忧心忡忡的年轻人的行列，出国寻求更好的教育。他们支付海外高等教育费用的主要方式不是依靠父母微薄的收入，而是依靠家庭财富的积累——主要是住房的升值。在21世纪前二十年，中国几乎每个主要城市和城镇的房价都在飙升。对于想要拥有自己的房产的年轻人来说，这是一个诅咒；然而，已经拥有房产的人，包括北京、上海等特大城市的本地居民，却在房价飙升的过程中受益匪浅。[31]许多人将他们的资产转化为对子女教育的投资。在第二章中出现的来自上海的小杰和阿得，就出自这样的家庭。他们的父母，以及许多像他们一样的人，卖掉了自己的房子，或者从市中心搬到城郊，以支付美国高等教育的高昂费用。

本书就是以中国社会方方面面的巨大变革为背景的。中国留学生本身已成为社会变革的一个突出方面。自1978年中国实施开放政策以来，已有519万中国人有过留学经历；仅在2017年，就有145万中国人在海外留学，其中有350,755人选择了美国——美国是最受欢迎的留学目的地国家。[32]正如冯文（Vanessa Fong）在其著作《重新定义的天堂》（*Paradise Redefined*）中所述，早期的中国留学生通常依靠奖学金出国留学，但如今越来越多的学生使用家庭资金支付留学费用。[33] 冯文的研究聚焦20世纪90年代大连的青少年学生，对他们在海外学习的经历进行了追踪调查。大连是中国东北部的一个港口城市，毗邻日本和韩国。在接受冯文调查的学生中，日本是首选的留学目的地，只有8%的人在美国留学。此后，随着中国经济的发展，越来越多的中产阶层家庭能够支付子女在美国留学的费用。现在，美国接纳了最多的中国留学生，他们被美国的高水平院校吸引。如果不选择前往美国，他们在中国将很难有机会接受这种水平的教育。

本书所描述的中国学生出生于20世纪90年代，成长于21世纪的前十年，因此与冯文书中的中国学生相比，他们属于更年轻的一代。[34] 这两代学生之间相隔至少十年，其间许多中国家庭已经跻身中产阶层，也有一小部分变得非常富有。换句话说，我的研究对象所处的中国比冯文的研究对象所处的中国要发达得多，这也影响了我们各自的研究结果。例如，冯文书中的学生经常谈论中国的贫困和欠发展，尽管他们热爱自己的祖国；而这本书中的学生则关注中国发展的代价，如污染、腐败、过度劳动和对家庭的忽视。冯文书中的学生常常担心如果回国会被困在中国，而我的研究对象则没有表现出这样的担忧。在家庭的诱惑和蓬勃发展的机会的驱使下，许多人自愿回国；另一些人认为，他们并不会被自己的决定束缚，他们仍然可以去美国旅行，并且同时利用中美两国的机会，因为世界各国的联系正日益紧密。

然而，社会变革也导致了日益增长的社会不平等，中国的贫富差距持续扩大。[35]城市的繁荣与农村的贫困成为区域发展不平衡的突出表现。在中国，出国留学现象主要发生在城市中。学者们早已指出，国际学生的流动可能会加剧社会不平等。[36]中国城市的中上层家庭愿意并且有能力资助子女接受美国本科教育，以使其摆脱残酷的中国教育体制，并通过海外教育文凭获得竞争优势。这与十年前的情况大相径庭，当时的中国留学生通常是博士生，由中国政府或美国研究生项目资助，并经过激烈的竞争选拔过程。近年来，中国本科留学生的增长速度迅速赶超研究生，目前本科留学生入学总人数已超过研究生。图1.1显示，中国留学生中的本科生入学人数从2014年起已超过研究生入学人数。

美国高校的国际化

一个巴掌拍不响。中国学生渴望美国的教育资源，而在财政支持缩减的时代，尤其是在2008年金融危机之后，美国大学也需要中国学生的加入。尽管金融危机可能加剧了美国院校对全额自费学生的需求，但中国本科留学生入学人数的大规模增长却是在金融危机爆发之前出现的。图1.2描述了2006—2015年的情况，转折点出现在2006—2007学年。在2006—2007学年，中国本科生在美国的入学率增长了60%以上，而前一年的增长率不到10%。换句话说，在金融危机爆

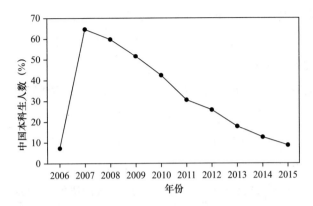

图1.2 2006—2015年在美国的中国本科生人数增长率
来源：美国国际教育研究所，https://www.iie.org/en/Research-and-Insights/Open-Doors/Data/International-Students/Enrollment

发之前，随着中国新兴中产阶层越来越有能力负担得起美国教育的费用，自费的中国本科生已经大量涌进了美国高等教育领域，乔治·W.布什（George W. Bush）政府在任期最后颁布的学生签证政策也为此打开了绿灯。

2001年纽约世贸中心遭受袭击后，美国提高了对国家安全的要求，导致了拒签率上升，学生签证数量急剧减少。在随后的几年里，美国高等教育和高科技行业受到了冲击，国际学生人数的减少使它们的研究和创新面临风险。

它们说服美国国务院对签证政策做出修正，改进签证程序。[37] 2005年，美国政府将学生签证的有效期从六个月延长至十二个月，并允许在有效期内多次入境。[38] 2006年，美国国务卿康多莉扎·赖斯（Condoleezza Rice）将学生签证视为"重中之重"，并启动了一系列政策以加快学生签证的申请，包括增加领事官员人数、更积极地与外国学校联系、加快面签流程等。[39]此外，奥巴马政府的政策变化，例如针对游客和商务人士推出的十年签证，也使中国人能够更方便地往返于中美之间。然而，特朗普政府开始限制和扭转奥巴马时期的某些签证政策，对美国大学的国际化产生了严重影响。[40]自2016年特朗普上任以来，美国的国际学生新生入学率一直在下降，这是自2001年"9·11"事件以来的首次下降。[41]不过，尽管增长速度放缓，中国留学生的入学人数仍在增加。

另一个因素是人民币在2006—2014年间的升值。值得注意的是，从1998年到2005年，美元兑人民币的汇率一直保持在8.28，但在2005年年中前后，中国调整了货币估值政策。到2014年，人民币升值了约37%。这使中国家庭更有能力支付美国高等教育的费用。毫无疑问，留学生对美国社会产生了积极的经济影响。根据2016年的数据，留学生为美国经济贡献了394亿美元。[42]国际教育研究所发布的《2017年度门户开放报告》（Open Doors 2017 reports）显示，约67%的留学生的主要资金来源在美国之外。[43]

中国学生带来的额外学费收入有时会直接用于补贴美国国内学生的奖学金和助学金。[44]研究已经证实了近年来州政府拨款数额的变化与外国留学生入学率之间的关联。具体而言，经济学家发现，州政府拨款数额每减少10%，公立研究型大学的留学生人数就相应增加12%。[45]中西部地区的州立大学，尽管其族裔多样性不如沿海地区，却拥有最多的中国留学生。布鲁金斯学会（Brookings Institution）最近的一份报告分析了美国高等教育中留学生的地理分布，发现在中国留学生所占比例最高的25所大学中，有9所属于中西部地区的大十联盟（Big Ten）。[46]

在美中国留学生的人数达到了前所未有的规模，其影响已超越了经济层面，改变了美国大学校园及其周边社区的格局。密歇根州立大学的中国本科生人数从2005年秋季的43人增加到2014年的近4,000人。如今，在艾奥瓦大学所在的艾奥瓦市，珍珠奶茶店（珍珠奶茶是一种源自中国台湾的流行饮品）比星巴克还多。[47]类似的例子在许多其他州立大学和私立学院中也不胜枚举。学术界和高校管理层经常将国际学生对校园多样化和全球化的影响作为国际教育的重要收益加以宣扬。[48]换句话说，招收国际学生有助于美国大学实现平衡预算和创造多元化教育环境的双重目的。但这些收益也伴随着挑战。密歇根州立大学国际学生与学者部门前主任彼得·布里格斯（Peter Briggs）在其著作《了解美国大学中的亚洲留学生》（*Understanding International Studets from Asia in American Universities*）[49]的一章中详细介绍了中国本科生给密歇根州立大学带来的变化，这些变化不仅影响了大学课堂，更波及了学校所在的东兰辛社区。在学生群体发生巨大变化的背景下，密歇根州立大学只有24%的教师认为他们已经做好了教授中国学生的准备。密歇根州立大学的教职员工并非是唯一没有做好准备的群体。[50]缺乏准备可能导致校方对中国学生提出不合适的建议，甚至引发双方的激烈冲突。就在不久前的2019年初，一则杜克大学教师批评中国学生在学生休息室讲中文的丑闻引发了广泛的愤慨和抗议。这一事件凸显了美国高校需要对教职员工加强支持和培训。

此外,如果不能使留学生有机地融入美国校园生活,他们带来的社会和文化价值就无法实现。事实证明,这是一项棘手的挑战。传播学教授伊丽莎白·加雷斯(Elisabeth Gareis)记录了来自不同地区的国际学生在结交美国朋友的数量上存在的明显差异。[51]来自东亚地区的学生最可能没有亲近的美国朋友,也最不容易对他们的友谊感到满意。加雷斯教授的样本并没有细分到每个国家。本书则进一步证明了中国留学生对美国朋友的向往,以及他们在校园的社会融入中感到的挫败。由于许多美国高等院校都招收了大量中国学生,他们更容易形成自己同国籍的小圈子,而不是向外发展新关系。中国社交媒体平台(如微信)的普及,使许多中国学生在抵达美国校园之前就能相互联系、分享信息,甚至决定与彼此同住。一些来自同一个城市甚至同一个高中的中国学生,会直接将他们的社交圈带到美国校园。同国籍的社交网络提供了慰藉和支持,这是积极的,应该予以鼓励。然而,中国留学生需要意识到,他们还有其他选择——他们也可以接触各种不同的圈子,而不仅仅是与同国籍的亲密朋友相处。选择的缺乏会使中国学生无法获得他们渴求的真正的国际教育。他们的经历突出表明,有必要为中国学生提供系统化和制度化的支持,帮助他们接触多样化的社交圈子,更好地融入美国校园社区。

研究方法

研究对象

本书重点关注在四年制院校就读的全日制本科生。在2016—2017学年，超过86%的中国留学生就读于美国的四年制院校，尽管社区大学*的入学人数也在上升。[52]此外，少数学生将就读于社区大学作为一种节约费用的策略，他们先就读于此，然后转入四年制大学。[53]

只关注本科生有两个原因：首先，过去的中国留学生以研究生为主，而中国本科生涌入美国校园是一个相对较新的现象，最近几年他们才成为中国留学生中的多数。其次，本科生与研究生在学业和社交领域存在明显不同。[54]在学业上，本科生的课业范围比研究生广泛得多，因此有更多机会接触和交往背景更多元的学生。在社交方面，大多数美国高校要求本科生住在宿舍，而研究生则往往自行安排住宿，有的甚至会把家人也带过来。换句话说，与研究生相比，中国本科生在融入美国大学时有更多的机会，也面临着更大的压力。

研究设计与数据

关于中国留学生，美国没有具有代表性的全国性数据。许多以往的关于中国学生的研究都基于单个大学或学院收集的

---

*　社区大学（community college），一种由政府支持的两年制大学，为学生提供副学士学位。

数据。[55]本研究的目的是从不同的机构收集个体层面的数据，同时将学生个体的经历置于中国和美国社会的宏观背景中。本书采用了来自中国教育部、美国国际教育研究所和美国国家科学基金会的宏观数据。我从中国教育部获取了有关中国参加高考的学生人数、中国学生的专业分布情况以及回国留学生人数的数据。我从美国国际教育研究所获取了全美范围内的招生数据，以显示中国留学生在美国高等教育中入学人数的整体变化趋势。我还从美国国家科学基金会提取了数据，以显示美国本科生的专业分布情况，并与在美的中国留学生进行比较。

为了全面深入地考察学生的经历，本书的研究设计采用了混合方法研究（mixed-method research）。我在附录中详细描述了数据来源和研究方法。总的来说，针对学生个体经历的数据收集工作有三个组成部分：

首先，在线调查，旨在收集中国学生的定量数据，包括他们的人口背景、社会关系网、学业成绩以及留美与回国的意向对比。来自50所院校的507名中国留学生参与了这项调查。尽管这项调查不具有全国代表性，但它提供了广泛的模式，确定了来自不同院校的中国学生生活背景、行为和规划之间的重要关联（详见附录）。

其次，我对当下就读于美国大学的中国留学生进行了一对一的深度访谈，以了解他们申请大学的过程、赴美前的期望、交友的环境、赴美后在学业和社交方面遇到的挑战对他们意味着什么，并展望毕业，了解他们留美还是回国的打算背后的根本原因。深度访谈的参与者是在线调查结束时表示愿意接受访谈的人。我一共进行了65次一对一的深入访谈，其中60次是面对面访谈，5次是电话访谈。

再次，我在中国6个城市的8所公立高中和一所私立高中进行了实地调研。这些学校会给准备出国留学的学生提供国际教育。我在课堂上进行观察，访谈了准留学生、高中班主任、校长和外籍教师。我在这些高中共进行了43次一对一的深度访谈。通过实地调研，我深入了解了中国学生在赴美之前的准备，并发现了从中国中学教育过渡到美国高等教育的独特路径。

调查数据的分布特征

表1.1列出了在线调查参与者的分布特征。近90%的调查对象来自大型研究型大学，略超10%的调查对象来自小型文理学院。调查对象中城市居民的比例较高，略多于5%的调查对象来自农村地区。[56]在中国，城乡之间的社会经济资源差距非常明显。超过90%的学生使用家庭资金支付他们在美国的教育费用，超过80%的学生的父母具有大学及以上学历。也就是说，只有不到20%的学生是家中第一代大学生。父母受教育程度以学生父亲或母亲的最高受教育程度来计算。

本书指出，与那些父母都受过大学教育的同龄人相比，第一代中国留学生在学业和社交方面都表现出劣势。这种情况反映了这一相对优越的群体内部重要的阶级分化。另一个关键因素是英语水平。我让学生自我评估他们的英语水平，而没有使用像托福（TOEFL）成绩这样的考试成绩进行评估。

表1.1 研究样本分布特征（N=507）

类别	百分比（%）
女性	50.7
城市户籍	94.5
参加高考	32.2
父母受教育程度	
高中以下	5.7
高中	11.4
大学	47.1
研究生	35.7
赴美时间	
高中	18.3
大一	56.6
大二	8.7
大三	16.5
自评英语水平	
较差	7.1
一般	34
良好	42
优秀	16.9
学费来源	
家庭资金	91.7
奖学金	6.9
贷款	1.4
院校类型	
选拔型院校	41.3
大型研究型院校	88.4

注：父母受教育程度是指学生父亲或母亲的最高受教育程度。选拔型院校是指根据《美国新闻与世界报告》（*U.S News and World Report*）排名前五十的全国性大学和排名前二十的文理学院，访问网址为 https://www.usnews.com/best-colleges。由于排名在不同年份会有一些波动，因此只要这些学校在2013年和2014年的调查中至少有一次进入过这些顶级学校之列，我就将它们归入选拔型院校。

正如第三章所指出的，许多中国学生会多次参加英语考试，并且还接受过大量的考前辅导班培训，因此考试成绩有时会夸大他们的实际水平。学生对自己英语水平的自我评估反映了他们对语言掌握的信心和适应程度。58%的调查对象认为自己的英语水平良好或优秀。事实证明，对英语水平较高的自我评价有助于促成积极的学业和社交成果。

中国本科留学生总体上属于社会经济地位优越的群体，我们的样本分布特征也反映了这一点。然而，他们并非完全相同。除了父母的受教育程度和自己的英语水平外，其他重要因素也使样本分布多样化。例如，18%的学生是以高中生的身份来到美国的，32%的学生参加了中国的高考，41%的学生在选拔型院校就读（选拔型院校的定义是美国前50名的重点研究型大学和前20名的文理学院）。第三章中提到，中国学生根据《美国新闻与世界报告》的排名将前五十所全国性研究型大学和前二十所文理学院视为选拔型院校。本书使用这一标准来区分选拔型院校和非选拔型院校。

他们父母的职业非常多样化，涵盖了从企业高管到教育、医疗保健和科学领域的专业人士。图1.3显示了参与者父母的职业分布情况。

全书概览

接下来的章节将结合量化和质性数据，探究和阐释新一代中国本科生在美国高等教育中各个方面的经历。

第二章探讨了中国学生赴美留学的动机和大学择校的过程。我认为，在过去的十年里，中国城市出现了一种留学文化，以至于留学已经成为新的教育福音。这种新福音为高考的老福音提供了另一种选择，学生和家长相信进入大学——在这种情况下是海外大学——可以为他们带来一个有着更多机会和潜在全球化平台的光明未来。在选择大学的过程中，学校排名起到了指导作用，留学辅导老师和中介机构为其提供了支持。父母的关系网——如果有的话——也会影响选择的过程。

第三章描述了中国学生进入美国大学的四种主要途径：（1）通过中国公立高中的普通班，（2）通过中国公立高中的国际班，（3）通过中国私立高中，以及（4）通过美国高中，通常是私立学校。总的来说，这些途径的区别在于学费的不同。在如此未知的领域中前行极具挑战性，这促成了对新职业和服务的需求——中国学校的留学顾问（和国际课程），以及以中国学生的焦虑为谋生手段的价值数十亿美元的营利性机构。

第四章集中讨论了中国学生对中国和美国教育体系的体验和思考，呈现了他们对以下主题的看法和感受：创造力、批判性思维、对数学的态度、中国和美国中学与大学之间的过渡以及他们在学术诚信方面的遭遇。

第五章探讨了中国学生的社会融入问题，重点关注他们面临的外部排斥和在内部与国人抱团的倾向。该章讨论了新一代中国留学生自主隔离的动机及其带来的益处，即便他们

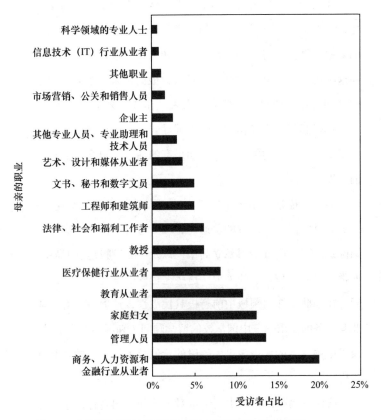

图1.3A 受访者母亲所从事的职业,基于美国标准职业分类编码
注:"其他职业"包括各种蓝领工作,如收银员、司机、工厂工人等。
来源:作者的研究

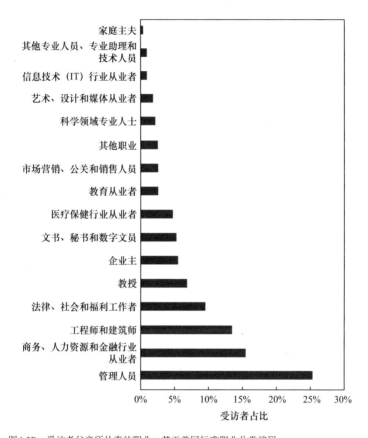

图 1.3B 受访者父亲所从事的职业,基于美国标准职业分类编码
注:"其他职业"包括各种蓝领工作,如收银员、司机、工厂工人等。
来源:作者的研究

仍渴望走出自己的群体,结交美国朋友。第五章还探讨了在个人和组织层面上,哪些因素可以促进社会融入。

第六章在中国和美国的社会背景中讨论了留学生的专业选择,并考察了中国在科技、工程和数学领域(STEM)浓厚的文化氛围,以及中国在拥抱市场经济的时代对商学和经济学日渐增长的兴趣。我认为,务实的集体主义可以帮助我们理解中国学生对高收入和市场需求旺盛的大学专业的偏好,尽管他们在经济地位上相对优越。这种务实的集体主义与美国表达型个人主义的信条形成鲜明对比。[57]这种文化反差使得一些中国学生踏上了自我发现的旅程。

第七章探讨了中国留学生在课堂上不爱发言的原因,以及导致他们之间行为差异的各种因素。根据杜波依斯(W. E. B. DuBois)的"双重意识"(double consciousness)概念,我发现中国学生经常在内心评判自己的英语水平,这成为自由表达的一道严重的障碍。他们以一个想象中的"英语母语者"的眼光评判自己,这会阻碍他们交流的努力。除了语言之外,我还发现,重行动轻言语的传统文化,和让学生只给出正确答案的应试教育体制,是理解中国学生在美国高等教育中的课堂行为的关键背景。

第八章重点关注中国留学生对出国留学后生活变化的思考。该章节从以下三个方面讨论了这些变化:全球公民意识、对中国和美国的态度以及个人转变。总体而言,相比以前,学生们变得更加积极主动,更善于思考和反思,尽管这些变化有时会导致与父母和家人的矛盾和冲突。然而,这并没有使他们疏远中国。他们在异国他乡重新激发了对中国社会以及身为中国人的兴趣和认同。一些学者认为，美国高等教育是美国软实力的核心，有助于传播美国的价值观。[58]该章对此采取了复杂的视角，指出支持与反驳该观点的证据是并存的。

第九章探讨了新一批中国留学生未来的计划。他们中约有60%的人打算回国，而且大多数人打算在毕业后一到三年内回国；这一调查结果使人们对"为了移民而留学"这一概念产生了怀疑。这一概念主要是基于研究生，尤其是博士研究生的数据得出的。[59]对于那些打算留在美国的人来说，大多数人之所以选择美国而不是中国，是出于对中国发展代价的担忧，如腐败、污染、过劳和家庭时间缺乏等。

第十章是对本书内容的总结。它概述了主要研究成果，特别关注这些学生如何将他们在中国的雄心和忧虑带到在美国的学习中，如学校申请、大学经历和社会关系等方面。最后一章还探讨了本研究对美国高等教育机构的理论意义和政策影响。

第二章

小别离：留学成为中国城市新的教育福音

2016年末，电视剧《小别离》在中国和美国的华人社区引起了广泛的热议。这部剧聚焦于三个北京家庭，每个家庭都在权衡送孩子去美国读书的利与弊。

三个家庭的社会经济地位各不相同：小宇的父亲是一位富商；朵朵的父亲是一名眼科医生，母亲是一家跨国公司的经理；琴琴的背景相对普通——她的父亲是一名出租车司机，母亲在社区卫生中心工作。

三个学生的教育背景也各不相同。编剧通过倒置社会经济地位和学术成就的关系，挑战了社会学家公认的普遍模式——更高的社会经济地位预示着更高的学术成就。[1] 琴琴家的社会经济地位在三个家庭中最低，但她学业表现最为出色，甚至有望进入中国最顶尖的学府。朵朵是一个普通的学生，在激烈竞争的教育体系中感受到越来越多的压力。小宇的家庭在三人中最富裕，但他的学习成绩却最为糟糕。

《小别离》呈现了数百万中国家庭面临的一个热点议题：来自不同社会经济背景、拥有不同学习能力的学生，都不约而同地把出国留学当作继续求学的可选途径。这部剧曾在

2016年夏天连续11天蝉联收视冠军。截至2016年9月6日，其网络播放量高达46亿次。这足以说明留学对中国大众文化和普通人的生活产生的深远影响。

在本书中，我认为，近年来中国城市兴起了一股留学文化，其势头之盛甚至挑战了中国高等教育入学考试（即高考）这一旧福音，成为新的教育福音。我使用"教育福音"（education gospel）这一术语来指一种信仰体系：有时并非完全理性，认为教育是一种解放，值得投资甚至值得人们做出牺牲，因为广义而言，它能够通往光明的未来。正如《小别离》所呈现的，对任何一个社会而言，一个孩子的光明未来往往取决于其社会经济地位和教育背景。对于像朵朵和小宇这样上层和中产阶层的孩子来说，教育的目的是维系他们的社会经济地位和特权；而对于像琴琴这样的非优势阶层的学生来说，教育则是实现向上的社会流动的途径。

中国的高考曾经几乎是实现这些教育目标的唯一途径，直到近年留学提供了备受欢迎的替代方案。高考残酷无情，许多家长不愿看到自己的孩子经历这一艰难考验。换句话说，高考曾经是中国大学录取的唯一决定性因素，现在却成为了可选项，至少对于一些中国城市学生来说是这样。从这个意义上说，留学在很多方面给大批中国城市学生和他们的家长带来了解脱。它使一些人免受参加艰难的高考之苦；如果已经参加过高考，留学能够将他们从不理想的高考分数和不如意的学校录取中解救出来。留学也能够解放一些人，使其脱离中国以考试为导向的严苛教育体制。具有讽刺意味的是，许多学生的父母正是在这个体系中选拔成功并获得了体面的工作和相对优越的社会地位,但是这些父母却希望能为他们的孩子提供接受另一种教育的机会——不受考试成绩的桎梏,能够更好地促进人的全面发展。[2]

我所说的"留学文化"即中国家庭和他们的孩子共同拥有的一套价值观和期望,他们将海外留学视为通向光明未来的门票。[3]这种文化最初在经济发达的大都市,如北京和上海等地萌芽,之后扩散到二线甚至三线城市和乡镇。如今,它已经变为数百万中国城市家庭为孩子规划未来的主导思维方式。本章呈现了中国年轻人赴美深造的强烈愿望,并探讨了促使这些学生及其家庭做出此决定的动机和理由。此外,我还将阐述学生们如何在学校排名的指导和父母人际网络的支持下选择他们在美国的学校。

不过,值得强调的是,尽管这种留学文化看起来具有很大的影响力,它却永远不会取代高考——即使在城市地区,参加高考和就读于中国国内大学的学生依然是绝大多数。在2017年,有940万中国学生参加高考。对很多人来说,出国留学仍然成本高昂。虽然从统计数据看,留学并非家常便饭,但中国的精英阶层几乎已经将其视作常态。这意味着,即使超出了他们自身的经济承受能力,父母,尤其是城市地区的父母,仍会至少考虑留学的可能性。《小别离》中的琴琴家就是这样的情况——她的妈妈几乎没有能力支持她的海外教育,但依然希望琴琴可以去留学,只是因为她相信这对琴琴是有益的。

为什么在美国留学？

是什么让琴琴的妈妈即使无力支付费用，依然对留学抱有信念呢？她相信美国的教育能够拓宽她女儿的视野，期盼她能拥有更加幸福、充实的生活，那是一种与自己作为中国普通工人不一样的生活。换言之，赴美求学不仅代表教育上的雄心壮志，更是对更广阔世界的向往。

教育学者将选择大学的过程描述为一个复杂的、分阶段的过程，从萌生想法到搜集各校资料，再到最终选择学府。[4]这一模式有效解释了美国国内学生的择校过程，但对国际学生而言，则又增加了额外的复杂性。萌生想法阶段常常涵盖了去美国求学的关键决定，但实则包含两个阶段的决策：选择出国留学而非在国内就读，以及选择美国作为目的地国家。问题在于：为何选择在美国学习？

中国通常被认为是缺乏教育机会的国家，因此，当高需求未得到满足时，有条件的学生们会转而寻找其他机会。然而，这种看法只是部分正确。由于20世纪末开始的大规模扩招，中国的高等教育近几十年来变得更加普及。1999年，教育部提出的"21世纪教育振兴计划"启动了中国大学的扩招。在这一计划的支持下，中国每年的大学录取人数由1998年的100万扩展至2009年的630万。这种扩张在国内外都是前所未有的。[5]

换句话说，教育的快速扩张发生在中国学生大规模赴美留学浪潮到来之前，并在时间上与之部分重合。因此，推动

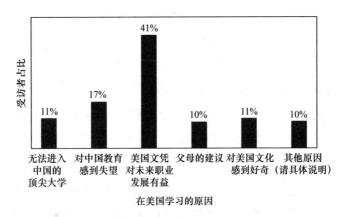

图2.1 在美国学习的最重要原因分布
来源：作者的研究

中国学生出国学习的并不是他们缺乏上大学的机会，而是美国高等教育所带来的优势，例如进入优质大学和高质量的教育经历，这些才对中国学生及其家长具有吸引力（见图2.1）。

尽管中国高等教育院校数量与招生人数不断增加，但只有两所大学在全球排名中跻身前100名；而美国有41所大学位列前100名。[6]这两所大学——北京大学和清华大学——的录取竞争激烈：在北京以外的地区，每年被这两所大学录取的考生不及0.1%；即使北京的录取率更高，也仍然不到1%。[7]此外，经过数年的大规模扩招，新的大学毕业生的供应也已经超过了需求，如今中国的本科毕业生面对着一个正在萎缩的国内就业市场，[8]这也促使学生和家长，至少是有资金能力的那些人去寻求国外文凭，以获得更多优势。

推拉模型（push-pull model）在研究人口迁移时是有用的，[9]学生的迁移也不例外。推的因素是推动国际学生离开他们母国的因素,拉的因素是吸引学生到外国的因素。对于中国留学生而言,一些因素同时具备推力和拉力,其中教育质量就是一个例子。图2.1显示了对中国学生选择在美国学习的原因进行调查的结果,它提供了一种令人信服的论证,说明教育质量既是一个推力因素,也是一个拉力因素。最重要的原因是"美国文凭对未来职业发展有益"(拉力因素),第二重要的原因是"对中国教育感到失望"(推力因素)。高考代表着中国教育中最为残酷和无情的一面。

高考:一种推动因素

要了解中国教育,就必须了解高考——中国的大学录取考试。与美国大学录取将考试成绩作为众多决策因素之一不同,中国的高考成绩可以单独决定学生是否有大学上、在哪里上大学,通常还决定他们学什么专业(因为大学的专业与分数等级相关,详见第六章)。有一句流行语将高考与精英选拔理想联系在一起:分数面前,人人平等。学者们已经证明,高考制度只是一种假象,以掩盖"高等教育选拔的精英主义",[10]因为通向高考的高中教育在资源和机会上存在太多不平等。

为了备战高考,中国高中生在高一或高二的时候被分流为理科生、文科生与艺术生。分流的选择很大程度上由学生个人和他们的家庭决定。这些分流将影响学生在高考中的考试内容和之后大学专业的选择。[11]高考每年6月举行一次,其中语文、数学和英语三门科目是理科生和文科生都必须参加的。除了这三门共同的科目，理科生还要参加理综考试，包括物理、化学和生物；而文科生则要参加文综考试，包括历史、政治和地理。学生可以重新参加高考，但必须要等到下一年。高考制度已经延续了几十年，一些地区最近才启动了改革试点，允许学生在高中阶段提前参加考试，如果他们有需要，也可以多次参加考试。[12]

可以想象，高考对于中国学生的生活具有极其重要的意义，同时也带来了巨大的压力。这种高风险的考试意味着所有的学习都围绕着备战高考展开，中国学生和家庭在这一过程中承受着沉重的情感和心理负担。当学生们能够选择放弃高考而出国读书时，他们通常不会错失这个机会。据图2.2显示，2008—2013年高考考生人数呈现稳定下降的趋势，部分原因是独生子女政策导致上大学的人数减少，另一部分原因则是有学生选择放弃高考而寻求其他出路。

在我的受访者中，超过30%的学生在来美国学习之前曾

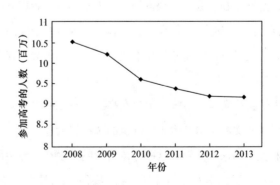

图2.2 2008—2013年参加高考的人数
来源：中国教育部整理的数据，http://en.moe.gov.cn/Resources/Statistics/

参加高考；而大部分学生则没有参加。一些学生明确表示，他们出国学习就是为了避开高考。例如，范德堡大学心理学专业的小钟说：

> 我不想参加国内的高考，所以我决定留学。在高中，你必须学好每一门科目才能在高考中脱颖而出，进入中国的好大学。但是我不擅长物理，而它是理科的必修科目。我喜欢文科，但我又不擅长政治——它是文科的必修科目。因此，我选择放弃高考，在美国学习。在我的高中同学中，有80人放弃了高考。

小钟后来补充说，他所在的毕业班大概有400名学生，20%的人选择不参加高考而出国留学，其中大多数选择来到美国。值得注意的是，他来自中国南方经济最发达的超大城市之一——广州。他的父亲鼓励他在高中时就出国学习，但是他担心自己会想家。因此，他等到2012年高中毕业之后才出国。在中国上一所好大学的希望渺茫，这促使他走出国门。

像小钟这样的学生可以选择不参加高考，部分原因是中国国际教育机构的蓬勃发展——这些学校和行业支持有抱负的学生及家长出国留学，第三章将对此进行详述。中国的国际教育机构帮助传播了关于美国优越教育资源的信息。图2.3是我于2013年在江苏省一所公立学校进行实地考察期间拍摄的照片。它在该校国际部的毕业典礼上被展示出来，以体现相较于参加高考并在中国上大学，出国留学更具优势。该图

	高考	留学
考试机会	一考定终身	托福雅思40/48次 SAT 6次
考核维度	只看成绩	成绩+课外活动（交流、潜力、责任心、领导力等综合素质。有个性、有兴趣、有想法，能坚持）
名校录取	中国名校录取概率低	世界名校录取概率高

图2.3 江苏省某校国际部负责人演讲中提到的留学优势图
来源：作者

列举了与出国留学相关的三种好处：首先，在考试机会方面，中国的高考每年只举行一次，而学业能力评估测试（SAT）每年举行多次；其次，在评估方面，中国大学的录取完全基于高考成绩，而考试成绩只是国外大学录取考虑的众多因素之一；再次，中国精英大学的录取率远远低于国外的精英大学。因此，结论不言而喻：相较于高考而言，出国留学具有压倒性的优势。

对中国教育体制的失望

图2.1还显示，中国留学生选择在美国学习第二重要的原因是他们对中国教育体制感到失望。在访谈中，这种情绪随处可见。对于留学生来说，美国教育犹如一座希望的灯塔。

小杨是宾夕法尼亚州立大学的本科生，来自浙江省温州市。浙江是一个经济繁荣、拥有强大创业精神的东南部省份，然而，那里的教育体制令人窒息。小杨描述了他高考前的日程："我们每天要学习15—16个小时，我真的受够了那种地狱般的生活。所以我想要一些改变。"具有讽刺意味的是，正如第四章将详述的那样，他又将自己在宾夕法尼亚州立大学取得的学业成绩归功于他在中国制定的严格的学习计划和养成的学习习惯。他曾是宾夕法尼亚州立大学地球科学专业高年级学生中的佼佼者，现在是东海岸一所精英私立大学地球科学系的博士生。本书第四章呈现了像小杨这样的学生对中美教育优缺点的深入阐述和反思，他们亲身经历了这两种教育。

有时，高考激烈的竞争迫使那些分数没有达到期望的学生选择赴美留学，以作为一种替代方案。来自南京的小简没有考到足以进入中国顶级大学的分数，因此她在家休息了一年并努力申请美国大学。小简最终进入了俄亥俄州立大学，主修商科。她后来表示，即使她在高考中取得了理想的分数，她仍然更愿意在美国学习：

> 访谈者：如果你被中国的一所顶级大学录取，你会愿意去吗？
> 小简：我不确定。我可能仍然更愿意来这里（美国）。
> 访谈者：为什么呢？
> 小简：我听说即使在中国的好大学，学生在学习方面也没有很好的体验。教授们对教育学生的兴趣不大。在经历了残酷的高考之后，学生们也没有学习的动力。

小简的观点是，中国大学的教职人员并不致力于教育，这得到了一些父母是大学教授的学生的证实。在佐治亚州立大学修读历史专业的榭尔同学指出：

> 我妈妈是一名大学教授，她觉得中国的大学教育存在很多问题。教授们不致力于教育学生，教学不受重视。教授们把大部分时间花在为自己赚钱和追求名利上。他们要么在外面为了钱而教学/做讲座，要么专注于研究和发表论文。他们不关注学生的发展。

榭尔的评价表明，那些身为大学教授、了解中国高等教育内情的父母，实际上并不鼓励自己的孩子在中国上大学。调查数据显示，"教授"是留学生父亲的前五大职业之一、母亲的前七大职业之一。这些中国留学生的父母中有相当数量的大学教授，揭示了一个相当具有启示性的事实：这些业内人士对中国高等教育的质量感到担忧。

一些在中国大学读书后又转入美国大学的学生的讲述，也支持了中国大学教育令人失望的观点。小萨目前就读于印第安纳大学伯明顿分校，曾作为交换生从中国南方一所著名的大学到加州大学河滨分校学习。她描述了她在中国和美国大学的经历：

> 我发现自己在美国比在中国更有学习动力。我和我的朋友们觉得作为中国大学生，我们的未来很黯淡——没有好工作，没有光明的前途——而努力学习几乎没有什么作用。但是在这里（美国），我们非常有动力学习。

她对中国大学生前途黯淡的感受与中国大学扩招政策导致的大学毕业生数量激增有关。对大学教育普遍感到失望的中国大学毕业生面临着严峻的就业形势，这是中国大学扩招政策主要的意外后果之一。[13]

卓越的美国大学

与令人失望的中国教育体制相反，许多学生认为美国的大学遥遥领先。来自湖南省长沙市的小哈就是一个例子，他现在在位于西雅图的华盛顿大学修读工程学专业：

> 在中国，我的首选是上海的复旦大学或广州的中山大学，但我知道我想被这些顶级学校录取非常困难。我的老师告诉我，根据我的高中成绩，我在中国最有把握上的是湖南大学。但它并不是我的理想院校。所以来美国提供了一种替代方案。

湖南大学或许是湖南省最好的大学，但在中国仅是一所省属大学，大致相当于美国的一所州立大学。尽管西雅图的华盛顿大学也是美国的一所州立大学，在他看来也比中国的省属大学更有声望。

不过，认为在美国学习的学生无法在中国进入顶尖大学的观点也是错误的。留学生们在学业水平上具有多样性。例如，来自广州的小布准备在美国学习；他在2011年4月成功获得了几所学校的录取通知书，并最终接受了威斯康星大学麦迪逊分校的录取。同年6月,他参加了高考并考出了足以进入浙江大学——中国的一所顶尖名校——的分数。当我问他为什么手握美国大学录取通知书还要参加高考时,他说他想迎接挑战,看看在高考中能做得多好,因为这是对他在中国12年学业积累的测试。他对结果感到满意——更多是为了自我肯定而不是为了任何具体目的。然而,是什么让他放弃中国最好的大学之一,而选择在威斯康星大学麦迪逊分校学习呢?答案很简单,他和无数其他中国学生一样,认为美国高等教育质量更好。

这种信念是如何产生的呢?实用和理想的原因兼有。实用的原因指的是美国通识教育的质量和美国文凭被认为更有价值。[14]认为美国文凭更有价值的观念与美国大学排名息息相关,其中有41所美国大学在全球排名中跻身前100名。而在理想层面,中国学生及其家庭追求世界性资本(cosmopolitan capital)——一种全球的社会和文化资本[15],这一概念将在下一节中进一步探讨。他们认为美国教育可以传授这种资本,将使他们在未来职业生涯中占据优势地位。

学生们常常将美国的通识教育视为美国大学相关优势的象征。一些学生解释说,美国大学给予学生们在大学前两年不选专业的权利,为他们提供了探索兴趣的机会。其他学生则提到优秀的师资力量。小布对诺贝尔奖获得者在美国大学教授本科生感到惊讶,他说:"这在中国是无法想象的。"直到2015年,女性研究员屠呦呦获得了诺贝尔医学奖,中国大陆才产生了第一位诺贝尔奖获得者。想到有可能直接接触到获诺贝尔奖的教授，小布就感到非常兴奋。

为了更深入地了解为什么中国学生选择在美国学习，还有两个概念可以促进我们的理解：一个是中国不平等的代际传递，另一个是世界性资本。简而言之，中国父母通常鼓动他们的子女去国外学习，这样做的目的是巩固他们的资源和地位，并将其传承给下一代。他们也希望他们的子女在美国获得世界性资本，因为美国被认为是全球化的中心，也是高等教育资源集中的地方。

中国不平等的代际传递

自1978年改革开放以来，当前中国社会的显著特征是日益加剧的社会不平等，以及家庭背景在地位获取中起到最突出的作用。有大量文献论证了家庭背景（主要指社会经济地位）与教育成就之间的稳定且紧密的关系。研究人员已经确定了家庭背景对垂直教育成果（vertical educational outcomes）的影响，[16]如受教育程度；以及对水平教育成果（horizontal educational outcomes）的影响，[17]如高中课程选择和精英大学录取。家庭背景对教育垂直和水平两个方面的持续影响促使社会学家塞缪尔·卢卡斯（Samuel Lucas）研究并提出了有效维持不平等（effectively maintained inequality，EMI）的概念，该概念认为，社会经济地位较高的家庭"为自己和子女争取了一些优势，无论在哪里，这些优势都是普遍存在的"[18]。这些优势通常有两种形式：数量差异（例如教育水平）和质量差异（例如教育质量）。在美国学习同时涉及这两方面的差异：一是在这个拥有世界上最多顶尖大学和学院的国家获得教育证书的质量差异，二是在未来进入大学甚至研究生院的过程中获取教育资源的数量差异。那么问题来了，中国的哪些人可以进入美国庞大的高等教育体系呢？

在过去几十年里，中国实现了惊人的经济增长，随之而来的还有日益扩大的社会不平等。[19]家庭资源迅速集中于城市的上层和中产阶层，使工薪阶层和偏远地区望尘莫及。独生子女政策促使中国家庭将资源投入到培育子女中；人类学家冯文生动地将独生子女描述为"许多父母唯一的希望"。[20]城市上层和中产阶层的资源垄断通过子女的教育得以传递——来自富裕家庭的孩子在出国留学等教育选择上更有优势。这种通过教育进行的不平等的代际传递，也被中国文化中长期以来对教育的高度重视放大。人类学家安德鲁·基普尼斯（Andrew Kipnis）研究了中国人对教育的执着追求，并认为大学教育拥有"名望光环"（aura of prestige），这种对名望的追求"抑制了对严格的经济理性的应用"，反而使教育本身成为人们追求的目标。[21]

随着中国融入全球市场，中国人，特别是那些来自资源更丰富、更多接触西方文化的城市地区的人，已经将他们对教育的渴望扩展到了国外。出国留学，特别是在美国留学，已经获得了一种新的"名望光环"，而且比以往更加容易实现。过去，只有精英阶层——包括政治、经济和学术精英——才能够凭借人脉、资金或学历背景实现出国留学的愿望。然而，随着如今中产阶层的崛起以及其支付美国大学学费能力的不断提升，许多普通中国家庭的学生已经加入了出国留学的行列。这种"名望光环"催生了一种留学文化，而美国则是最受欢迎的目的地。中产阶层和上层阶级的中国家庭创造并强化了这种文化。一方面，不断增长的经济实力使中产阶层也能够负担得起昂贵的国际教育费用；另一方面，这些家庭的大多数在过去二三十年内用一代人的时间实现了经济上的成功，因此怀有维持和加强其家庭优势的焦虑和强烈愿望。[22]子女的教育成为他们维持和强化家庭优势的首要任务之一。有时，父母会直接要求他们的子女去美国留学。[23]小英是在太平洋路德大学学习的南京人，他认为母亲的鼓动是他出国留学的决定性因素。他母亲曾在日本学医，目前有几位亲密的朋友生活在美国。她对小英说："无论如何你必须去美国。"显然，她认为美国的高等教育比日本的更具吸引力，而她那一代人之所以选择在日本学习，是因为日本与中国在地理位置上相近。日本仍然是中国留学生的热门目的地之一。

如图2.4所示，在所有受访者中，超过60%的父母在子女选择美国大学方面起到了"有些重要"到"非常重要"的作用。与小英的母亲一样，这些父母许多都接受过大学教育。本研究的调查数据显示，超过80%的受访者父母接受过大学教育，超过40%的父母拥有研究生以上学历。个别学生在访谈中会提及他们父母的一些经历，有时包括了通过教育，或更具体地说，通过参加高考而改变命运的经历。例如，雪城大学会计专业的学生小桑，就谈到了她的父亲。他生长于20

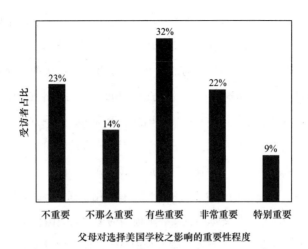

图2.4 父母对受访者选择美国学校的影响的重要性
来源：作者的研究

世纪60年代，童年时期与文盲的父母一同挨饿，后来成为村里第一个考到上海的大学生。之后，他成为一名工程师，现在是深圳一家工程公司的负责人。讽刺的是，像小桑的父亲这样通过高考改变人生的人，却希望他们的子女接受一种不同类型的教育。小桑解释道：

> 我爸爸生活得很辛苦，他不停地学习和工作。他在物质匮乏的环境中长大，但他坚持不懈，最终上了大学并改变了他的人生。他事业有成，可以给我提供一个良好的生活。现在，他希望我过上不同的生活，拥有更多选择、更多乐趣。在教育方面，他希望我有更多的教育和生活体验。他自己无法拥有这样的人生，但他可以为

我提供这样的机会。

很显然,小桑的父亲认为美国的教育是全面的,他遗憾自己没有接受过这种教育,但他为小桑铺平了这条路。当被问及其父亲所说的"全面教育"是什么意思时,小桑并不确定:"我猜就是不那么以考试为导向的教育。你不用把所有时间都花在考试上,可以追求其他兴趣。"全面教育的概念与全人儿童(the whole child)的概念有关,即在学业、体育、音乐、艺术和社交等所有领域都有所发展的儿童。[24]这种认为美国高等教育比中国教育更有利于全面发展的看法,反映了中国社会对于美国自由教育的想象,它推动着中国学生涌向美国。[25]像小桑的父亲这样通过应试教育取得成功的中国父母,是最容易接受美国自由教育理念的一群人。他们渴望让子女接受全面的教育,并相信美国教育在实现这一目标上优于中国教育。

有一种误解是新一波中国留学生全部来自富裕家庭。但是,那些来自中上层家庭的学生的父母似乎并不是继承巨额财富的纨绔子弟,只知道舒适地躺在家族财富上。相反,学生们常常将他们的父母描述为出身卑微的人,有些将他们描述为在贫困中长大的农民的后代。他们中的大多数人通过教育改变了自己的命运,特别是通过高考进入大学。现在,作为中国崛起的中产阶层或中上阶层的一部分,他们希望为子女提供更好的生活。去美国留学正是他们的愿望,也是他们能够负担得起的。

相比之下，一些来自中下层阶层或工薪阶层家庭的学生，他们的父母不得不出售房产来供子女在美国接受教育。在波士顿大学就读的上海学生小杰就是一个例子，他的父母都是工人。他之所以能够负担在美国的学费，完全是因为上海房价的上涨。他母亲成功地以高价卖掉了他们在市中心的公寓。现在他们住在远离市中心的一个较小的公寓。他主修计算机科学，这是在中国学生中非常受欢迎的专业之一。他希望有一天能在硅谷找到工作，以回报母亲的投资。

另一名上海学生阿得也来自一个工薪阶层家庭。他的父亲是一家公司的司机，经常接送客人往返机场，但他自己从未坐过飞机——他将大部分积蓄都投入到了阿得的教育中。阿得直到去香港参加SAT考试之前，也从未坐过飞机。他参加了两次SAT考试，一次在香港，另一次在台湾，因为在中国大陆没有SAT考试。每次父亲都开车送阿得和阿得的母亲去机场，然后继续他的工作。阿得没有让父母失望，他成功获得了几所美国前五十名大学的录取通知，现在在加州大学圣地亚哥分校学习。当被问及为什么家庭背景较为平凡，他的父母还是希望他在美国学习时，阿得说："中国父母倾向于为他们的孩子做出牺牲，并希望他们得到最好的东西。在上海，人们觉得在美国学习是最好的，所以顺应这一潮流是理所当然的。"

学生们经常描述他们走向留学之路是多么自然。这里的"自然"一词反映了留学文化在中国城市中的盛行；出国留学不再是少数学术或经济精英的特权。

世界性资本

除了优质教育和美国文凭,这些学生及其父母追求的东西可以被称为"世界性资本",其根源在于世界主义。社会学家唐·维恩克(Don Weenink)认为,"世界性资本首先是参与到全球社会舞台的倾向……世界性资本包括有助于参与到全球社会舞台的身心倾向和能力"[26]。美国高等教育机构呈现了这样一个全球化的舞台,拥有世界上最大的国际学生群体以及从科学工程到时尚设计和计算机艺术等一系列声望卓越的学术项目。[27]将学生送到全球化的中心——美国,是获取世界性资本的有效策略,世界性资本也是社会和文化资本的一种形式。维恩克进一步阐释:"它提供了领先于对手的竞争优势。"与任何其他资本一样,世界性资本可以带来特权。在美国学习可以帮助中国学生获得并掌握接近母语水平的英语使用能力,形成和维系全球性的同学和朋友网络,并获取和消费面向全球受众的知识和媒体内容。受父母影响,这些学生敏锐地意识到他们需要用语言、知识和文化装备自己来适应全球化世界。最终,他们渴望以世界公民的身份舒适而自信地生活,而他们认为在美国学习是实现这一目标的有效途径。

与对世界性资本的渴望相关的,是很早就根植于这些学生内心的一种强烈观念,即在美国学习可以拓宽他们的视野。有时他们在很小的时候就被灌输并强调了这种观念。南京学生妮可在埃默里大学主修环境科学和环境卫生。她四岁时第一次前往美国,因为她有一位住在马里兰州的姑姑,祖父母带她去那里过暑假。从那时起,她就对去美国充满了热情。在那次旅行中,她的家人带她去了很多地方,其中最重要的一站是参观了哈佛大学,这给她留下了深刻的印象。"那片草地上到处都是美丽的鸽子",妮可充满深情地回忆道。在回答何时开始想出国留学的问题时,妮可毫不犹豫地说:"从我有记忆的时候起,我就想出国留学。"

其他学生和妮可一样,从小就渴望接受西方教育。例如,来自广州的学生丽娜在威斯康星大学麦迪逊分校学习,回忆起她开始梦想出国留学的时刻,她说:

> 我从幼儿园起就想出国留学了。1997年,香港正式回归,那时每个人都看TVB(香港的一个电视台)。在长大过程中,我看了很多关于美国和英国的电视节目,它们给我留下了深刻印象:"哇,生活多好,现代而高级……"所以我认为在那个时候留学的梦想就已经在我心里种下了。

不同于早早渴望在美国学习的妮可和丽娜,阿珍(一位在加州大学洛杉矶分校学习的学生)直到高中晚期才有这样的想法。她来自珠海,距离香港只有一小时的船程。她说她本可以在香港学习,但她仍然想在美国学习并体验更广阔的世界。她说:

> 我只是想去看看外面的世界。我觉得或许在中国也能够很好地获取知识,但我认为那不是最重要的事情。

> 我想拓宽我的视野。在我年轻的时候,我想出去看看更大的世界。这对我来说是无价的。

阿珍能够将获取知识与拓宽视野区分开来,她更看重的是后者,并打算通过在美国学习实现此目标。有趣的是,在中文里,"知识"一词由"知"和"识"两个文字组成。"知"表示"知识",而"识"表示"视野、见识"。阿珍并不是唯一一个区分这两者的人。

小布也对它们进行了有见地的区分,并将他在中国所受的教育与"知识"联系在一起:

> 视野与知识是不同的。知识就像库存,是一种准备,但是视野可以为你提供一个平台。没有平台,知识就无法发挥作用。中国学校为我提供了很多知识,我掌握了很多信息,但现在我需要视野来充分利用这些知识。这就是我来到这里(美国)的原因。

小布明确将拓宽视野列为他放弃去浙江大学(中国最好的大学之一)而选择出国留学的原因。同样重要的是,学生对美国教育的渴望与对西方生活的强烈向往紧密相连,正如丽娜所描述的,西方生活"现代而高级"。作为超级大国,美国及其社会和文化在美国名牌产品、好莱坞电影和其他美国媒体平台的帮助下被浪漫化,并引发了人们的想象。[28]因此,在这些有抱负的学生中有一个一致的主题,即希望拓宽

视野,并且他们认为在美国留学将实现这一目标。波士顿大学的上海籍学生雷德表达了这种感觉:

> 雷德:从很小的时候,我就觉得出国是一件光荣的事情,是我应该追求的目标。我现在感觉这就像迷信一样。我有一个比我大得多的表兄,他出国留学,先是在澳大利亚,然后在美国。我家人和亲戚总是把这个表兄当作我的好榜样。
> 访谈者:是什么让你觉得这像迷信?
> 雷德:我不知道。可能只是一种感觉,因为你永远无法证明它,但我们就是相信它。

雷德将出国留学比作迷信,揭示了对出国留学价值的一种非理性信仰。出国留学的好处不仅在于具体的技能和资历,而更多在于人们相信它具有更广泛的优势——即使这种信念有时并不完全理性。

一旦这种信念扎根,这些学生及其父母如何实现它呢?第三章研究了从高中到美国大学和学院的各种途径。本章的其余部分将重点关注学生通过哪些方式选择他们决定申请的美国院校。

中国留学生如何选择他们的学校?

简言之,学校排名在很大程度上决定了学生的选择:中国学生会选择他们可能进入的排名最高的学校。《美国新闻与世界报道》提供的排名在这个过程中被视为"圣经"。此外，家庭关系网和对特定学校的了解有时在中国学生的大学选择中起决定性作用。

排名，排名，还是排名……

正如房地产有"地段，地段，还是地段"的口头禅一样，中国学生也有"排名，排名，还是排名"的口头禅。社会学家迈克尔·索德（Michael Sauder）和温迪·纳尔逊·埃斯佩兰德（Wendy Nelson Espeland）认为，学校排名有助于塑造公众舆论和接受度，从而重新创造社会世界。[29]实际上，在中国学生及其家长眼中，排名确实重塑了美国高等教育的图景——一个绝对的等级秩序。我们的调查数据证明了排名对于中国留学生选择大学至关重要。图2.5显示，近70%的学生认为学校排名在他们选择美国大学时是"最重要"或"非常重要"的因素。其他次要因素包括"父母的建议"和"专业类型"。

在深度访谈中，这一点也得到了证实。排名指导学生完成他们的申请过程，从最初选择学校到申请再到最终决定就读。来自江苏省常州市的小芬在省会南京找了一所留学中介，该中介完全基于《美国新闻与世界报道》发布的最佳大学排名帮她选择了她要申请的十所学校。根据她的说法：

> 这十所学校的排名从第十名到第四十名不等。前

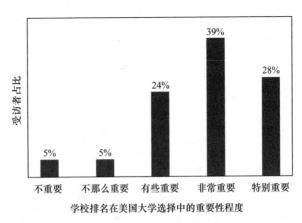

图2.5 学校排名在受访者选择美国大学时的重要性
来源：作者的研究

五十名是我的底线，而前十到二十名是我梦想的学校。我最终收到了来自前二十到三十名学校的几个录取通知，如加州大学伯克利分校、莱斯大学和波士顿学院。我决定去圣母大学，它的排名是第十五。这是给我发出录取通知的排名最高的学校，所以我去了那里。

小芬成绩优异，对她来说，排名前五十的学校是一个比较安全的选择；而许多其他学生将选择范围扩大到前100所学校。学生对这个范围以外的学校的兴趣要小得多，除非这些学校和中国的学校有合作。

小亚就读于广州外国语学校——中国南部一所著名的公立学校——的国际部。该校国际部与一家第三方教育公司合作，提供的项目可直接将学生送往美国的三所大学：科罗拉多州立大学、佐治亚州立大学和圣地亚哥州立大学。这三所学校都不在前100名之列。然而，学生们无须参加SAT考试，也无须像其他大多数学生一样聘请外部留学中介来协助完成大学申请流程。他们唯一需要参加的考试只有托福。在这三所学校中，科罗拉多州立大学的排名最高，已成为该项目中最受欢迎的学校之一。根据小亚的说法："它们（科罗拉多州立大学）只为我们（她的高中）提供了根据平均学分绩点（GPA）确定的两个名额。我没有被选中，所以我来到了佐治亚州立大学。"小亚进一步解释说，她选择佐治亚州立大学，是因为该校的精算学专业——也就是她选择的大学专业——有一个排名较高的项目。这表明有时某些专业或领域的排名也会决定学生的大学选择，特别是当录取他们的学校排名并不靠前时。

这与小魏选择文理学院的经历相吻合。小魏是杭州人，就读于圣奥拉夫学院。她申请了八所文理学院和两所大学。她优先选择文理学院，因为她知道这将提供她想要的小型、亲密的教育环境。她也主要基于排名选择学校。她的首选是蒙特霍利约克学院，但她被列入了候补名单。因此，她来到了圣奥拉夫学院，该学院以其数学和音乐专业而闻名，而这正是她感兴趣的领域。她来到圣奥拉夫后意识到，排名并不像她过去认为的那么重要：

> 我开始意识到排名并不能真正反映一个学校的教学质量。至少，美国人在这方面并不像我们那样注重排名。

我有一个亲密的美国朋友最初就读于巴纳德学院,后来因为巴纳德的班级规模比预期的要大,我朋友对此不满意,她就转校了。

在所有被访者中,有四名学生从排名较低的学校转到排名较高的学校。这些转校生包括:基克,他从波士顿的费舍尔学院转到波士顿的本特利大学;安娜,她从西雅图的华盛顿大学转到约翰斯·霍普金斯大学;小张,他从哥伦比亚的密苏里大学转到约翰斯·霍普金斯大学;以及来自加利福尼亚大学河滨分校的小萨,她转到了印第安纳大学伯明顿分校。他们转校的原因很简单:想转到一个排名较高的学校。

安娜在从西雅图的华盛顿大学转学后就读于约翰斯·霍普金斯大学,她告诉我:

> 几乎所有我妈妈朋友的孩子都上了美国的精英学校。所以当我只能去西雅图的华盛顿大学时,我们有点失望……所以两年后,我转到了约翰斯·霍普金斯大学。

对学校排名的重视并非只存在于中国学生对美国大学的选择中。基于英国的研究也显示存在类似的模式。最近一项采用全国代表性数据的研究证实,通常由学校排名衡量的学校声望是中国学生选择英国大学最重要的因素,而学费和营销策略并不那么重要。[30]

这该怎么解释呢?我认为有两种原因。首先,这与中国文化中重视面子和家庭荣誉的价值观有关。[31]换句话说，上大学不仅仅是学生个人的选择，而是一个具有集体性质和影响的决定，尤其是家长在这个过程中起到决定性作用。

第二种解释与中国人对美国学院和大学缺乏了解有关。中国申请者通常很难确定某个项目或学校吸引他们的原因。美国人有时会因为他们喜欢该校的体育项目或大学生社团等社交组织而选择某所大学，或者是因为他们的父母或祖父母在那里接受过教育而选择某所大学。[32]这些原因基本上与中国国际学生无关。

除了学校的排名外，许多国际学生对美国学院和大学的信息知之甚少。因此，排名填补了关于美国高等教育的知识空白。尤其是，排名以一种非常简化的方式捕捉了美国学院和大学系统的等级性质，却仍然满足了中国申请者的需求。以应试为导向的中国教育体系灌输了一种以分数/数字衡量质量并决定录取的观念，其代表便是高考分数的高低决定了中国大学的录取等级。[33]排名数据直截了当地揭示了学院和大学的等级体系——这几乎就是高考评分体系的翻版。

家庭关系网

除了排名之外，家庭关系网和信息也对做出入学决定有帮助。可可之所以选择了埃默里大学，是因为她的母亲，一位医学院的教授，曾经在那里担任客座教授。可可上初一的时候，她母亲在那里任教，可可也曾在暑假跟着母亲在那里待了一个月，这给她留下了深刻的印象。在申请大学时，埃默里大学成为她的首选,她也通过了提前批录取(early decision,ED)。图2.4显示,父母在影响中国学生选择美国大学方面扮演着重要角色。超过60%的受访者报告说,他们的父母在他们选择大学时发挥了比较重要的作用。有时,排名的重要性是通过父母或其关系网络传达的。

有时,父母会深度融入一个强大的社交网络,这个网络由计划将孩子送往海外学习或已经有孩子在国外留学的其他父母构成。[34]这些网络在中国新兴的中上层阶层中营造了一种争先恐后的心态。对他们来说,教育是保持和提升他们的经济和社会地位的最佳投资。对于那些父母是成功企业家的学生来说,这一点更为明显。这些学生在美国学习的明确目标是获得先进的商业和文化知识,这些知识能帮助他们在学成学业后发展并扩大其家族企业。来自本特利大学的学生基克证实了这一点:

> 我的父母希望我在这里学习,因为美国拥有最先进的商业和金融市场。他们希望我能够获得技能,帮助我的家族企业取得成功。

本特利大学的商科排名很高,比其整体排名更高,这吸引了基克。

中国学生偶尔会放弃排名更高的学校,选择排名较低的学校。一些学生的父母曾经到过美国,要么是出差,要么是去接受教育培训,他们拥有比排名更多的信息来指导他们的子女。小布也被比威斯康星大学麦迪逊分校排名高的莱斯大学录取了，但他依然选择了前者，因为他的母亲从事国际贸易，在之前去得克萨斯州（莱斯大学所在州）出差时，对该州有非常不好的印象。他的母亲让他不要去莱斯大学。

此外，一些受访者有在美国居住的远亲，这些远亲通常是上一代留学生。正如将在第九章中探讨的那样，在20世纪90年代和21世纪初期，中国国际学生毕业后留在美国的概率在所有输出国中名列前茅，这些学生又吸引了其在中国长大的子侄辈来美国留学。来自上海的吉拉有一个姨夫1999年毕业于亚特兰大的佐治亚州立大学。他在佐治亚州立大学接受了很好的教育，并取得了职业上的成功，因此在亚特兰大安了家。当吉拉申请美国大学时，她只想在姨妈家附近的佐治亚州立大学学习。在姨妈姨夫的帮助下，她轻松入学，尽管该学校不在前100名大学之列，她也对自己的选择感到满意。

家庭信息和关系网在选择美国大学时的中心作用进一步证明了，如果中国家庭能够获取和了解美国大学的具体信息，学生的入学决定就不一定受到排名的影响。这也说明，如果想减少排名带来的压倒性影响，大学宣传和信息共享就尤为重要。

总　结

本章重点探讨了中国学生去美国留学的动机以及他们如何选择学校的问题。美国有更多的教育机会、更高质量的课程和学校，以及有机会不参加中国高考，这些理性考量都是促使学生赴美留学的原因。然而，这些理性考量背后还存在一种观念和信念，即赴美留学是一件有前途甚至光荣的事情。这些信念得到了曾在美国留学或正在走上这条道路的家庭成员、同龄人和朋友等强大社会网络的支持和强化。因此，正如阿得所讲，"这是一条'理所当然'的道路"。毫不夸张地说，在中国，去美国留学已经成为一种教育福音，人们信奉这种福音，并在具备必要资源的情况下付诸行动。

这种新的教育福音满足了正在崛起的中国中上层家庭的家长们的雄心，即改善他们的孩子在这个全球化世界中的未来。他们的目标是维持自己的社会地位并扩大竞争优势。这种雄心主要是中国中上阶层的标志，也影响了一些工薪阶层。尽管有一些例外，但父母在这个过程中起着决定性的作用，从决定去美国学习到选择特定的学府。大多数情况下，学校的排名成为指导学生选择美国院校的关键参照，而在某些情况下，家庭成员和亲属网络也会帮助学生决定去哪里。最终，对排名的依赖与面子文化交织在一起，学生及其家庭进入一场对于高排名学校的争夺中，以争取给自己和家人带来荣誉，父母则往往是这一过程的助推者。

简而言之，中国留学生相信出国留学有助于未来发展，这既有实用的一面，也有理想的一面。实用方面的考虑主要在于认为美国大学的文凭是职业发展的黄金标准，而英语能力是畅行世界舞台的通行证。理想方面的考虑在于认为美国教育为学生提供了更多的自由和自主性，并满足了父母让子女充分发展、实现其潜能的愿望。对于一些有理想抱负的父母来说，即使他们的子女可能在中国的教育体系中表现出色，有资格进入一流大学，他们仍然希望子女出国留学，因为他们觉得美国大学的质量比中国的一流大学还要高。如果说获得美国文凭代表着在美国学习的具体目标，那么更抽象或者理想些的目标就是通过获得世界性资本来拓宽自己的视野，以便在全球化时代游刃有余。总的来说，这些因素帮助塑造并维持了今天中国城市的教育福音：赴美留学将从学业和个人发展两方面改善孩子的未来。

第三章

"从哈喽到哈佛":通往美国高等教育之路

2013年夏天,我踱步于广州市中心的一个高层公寓住宅区,注意到一栋公寓楼正门外横悬着一幅广告牌,上书"英孚教育"(English First)。成群的儿童在父母或住在附近的祖父母的陪同下进进出出,有小学生,也有还在上幼儿园的孩子。他们到此学习英语、练习口语,授课老师多来自以英语为母语的国家。天花板上挂着无数彩旗,旗上写着"从哈喽到哈佛",没有什么比这更能说明问题了。

英孚是一家跨国教育机构,以提供多元化服务自诩,其中一项核心任务便是辅导学生为赴英语国家深造做准备。其座右铭为"像说母语一样学英语",注重教授听力和口语,而非像传统学校那样教授语法。英孚的网络几乎覆盖中国每一个大城市,其办公场所多分布于商业区、居民区及购物中心。英孚的课程设置鼓励并吸引了无数中国学生报名参加,有的孩子自幼儿园起便开始了英语学习之旅。

中国学生的赴美留学之路,往往起始于英语辅导课程。在申请大学的过程中,他们必须应对两大考试:托福和学业能力评估测试。托福考察的是语言能力,而SAT则评估学业水平，二者均需用英语作答，几乎所有美国大学的招生都会涉及这两项测试。[1]因而，英语教育已成为中国国际教育产业不可或缺的组成部分，其发展助力了无数家庭实现教育梦想。

近年来，中国的国际教育领域迎来了两种并行发展的新趋势。第一种趋势是中国公立与私立学校国际教育的蓬勃发展。从21世纪初开始，不少重点公立学校，特别是那些学术声望颇高的学校，纷纷设立国际部，开设多样的国际课程，如美国大学预修课程（AP）、英国A-Level课程，或国际文凭大学预科课程（IB）。[2]第二种趋势是中国家庭直接送子女去美国中学读书。由于这些学生大多单独前往美国，他们中的绝大多数选择就读于私立寄宿学校或住在寄宿家庭。[3]完成高中教育后，这两类学生将汇聚于美国高校，继续他们的学术旅程。

本章将深入探讨中国留学生赴美攻读本科的多种路径。我的研究发现了四种主要途径：

（1）从中国公立学校的普通班进入美国大学；

（2）从中国公立学校的国际班进入美国大学；

（3）从中国私立学校进入美国大学；

（4）从美国高中（通常为私立）进入美国大学。

在本书调查的对象中，近80%的学生选择了第一条和第二条途径，其中部分学生先在中国大学学习之后转入美国大学（例如小萨）。第二条途径即通过公立学校的国际班进入美国大学，其学费通常与私立学校持平。在我进行田野调查的公立高中，这些国际班每年的学费从8500美元到14000美元不等（约合人民币6万至10万元），但这仍低于在美国私立寄宿学校读书的费用，因为在那里读书的学生除了学费之外还需要支付生活费（比如小乔）。18%的受访者在进入美国大学之前就读于美国高中[4]。尽管选择从美国高中进入大学的学生数量有惊人增长，但因为高昂的费用和家长对于将孩子送往异国的担忧，选择这一途径的学生仍然是少数。这四种途径反映了学生家庭的经济条件：从中国公立学校普通班进入美国大学的成本最低，而从美国高中进入美国大学的成本最高。

除了经济条件之外，选择不同途径的学生在学业规划方面也有所差异。选择第一条途径的学生仍处在以高考为核心的中国常规公立学校系统中。而选择其他途径的学生则更可能决定不参加高考，直接准备出国留学。他们在申请大学时可能也会得到不同的支持。选择第二条途径的学生，或是就读于国际部的学生，通常会得到留学指导老师的帮助。而选择第一条途径的学生则没有这样的支持，他们不得不求助于外部机构。这些机构完全是私人的、营利性的实体，为学生提供一系列服务，从帮助他们选择大学到准备考试（SAT、托福等）再到撰写申请材料（如撰写个人陈述和推荐信、填写申请表等）。[5]通过深入访谈，我详细了解了学生们求助于中介机构的经历，以及他们是否选择咨询中介机构的原因。

本章探讨了中国学生及家长在中学阶段如何根据在海外接受高等教育的目标调整教育策略，包括学校的选择、课程安排及对教育咨询中介的利用。通过田野调查和数据分析，本研究进一步论证了家庭经济条件和父母的受教育程度如何影响留学生的教育轨迹和选校决策，从而在这一相对具有优势的群体中揭示了社会再生产的过程。

我的田野调查涵盖了中国的九所高中，包括八所公立高中的国际部和一所私立高中。具体而言，公立学校涉及北京的四所（北京是中国第一个提供国际课程的城市）、上海的一所、江苏省的无锡和南通各一所以及广州的一所。尽管中国的私立学校数量在增加，其中有些仅面向外国公民开放，但我的研究对象仅限中国公民，因此我在成都一所主要招收中国公民的私立学校进行了田野调查。我的田野调查工作包括课堂观察，以及对准备赴美留学的学生、外籍教师、辅导员和学校管理人员的访谈。

中国公立高中的国际部

自21世纪初以来，中国大城市中的一些公立学校开始将国际教育融入其课程体系，将学生分为普通班和所谓的国际班。普通班主要为准备高考的学生设立，而国际班则几乎专为计划出国留学的学生设立，其学费也高很多。随着本科留学的普及，开设这类班级的学校数量近年来急剧增加。[6]尤其是在北京和上海等特大型城市，这些学校的数量在短短几年内呈指数级增长。[7]目前，这些项目正逐渐扩展至小型城市和较欠发达地区的众多学校。虽然目前尚无官方统计数据，但估计这类学校的数量已达数百所，并在持续增加。这些国际班通常会开设美国大学预修课程（AP）、英国A-Level课程以及国际文凭大学预科课程（IB）。

在对这些公立高中进行的田野调查中，我主要探讨了以下问题：（1）这些国际班学生的学业和社会背景怎么样？在这些班级中，是经济精英（economic elites）还是学业精英（academic elites）更受重视？（2）由于这些学生无须参加高考，考试导向在多大程度上被弱化了？

经济精英和/或学业精英？

人们常把国际教育与精英联系在一起。[8]国际班的学费远高于普通班，这一费用门槛已自然地将经济条件较差的学生排除在外。然而，这是否意味着只要支付了学费，学生便能进入国际班呢？在我进行田野调查的八所公立学校中，调查结果不尽相同。这些学校录取学生的标准主要依据初中升高中的中考成绩。通常各地区的中考各不相同，每个地区的重点高中也会根据中考成绩录取学生。在这八所学校中，有五所学校的国际班/部录取分数线低于普通班，平均低20—40分（不到总分的5%）。另外三所学校（两所位于北京，一所位于无锡）的国际班/部录取分数则高于普通班，这表明这些学生既是学业上的精英也是经济上的精英。换言之，这三所学校的国际班/部在经济和学业上都有较高的选拔性。选拔性的高低取决于人才群体的规模，在教育和经济资源集中的地区，人才群体的规模也随之扩大。例如，北京就拥有众多既能负担得起国际班学费，学习成绩又很优秀的学生。

除考虑中考成绩外，国际班通常还对申请人进行英语面试，以确保其拥有一定的英语口语能力。面试时间从十分钟到半小时不等。在北京的一所知名公立高中，国际部不仅对中考成绩的要求高于普通班，还设有两轮面试，包括学生面试和家长面试。学生面试用英语进行，家长面试用中文进行。两轮面试旨在确保从合适的家庭中挑选学生。该校国际部主任张老师在访谈时向我解释道：

> 我们希望确保家长在教育理念和对待孩子的方式上与我们达成共识。我们希望他们明白，他们的孩子将在国际部接受美国精英机构的教育，其核心价值观是平等与个人自由。我们希望选择与我们价值观一致的家长，而不是专制和控制欲强的家长，因为这对他们的孩子在美国获得成功毫无帮助，这也是我们想与家长面谈的原因。

平等和个人自由经常被宣扬为美国的核心价值观。国际部招生时试图选拔那些能够在教育中践行这些"平等和个人自由"价值观的家长。这与中国传统教育方式形成鲜明对比，后者在家长与孩子之间形成了明确的等级制度，家长处于绝对的权威和控制地位。[9]

然而，这样一所在中国享有盛誉的公立学校，却有意避开中国传统的教育方式，这本身就带有某种讽刺意味。面试家长可以被视为对西方"文化资本"（cultural capital）概念的一种检验。[10]在此，我引用社会学家安妮特·拉鲁（Annette Lareau）对文化资本的定义，它包括适应教育系统所需的各种方法和知识，特别是那些与教育和养育中的西方文化价值相关的方法和信念。这些价值观基于自由和平等的原则，与中国传统的教育和养育方式大相径庭。但这所著名的公立高中在选拔进入其竞争激烈的国际部的学生及其家庭时，正是采纳了这些价值观，以培养未来的精英。这种选拔机制实际上排除了那些虽然成绩优异、有能力支付学费但缺乏必要文化资本的学生。因此，想要被这所学校录取的学生，必须充分利用所有适当的资源：经济、学业和文化资源。

对于那些国际班/部录取分数线低于普通班的学校，它们在社会上已经树立了一种声誉，即倾向于招收学业成绩不尽突出但经济条件优越的学生。尽管这些学生的家长有足够的经济实力送孩子进入国际班/部，但一些学生最终仍选择留在普通班，特别是在普通班有成功送学生出国留学的良好记录时。例如，毕业于南京外国语学校普通班的可可，现在就在埃默里大学读书。她当初就选择了不进入国际部学习。虽然她的父母能够支付国际部的高昂学费，可可还是选择进入更具竞争力和更有声望的普通班。

应试文化被削弱了吗？

中国的高考及其应试教育系统常常遭到学生和家长的抱怨。国际班/部的学生大多选择放弃高考，转而准备申请美国的大学。据我们的调查数据显示，68%的受访者从未参加过高考。那么，没有了高考，国际班/部的应试文化是否因此减轻了呢？答案既是肯定的，也是否定的。的确，随着高考那庞大的压力的消失，相关的备考活动也随之消失。然而，实际上，这种压力并没有完全消失，而是被其他的考试——如托福、SAT和AP——所替代。许多学生为了取得更好的成绩，不惜多次参加这些考试。虽然这些新的考试从表面上看不像高考那样紧张和可怕，但多年来对考试的焦虑仍然促使这些学生们努力学习。

南通一所高中的学生表示，他们有一个大致标准化的出国留学考试时间表。高一（相当于美国的十年级）结束时，学生们要参加托福考试。因此，在整个高一学年，除了常规的课程外，他们还参加托福预备课程。为什么他们要在高一结束时就参加托福考试呢？因为许多学生想多参加几次考试，以获得更高的分数。到高二（美国的十一年级）结束时，他们要在6月参加SAT考试，有的还要参加SAT子科目考试。在此期间，他们还前往上海参加AP考试。考试季正好在常规学期的中间，因此许多学生会放弃常规课程。这让他们的老师，尤其是外教深感沮丧。

我是在5月底访问南通的那所高中的。此时距离学期结束还有一个月，但大多数高二年级的学生已经离开学校去参加SAT预科课程了。英语写作老师比尔说，他的课堂上一个学生都没有。他显然很沮丧，"没有人喜欢这样——坐着无所事事"。他指出，尽管课程还没有结束，但第二天他的课堂上就没有学生了。"我很想教学生如何写作，但学生们似乎不感兴趣。"

同样，另一位外籍老师托马斯正在为高三（美国的十二年级）的AP班教授人文地理课程，他也对出勤率低感到沮丧。他和比尔都认为，高一年级的学生，也就是刚刚进入国际部的学生，是参与度最高的群体，因为他们还没有开始准备考试。托马斯叹息道："这里的学生只对考试感兴趣，这让我很担忧，因为应试技能是一回事，而在大学中取得成功所需的技能则是另一回事。"

那么，学生们是否真如外教所说，对考试抱有浓厚兴趣呢？学生们有自己的理由：他们感受到入学门槛不断抬高的压力，认为自己的成绩需要远超往年，这意味着他们必须付出更多努力，以求获得更高的分数。这是因为中国赴美留学申请者的人数激增，而美国大学的录取率并未相应上升，使得录取过程竞争日益激烈，选拔性增强，中国学生及其家长的焦虑感也随之攀升。

高二学生小恒已经历过两次托福考试，她这样描述自己的困境：

> 美国大学的选拔标准愈发严苛。对成绩的要求也逐年提高。过去，托福考到95分就足够了，但如今，我们普遍认为至少要考过100分。100分在以往可被视为优秀，但如今已成为基本要求。只有像110分这样的高分，才能被称为真正的优秀。

2017年，在北京进行田野调查期间，我遇到一位高二学生。她告诉我，她已经考了两次托福，成绩为105分。她计划再次参考，因为"现在大家都认为必须超过110分"。更深层的原因在于，那些屡次投身于托福和SAT考试的学生，不仅仅把目标定为去美国留学，更是瞄准了美国的顶尖学府。

中国学生进入美国顶尖大学的门槛是否确实越来越高？这是中国顶级公立学校的留学指导老师和教师、学生及其家长等各方利益相关者共同的感受。他们深知，越来越多的中国学生正竞相申请美国的名牌大学，然而这些学校给予中国学生的录取名额并没有相应增加。北京十一学校——北京最好的公立学校之一——国际部的辅导员王女士说：

> 我们的国际部大约在2009年成立，当时我们对于留学的了解还非常有限。尽管如此，我们的学生通常能够进入美国排名前50的大学。当时我们对留学的了解不足，学生的申请材料也远没有现在这般精致。现在我们积累了更多经验，学生的申请材料质量也提升了很多，然而，跻身顶尖学府的难度却更大了。

录取标准的提高不仅反映了中国申请者群体的扩大，一定程度上还因为这些学生对美国顶尖学校情有独钟。直到近期，学校的留学指导老师们才开始劝说学生及其家长，不要过分关注学校排名。不过，劝说的效果充其量只是暂时的。王女士介绍：

是的,我们一直试图教育家长,告诉他们学校的排名并不那么重要。我们尝试在家长会上传递这一信息。我们应该把重点放在孩子感兴趣的特定项目上。这些家长看似听进去了,改变了观点。但一旦会议结束,家长们走出学校,回归日常生活,他们就会忘记这一点,然后再被社会上普遍重视排名的风气影响。

这种对顶尖学校的执着,再加上申请者数量的持续增长,使得这些学校的选拔性不断增强。因此,即使在没有高考的情况下,中国的应试文化仍然延续不息。[11]

留学机构的深层故事

在中国,大学招生几乎完全基于考试成绩,因此绝大多数在国内完成高中学业的学生缺乏留学指导老师的支持。尽管一些学生能够得到学校指导老师的帮助,他们有时仍然会选择咨询校外的中介机构,以获取额外的支持。对于许多学生而言,他们面临的首要问题便是:是通过中介机构申请大学,还是自行申请。由于美国大学的录取流程与中国大学截然不同,大多数学生认为寻求中介机构的帮助是必要的。中国有超过4000家中介机构,随着需求的增加,它们的数量仍在持续增长。这些营利性中介机构填补了市场的空白,并已经发展成为一个价值数十亿美元的产业。[12]

对于中国学生来说,"利用中介机构是合理的"

小芬觉得中介对她的申请过程有很大的帮助。她是为数不多获得数额可观的择优录取奖学金的中国学生之一。她申请了十多所学校,这些学校在《美国新闻与世界报道》上的排名在第10名到第40名之间。她最终被圣母大学录取,这是所有向她发出录取通知的学校中排名最高的学校,而且她还获得了该校荣誉学院2.5万美元的奖学金。她认为,自己的成功在一定程度上来源于中介的协助。

> 作为一个来自我们(中国)教育系统的人,我觉得真的很难弄清楚如何撰写个人陈述。所以中介真的帮了大忙。我们用了一整天的时间面谈,我的父母也参与了进来,我们一起头脑风暴,讨论我的个人经历和课外活动经历,最终确定了要在个人陈述中突出哪些方面。我撰写完初稿后,中介帮助我进行了修改。这真的很有帮助。中介也很了解申请背后的组织工作,比如不同学校的截止日期,不同学校要求的申请材料等。他们是这方面的专家。有了他们的帮助,我可以集中精力准备考试等事宜。

可可是埃默里大学医学预科班的学生,在上大学之前,她最初尝试靠自己申请一所美国顶尖的私立高中,但失败了。她将这次失败归咎于没有利用中介的服务。最终,她留在中国完成了高中学业,但她从中吸取了教训,并在申请大学时决定咨询中介。她用充满热情的语言描述了自己的经历:

他们(中介)提供了出色的服务。我的留学顾问对我应该修改的内容进行了评论和批注,催着我进行了修改。我感觉我在这个过程中取得了巨大进步。我真心认为中国学生利用中介没有什么不对。我认为利用中介机构才是合理的,因为两国的教育系统太不一样了。

有时,中介与特定的美国大学有联系,二者建立了制度性的合作关系。妮可是南京外国语学校的毕业生,她选择的留学顾问曾在她就读的学校担任顾问。这位顾问拥有埃默里大学的心理学博士学位,精通写作及美国文化。他在中国开设了一项独立的大学咨询业务,在助力学生进入美国顶尖高等学府方面已经有了不错的口碑。妮可解释说:

所有(从她所在的中国学校)去哈佛和耶鲁的学生都是由他指导的,所以他非常有名。尤其是埃默里大学,已经成了我们学校的后院。他们格外青睐我们的学生。我在埃默里大学的同班同学中,有十多个来自我(在中国)的学校。

尽管这位顾问的服务非常抢手,但他非常挑剔。妮可补充道:

他向每个学生收费12.5万元人民币(约合1.8万美元),但每年只招收20名学生。他会亲自面试每位学生及其家长,只有成绩顶尖的学生才能获得他的青睐,以确保他们能够进入美国的顶级院校。我可能是他指导过的学生中成绩最差的一位,但他欣赏我的个性,并认为这有助于我的申请,因此他最终选择接受我。

该顾问通常在学生高一或高二时接收他们,并为每位新生安排一名高三的朋辈导师。这些导师选自他往届的学生,其中一些已获得美国大学的录取通知书,他们为初入此项目的学生提供同伴支持。这位顾问的主要职责是指导学生修改申请材料,而不提供考试方面的辅导。因此,妮可不得不额外参加SAT备考课程,并自行承担相关费用。

琼琼来自中国北方的山东省,后来就读于科尔比学院。2011年,她成为所在高中国际AP班的首批学生之一。尽管该高中提供校内升学指导,但她觉得指导老师经验不足,所以聘请了一位毕业于斯坦福大学、在北京和上海都有公司的校外留学顾问。她解释了自己是如何聘请这位顾问的:

> 我觉得找中介就像找导师一样。我在家乡咨询了几家中介,但我不相信他们真的能帮上忙。其中有些留学顾问的英语比我好不了多少。这个(来自斯坦福大学的)人,至少他的英语特别好,而且我觉得他对美国大学的了解和看法令人信服。在聘请他作为我的留学顾问之前,我先跟他上了两个小时的课。我觉得他很有说服力,所以我聘请了他。

这位顾问只在申请材料方面为琼琼提供了帮助。而选择大学和准备考试的过程，都是由她自己完成的。最终，她支付的中介费用不到4万元（约5800美元）。后来，在科尔比学院，她发现很多中国朋友的中介费都在10万元人民币以上（约1.45万美元），但他们的分数往往低于自己。因此，她觉得"他们之所以需要支付更高的中介费，是为了弥补自身分数的不足，这是合情合理的"。

学生对中介服务的不满

与任何行业一样，难免会出现客户对服务不满意的情况。撰写个人陈述在申请大学的过程中至关重要，而这往往是中国学生最担心的一个环节。不少学生会向中介寻求帮助。然而，一些中介仅通过提出一些标准问题并使用固定模板来帮助学生拼凑出他们的陈述。例如，小严就是这样一个例子，她在大二时从家乡大连的一所大学转至雪城大学。

> 他们给了我一串问题：我的名字、我的经历、我以前做过什么……他们似乎有一个个人陈述的模板，可以把我的信息塞进去。这种方式很难做出一份好的陈述。后来，我在这里认识了一些研究生；他们的陈述是自己写的，只是请别人帮忙润色一下语言。我认为这样更好。如果我当初对此有更多了解，我就不会要求他们帮我处理这件事了。

除了材料写作流程的模板化之外，她的中介也没能很好地帮助她转换学分。据她介绍：

> 他们有很多学生要管，不想费心与我在中国的学校沟通转换学分的问题。例如，我只转换了3个学分的课程，但中国的很多课程都是2.5个学分，与美国3个学分的课程相当。中介没有与我的学校沟通这件事。我的很多课程都白修了。他们毁了我的申请流程。

她接着叙述了自己甚至未能见到最终的个人陈述文稿："我甚至都没有读过最终版的个人陈述，因为中介声称这是商业秘密。"

中介机构拒绝向学生提供个人陈述的最终版本，这一做法在多个学生的访谈中被屡次提及。俄亥俄州立大学的小简解释道："可能他们不希望让你看到最终版本，担心你把它发给其他机构……我猜是某种知识产权吧。"尽管小简没能看到最终版本，她也对中介的服务感到不满。她抱怨说她本可以进入一所比现在更好的学校。相反，她钟爱的那些小型文理学院，如蒙特霍利约克学院和里士满大学，都拒绝了她的申请。

> 小简：这所学校在我想进入的八所学校中排最后。这是一所大型公立学校，班级规模庞大，中国学生也很多，我听说了很多对它的负面评价。

访谈者：你为什么想避开华人较多的学校？

小简：我在美国读书。为什么我还要待在一群中国人中间？

小简希望避开中国人较多的学校，这似乎与中国学生只彼此往来的倾向相冲突，这也是本书第五章重点讨论的话题。许多中国学生虽然希望走出自己的同国籍圈子，但往往不知道如何实现这一目标。因此，小简从一开始就尽量避开中国人入学率较高的学校。

有时，这些学生不仅无法获取他们的个人陈述，由中介机构参与的从申请到录取的整个过程甚至都是不透明的。这种缺乏沟通和透明度的情况令学生感到不安。小哈生动地描述了这个过程对他来说是多么神秘：

我起草了我的个人陈述并把它交给中介，但他们拒绝让我看最终版本。实际上，除了最终结果，他们什么也没告诉我：哪些学校录取了我，哪些学校拒绝了我……而且他们从不透露自己的工作或与学校的沟通。我要求查看电子邮件往来记录，但遭到拒绝。我开始起了疑心。我私下告诉妈妈——谁知道中介到底帮我申请了多少所学校？我要求他们帮我申请十所学校，但他们可能只申请了四所，并告诉我其他六所都拒绝了我……他们甚至连录取通知书都不给我，并以各种借口搪塞，要么是录取通知书被弄丢了，要么是因为我无法确定选哪所学校，所以学校没发正式的录取通知书。他们只是告诉我，我被哪些学校录取了。我最终决定去西雅图的华盛顿大学。在我的不断催促下，我终于看到了华盛顿大学的录取通知书，这是我看到的唯一一封录取通知书，尽管他们告诉我，我也被俄亥俄州立大学、普渡大学和宾夕法尼亚州立大学录取了。

申请过程缺乏透明度直接导致信任的缺失，中国学生开始怀疑他们的中介没有完成承诺的工作。由于对美国大学申请流程缺乏了解，中国学生及其家长有可能成为营利性机构剥削和利用的对象。

自己动手

那些选择自己申请大学的学生，在没有中介帮助的情况下，通常会找到自己信任的人——朋友或家人，向他们寻求帮助。例如，佐治亚州立大学的学生吉拉有一位姨妈，过去二十年一直住在亚特兰大郊区。她的姨夫获得了佐治亚州立大学的学位，并对他的母校赞誉有加。他们主动帮助吉拉申请佐治亚州立大学，这也是她申请的唯一一所学校。姨妈帮吉拉润色材料，最终她被录取了。让许多学生求助于中介机构的复杂的择校问题，对她来说根本不成问题。

现就读于波特兰大学教育专业的小雷是另一个"自己动手"的例子。她是江西南昌人，认识的一位英语老师赵女士劝她不要找中介。赵女士曾就读于南加州大学，后来回南昌定居。据小雷介绍：

> 在申请过程中，赵老师给了我很多帮助。我的高中老师为我写的推荐信都是中文的，需要翻译成英文。赵老师帮我完成了翻译工作。我也非常努力地撰写个人陈述，并得到了当时在新加坡留学的好朋友的帮助，她帮助我提升了英语写作水平。这个过程对我来说非常陌生，我付出了巨大的努力才完成。

个人陈述和推荐信对于中国申请者来说是一种全新的写作体裁。在没有可信赖的家人和朋友指导的情况下，大多数中国学生都迫切渴望找到一家机构来帮助他们申请大学。中国学生之所以认为有必要找中介，是因为他们对美国高等教育的综合招生制度不够熟悉，这是我接下来要讨论的话题。

综合招生制度将学生推向中介

有些中国学生认为，依靠留学中介机构来处理申请事宜是必要的。他们认为，无论自己多有能力，专业的中介都能增加他们被心仪学校录取的机会。然而，经过中介机构加工和润色的申请材料往往会遭到美国大学的质疑。中国学生寄望于中介的帮助，认为单凭个人努力难以达成愿景，这种心态不免让他们陷入困境。

不只是中国学生会求助于第三方来撰写申请材料，美国学生亦常采用此策略。[13]我认为，中美教育体制的深刻差异使得中国学生遇到的问题更加复杂,从而加剧了他们寻求外界帮助的需求,使其近乎成为必然。中国大学的招生几乎完全依赖于高考成绩。大量研究表明,这种大学招生政策使得高等教育之前的教育体系在很大程度上,如果不是完全的话,转向了应试教育。[14]

另一方面,美国大学则采用综合招生原则,视标准化考试成绩为申请者资料中的众多因素之一。[15]然而,综合招生制度对于中国学生来讲,是一种文化上的束缚。这些年轻人充分意识到,单凭考试成绩无法保证他们进入美国顶尖大学的校门,这与国内的情况截然不同。个人履历很重要,社团活动经历也很重要。然而,中国的教育体系尚未将课外活动和社团参与纳入常规的学校教育中。换句话说,中国学生尚未被培养成美国高等教育体系期望看到的那种申请者,为了在申请人群体中脱颖而出,他们必须迅速学会用引人注目的经历包装自己,并以符合美国大学期望的方式展示自己。这就要求中国学生在短时间内彻底改变自己的行为方式,同时进行深入的学习。在这一过程中,中国学生需要各种形式的帮助和指导,而营利性机构满足了这一需求。

在美国上高中

一些家长决定在高中阶段将孩子送到国外,他们认为,鉴于中美教育体系的脱节,这样做可以帮助孩子更顺利地适应美国大学。对于许多家长来说,这种选择是艰难的,会带来额外的经济和心理压力。经济上，由于大多数父母无法陪伴孩子去美国，这就意味着中国学生通常就读于私立寄宿学校或住在寄宿家庭。这些学生通常还计划留在美国上大学，因此读几年私立高中的学费，以及之后读四年大学的学费，给家长带来了沉重的经济负担。心理上，许多中国父母担心十几岁的孩子独自身处离家万里的异国他乡，会遇到难以克服的文化与社会挑战，并对此深感忧虑。

尽管有这些担忧，选择在美国高中就读以准备进入美国大学的中国学生，数量仍在逐年增加。[16]许多家长希望早期的海外学习经历和语言能力的提升，能帮助孩子更好地适应美国的教育环境。根据我们的调查数据，18%的受访者从高中开始在美国接受教育。调查分析了从高中开始接受美国教育的人与从大学开始接受美国教育的人有何不同。图3.1显示，那些从高中开始在美国学习的学生，其父母更有可能未受过大学教育。换句话说，他们更有可能是第一代大学生。图3.2显示，与未在美国读过高中的学生相比，在美国读过高中的学生更有可能认为自己的英语水平良好或优秀。不过，在美国读高中并不一定会使他们在申请选拔型大学时有优势。图3.3显示，在美国读高中的学生和未在美国读过高中的学生进入选拔型大学的概率几乎相同。

那么，究竟是什么影响了中国留学生在不同类型高校的入学率呢？这个问题至关重要，因为正如第二章和本章所示，中国学生及其家长对排名靠前的选拔型院校极为重视，这驱使他们在大学申请过程中坚持不懈地考试并付出巨额投资。

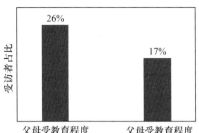

图3.1 高中开始接受美国教育的受访者的父母受教育程度分布
来源：作者的研究

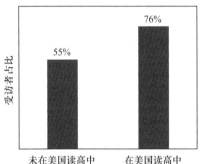

图3.2 受访者在美国高中就读与自评英语技能良好之间的关系
来源：作者的研究

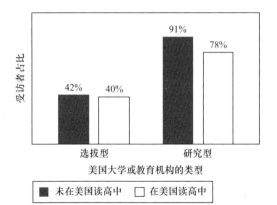

图3.3 受访者在美国高中就读与被美国选拔型和研究型大学录取的关系
来源：作者的研究

（选拔型院校包括中国学生眼中排名前五十的主要研究型大学和排名前二十的小型文理学院。）我分别对研究型大学和小型文理学院的招生结果进行了分析，结果如表3.1所示。在选拔型院校的招生中，几乎不存在性别差异，但中国男性比女性更有可能进入研究型大学而非小型文理学院。父母受过大学教育与选拔型院校的录取率呈正相关，但与研究型院校的录取率呈负相关。换言之，父母曾受过大学教育的学生比第一代大学生更有可能进入文理学院。

表3.1 不同类型院校招生的多变量分析（比值比）

	选拔型院校		研究型院校	
	Ⅰ	Ⅱ	Ⅰ	Ⅱ
男性	1.096 （0.208）	1.071 （0.207）	3.105*** （1.014）	2.978*** （0.994）
父母受过大学教育	1.726** （0.467）	1.376 （0.394）	0.564 （0.258）	0.373* （0.192）
英语好		1.893*** （0.390）		1.221 （0.397）
在美国读高中		0.851 （0.22）		0.310*** （0.11）

***　$p<0.01$
**　$p<0.05$
*　$p<0.1$

注：括号内为标准误差。"英语好"是指学生认为自己的英语水平良好或优秀，相对于较差或一般。"选拔型院校"既包括研究型大学，也包括文理学院。由于样本量有限，无法对两个方面的院校（例如，研究型大学与文理学院）差异进行交叉分析。

在美国读高中并不意味着更容易被选拔型院校录取，这一事实与许多家长的预期背道而驰。他们付出了经济和情感成本，将年仅十五岁或十六岁的孩子送往海外。正如国际教育协会（Institute of International Education）发布的《全球流动青年》（Global Mobile Youth）报告指出，提升在大学申请中的竞争力、更顺利地适应美国的大学教育体系，是在美读高中的中国留学生人数大幅增加的重要原因。[17]艾伦在高一时来到马里兰州一所私立高中就读，他与他父母的经历便是明证。起初他不愿意去美国，但他妈妈坚持要他去。他解释说：

> 我妈妈对中国的教育感到失望，她希望我出国时年纪越小越好，这样我就能适应美国的教育环境并进入一所好大学。这是她的最终目标。我妈妈认为，只要我在美国读私立学校，就可以上美国的好大学。

尽管不情愿，他还是去了巴尔的摩附近的一所私立学校。越来越多的中国家长像艾伦的妈妈一样，开始相信读美国高中在选拔型院校招生过程中的积极作用。然而，我们的数据显示，虽然在美国读高中可以提高英语水平，但在英语水平和其他因素不变的情况下（表3.1），此类学生进入选拔型院校的可能性并没有更高。

而在研究型大学和小型文理学院的选择上，与在中国完成高中学业的学生相比，以高中生身份赴美的学生更有可能进入文理学院。这或许是因为，在美国教育系统中生活时间较长的学生对文理学院有更好的理解和更高的接受度。在中国，除了少数知名学府外，许多美国的小型文理学院并不为人所熟知。尽管许多家长和学生能够轻易地列举出纽约大学、南加州大学、普渡大学、波士顿大学等著名大学的名字，但对于威廉姆斯学院、波莫纳学院或卡尔顿学院等同样声名显赫的学府却知之甚少。

从中国的私立学校前往美国

自中国政府于2003年首次通过《中华人民共和国民办教育促进法》、系统发展民办教育行业以来，中国的民办教育一直在稳步发展。[18] 根据中国教育部公布的统计数据，截至2015年，7%的小学生和不到6%的高中生就读于私立学校。[19] 瑞典隆德大学教授芭芭拉·舒尔特（Barbara Schulte）将中国的私立学校划分为五种类型，每种类型的收费标准和服务对象各异[20]。其中一种类型是提供国际教育的高收费私立学校，这类学校通常将学生送往海外深造。舒尔特没有对这类学校做进一步区分；然而，我在田野调查中发现，这类学校实际上可以细分为两个子类别：一类只招收持有外国护照的学生，如外籍家庭的子女；另一类则主要服务于中国公民。我对这两类学校都进行了研究，但考虑到本书的范围，接下来我将重点关注后一类学校——为中国公民服务的学校。

先锋学校是位于成都市的一所私立学校，截至2017年春季，该校共有全职教师15名，学生47名，年龄从12岁到20岁不等。从2017年秋季开始，该校增设了小学部，招收6—12岁的学生。学校业务从初中、高中扩展到小学是因为许多家长有此种需求，他们认为这种另类教育很有吸引力。这所学校的创始人兼校长沈先生推崇并实践了一种与中国主流教育系统的理念截然相反的教育理念：他不提倡考试，鼓励学生个体自由探索学习的领域。沈先生讲述了他创办这所学校的经过：

> 20世纪90年代初，我在美国攻读教育专业研究生，此前我是一名大学教师。毕业后，我回到中国，起初是在政府工作，但我一直想为改变中国的教育做点事情。后来一个朋友找到我，请我辅导他儿子，因为他儿子在常规的国内学校中学习不太好。我尝试用一种不同的方式教导这个男孩，鼓励他探索自己的兴趣，而不是为了考试而学习。这个男孩学得很好，学业从那时起也步入了正轨。其他同事和朋友给我介绍了更多的孩子，所以有一段时间，有几个孩子在我家中学习。这就是一切的开始。

沈先生很快发现他的家不够大，无法容纳他迅速壮大的客户群体。后来，他教过的一名学生，如今已是成功的房地产开发商，为他提供了一个地方——一个曾用作房地产销售中心的场所。沈先生将这一场所改造成他的新学校，在内部设立了教室、休息室、图书馆等。学校每年的学费为7万元人民币（约合1万美元）。由于沈先生的学生大多来自外地，他们还需要支付食宿费，并住在学校租用的公寓里。

或许是由于自己曾在美国接受研究生教育，沈先生的教育理念偏离了中国主流教育的中心目标。他强调基于兴趣的学习，拒绝考试——他的学校没有考试。对学生的评估包括出勤、课堂参与、团队合作、专题作业和演讲。有些课程的结业还需要进行答辩。学校对申请者持开放态度，有些学生主动去那里寻求教育机会；也有些学生因为无法在常规教育系统中生存而被迫求学于此。前一类学生可以在常规教育系统中生存，甚至取得成功，但他们渴望自由和探索性的学习，所以选择了这里。后一类学生则在常规应试教育系统中遇到了困难。这所学校成了那些在常规教育系统中找不到归属感的学生的避风港。

由于先锋学校在常规教育系统之外独立运作，因此它不受当地教育局的课程规定约束。学生完全根据自己的兴趣定制课程。在观察期间，我发现许多学生都对电子游戏感兴趣，这在传统的中国家庭和学校中通常被视为对学习的干扰。然而，先锋学校开设了两门以电子游戏为基础的课程，其座右铭是：认真、专业地玩电子游戏。他们不鼓励无目的的游戏娱乐。

沈先生定期访问美国文理学院并努力与之建立关系，以便将他的学生推荐至那些学校。他还在招生季邀请这些学院的领导参观先锋学校，从而与多所文理学院之间建立了深厚的信任和伙伴关系。沈先生解释说，先锋学校是一所小型学校，他认为学生们在美国小型文理学院会比大型大学适应得更好。到目前为止，先锋学校已经与美国16所小型文理学院建立了合作关系，但没有一所是排名前20的文理学院——这往往是中国留学生眼中的选拔型学校的标准。通过和这些文理学院建立伙伴关系，沈先生就学生的入学要求和权利与校方进行了协商。例如，他为他的学生争取到了择优奖学金及SAT免试；他的学生平均每年可获得高达2万美元的奖学金。他的学生需要参加托福考试，但他们很少参加考试补习班，因为沈先生并不鼓励这样做。

沈先生教授一门关于如何在大学中取得成功的课程。他也是所有应届毕业生（每届不超过10名）唯一的大学招生顾问。在带我参观时，他向我介绍了我们遇到的每一位学生，并详细讲述了他们的特殊才能和兴趣。例如，他向我介绍了一位女学生，告诉我她刚刚完成了一项针对一所特殊教育学校的民族志研究，并撰写了一份报告发表在学校网站上。他还向我介绍了一位对鸟类和地质学非常感兴趣的男学生。沈先生花了数年时间了解这些学生，并为每个人撰写了非常详细和个性化的推荐信。

小吉就是这样一个例子，他在常规学校学习很吃力，后来转到了先锋学校。尽管他当时就读于成都最好的三所高中之一，但他在传统公立学校的成绩并不理想。母亲在他的早期教育上投入很多，这让他在读小学时有了某种领先优势。然而，这种领先优势到了初中迅速消失，高中时他对学习感到很吃力并抵触学习。他的父母能够为其提供各种资源，包括家教。有一位家教深得小吉家人的信任，并最终改变了小吉的人生。这位家教后来在先锋学校担任全职教师，他说服小吉的父母，让他们相信转学到这所私立学校对小吉来说可能是一个不错的选择。于是，小吉转学了。

他成为先锋学校第一批应届毕业生。现在，小吉是明尼苏达州圣约翰大学哲学专业的本科生。与其他花大部分时间准备考试的中国学生不同，他只考了托福，成绩是80分。圣约翰大学是他申请的唯一一所大学，因为他有信心在沈先生的推荐下被录取。在他申请之前，沈先生邀请了圣约翰大学的一名管理人员访问先锋学校并与小吉会面。

小吉说，他在先锋学校的经历改变了他的人生轨迹。他对母校的热爱溢于言表：他计划在美国获得学位后，回到先锋学校担任全职教师。先锋学校一直是中国另类教育领域的代表。2017年夏天，先锋学校主办了中国教育创新大会，小吉作为志愿者参与了会议的组织和主持工作。

总　结

本章重点介绍了中国留学生进入美国高等教育机构的四种主要途径：第一种是通过中国公立高中的普通班，第二种是通过中国公立高中的国际班，第三种是通过中国的私立学校，最后一种则是通过美国的高中，通常是私立学校。这些途径各有所需的资源、教育经验和选择。一般来说，就学费和生活费而言，第一种途径费用最低，最后一种途径费用最高。学业要求和学生成绩的价值因不同学校的选拔标准而异，但选择第一种途径的学生不一定会像选择其他途径的学生那样退出高考。因此，从某种程度上来说，选择第一种途径的学生学业负担最重，因为他们必须为高考和出国留学做很长一段时间的准备，然后才能最终决定选择哪一种。

然而，尽管中国留学生的求学路径不同，资源和经验也各不相同，他们还是有一些共同点。他们均对自己的未来充满雄心，而这种雄心直接转化为进入美国顶尖大学的渴望。在他们的心目中，去美国留学还不够，进入排名前50甚至是前30的学校才是目标。然而，在理解和适应美国大学招生标准的过程中，他们感到非常焦虑和沮丧。中国学生及其家长对复杂精细的个人陈述写作和难以捉摸的录取标准非常陌生，他们迫切希望能找到具体的指导方法。由于沮丧和缺乏安全感，他们经常诉诸唯一的具体标准——SAT成绩和平均学分绩点——来获得安慰，并为提高考试成绩而加入一场激烈的竞争。他们还认为自己必须依赖营利性机构，而由于中介机构的服务质量参差不齐，中国学生及其家长很容易受到中介机构的盘剥和糊弄。

此外，这种想进入一所美国顶尖大学的雄心有时会促使中国家长早在高中阶段就送孩子出国留学，因为他们相信，在美国接受高中教育将会增加孩子被精英大学录取的机会。然而，我们的调查数据并不能为这一假设提供支持。如果说在大学录取方面有什么不同的话，如调查数据所示，那些在美国高中就读的学生更有可能进入小型文理学院，而在中国完成高中学业的人更有可能进入研究型大学。对大学录取来说，重要的是父母的受教育程度和学生的英语水平。尤其是第一代大学生，他们进入选拔型院校的可能性更小。这表明，在享有一定优势的留学生群体中，社会再生产模式依然存在。

第四章

中美教育体系探索与比较

2009年,中国学生在国际学生评估项目(PISA)中出色的学业表现引起了美国的关注。PISA是一项针对15岁学生在数学、科学和阅读方面的表现的全球性评估。来自上海——中国人口最多的城市——的学生参加了这一评估项目,并名列第一。随后,华盛顿特区国家教育与经济中心的马克·塔克(Marc Tucker)在2011年出版了《超越上海》(*Surpassing Shanghai*)[1]一书,明确将中国学校视为美国学校的主要竞争对手。塔克还表达了对美国教育体系的担忧,进而对美国未来在全球的领导地位表示担忧。

尽管如此,大批中国家长还是渴望将子女送到美国学校。他们可能并不知道中国学生在国际学生评估项目中位居榜首,即便知道,他们也可能担心中国教育过于重视应试。相反,他们希望自己的孩子能够接受一种超越考试分数的优质教育。那么,我们如何理解这个有趣的悖论:中美两国人民都希望从对方那里获得更好的教育?对两国教育体系缺乏充分理解往往会导致我们的判断产生偏差。我认为,中国留学生对于比较这两种教育体系的差异更有发言权,并有可能帮助解决这一悖论，因为他们对这两种教育体系都有着亲身体验。

鉴于中国的本科留学生在中国接受中小学教育，而在美国接受了大学教育（那些从高中开始就接受美国教育的学生则体验了中美两个社会的中学教育体系），他们对这两种教育体系有着独特的理解。那么，中国学生在体验过程中对中美两国的教育体系有何看法？通过问卷和深入访谈，本书总结了中国学生在五个关键方面对中美教育体系的重要见解：（1）创造力和批判性思维，（2）基于能力还是努力的学习观，（3）对数学的态度，（4）高中与大学的鲜明差异，以及（5）学术诚信。通过他们的视角，我们得以洞察每种教育体系的优势与不足，进而对一些教育热点问题提出新的思考，例如，哪些教育特质有利于创新，以及为何中国教育体系在抑制创造力的同时仍能产生创新成果等。

创造力和批判性思维

在西方，学术界和公众普遍认为东亚的教育体系将标准化和一致性放在首位，而忽视了创造力和批判性思维。[2]这种对标准化和一致性的偏重可能根植于东亚社会的集体主义倾向。[3]个人主义和集体主义之间的区别在中美教育体系以至于在中美整个社会中都是显著的。吉尔特·霍夫斯泰德（Geert Hofstede）和格特·扬·霍夫斯泰德（Gert Jan Hofstede）在其开创性著作《文化与组织：心理软件的力量》（*Cultural and Organizations: Software of the Mind*）中指出了中西方社会在文化根基上的差异,[4]尤其是个人主义和集体主义之间的鲜明对比。这种差异体现在中美的教育理念和实践中。美国教育体系的基础是相信每个学生都是具有独特能力和兴趣的个体,而中国教育体系则相信学生应在特定年龄接受特定水平的教育。[5]因此,在美国,分班教学要比中国更早、更频繁地发生;在中国,学生一般要到高一下半年或高二上半年才会被分成文科和理科两个方向,为高考做准备。[6]

中国的教育在一些方面体现出东亚教育共有的关键特征,如标准化课程、高风险考试等。学术界和公众常常描绘这一教育体系为过度依赖死记硬背、强调记忆和机械练习。[7]这种论调的问题在于,创造力在不同文化和社会中表现不同,并且学者们对创造力的定义也不尽相同。[8]对创造力没有一致的定义和衡量方法,就难以获取可靠的实证证据。

2014年,宾夕法尼亚大学教育社会学家朴贤俊(Hyunjoon Park)出版了《重新评价日本和韩国的教育:揭开刻板印象的神秘面纱》(*Reevaluating Education in Japan and Korea: Demystifying Stereotypes*)。[9]在该书第四章中,朴贤俊谈到了心理学:"心理学家长期以来一直相信,他们对解决问题的能力的研究能为创造性思维提供启示……创造性思维是解决问题的一种形式。"[10]朴贤俊利用国际学生评估项目的数据比较了日本、韩国和美国学生在解决问题方面的表现。他发现,日本和韩国学生在成绩优秀和成绩较差的学生群体(前10%和后10%)中的表现均优于美国学生,并且他们的平均成绩也更高。朴贤俊并未声称解决问题是创造力的唯一组成部分,但他认为这是一个基本要素。通过展示美国在解决问题能力方面落后于东亚国家,朴贤俊对美国教育在培养创造力方面更胜一筹的说法提出了质疑。他总结道:

> 我对当前有关创造力的文献的最大质疑是其二元对立的思维,即简单地假定日本和韩国的同质化和标准化课程必然会损害学生的创造力,而美国的个性化和非标准化课程必然会提高学生的创造力。这种非此即彼的思维只会强化一种刻板印象,即日本和韩国学生学业成绩的提高是以牺牲独立思考的能力和创造力为代价的,主要是个人在"相同"课程下进行死记硬背和机械式学习的结果。这种刻板印象转移了人们对美国学生基础学习技能薄弱的迫切关注,过分强调了美国教育在创造力方面所谓的优势。[11]

朴贤俊批评的这种有关创造力的非此即彼的思维,可能是由于缺乏对这一主题的实证研究。不过,朴贤俊从解决问题的角度对创造力进行概念化和量化的研究虽然有效,但仍存在一定的局限性。创造力所涵盖的特质与技能,实则远超解决问题的范畴,且其复杂性难以被简单量化。通过对中国学生的深度访谈,我们得以揭示他们对创造力和批判性思维的见解,以及在他们看来,中美教育在多大程度上有助于培养这种特质。

创造力

与多角度思维相连的能力

中国学生认为创造力包含了多种思维方式,并且相信美国教育有利于培养创造力。小西是东田纳西州立大学公共卫生专业的学生。2011年,她作为交换生从广州来到田纳西州的一所磁石高中*读十一年级。当被问及美国教育给她留下的最深刻的印象时,她提到了"创造力"。以下是她对美国教育中的创造力的理解,以及她对中国教育问题的看法。

> 我认为美国教育并不强求你给出一个正确答案。它鼓励你多角度思考,提出自己的想法。而中国的教育则让我去追寻那唯一正确的答案。我发现自己很难适应美国教育中那些开放式问题。美国教育希望你有自己的见解,但我却感到手足无措,因为在中国,老师会给你一个见解,你要学会复刻那个想法。当我申请美国大学时,申请表上的问题是:我为什么想来这所学校,我是一个什么样的人,我能为这所学校做出什么样的贡献?在这些问题面前,我感到迷茫——我不了解自己,也不知道自己为什么想在这所学校学习。

小西在进入东田纳西州立大学之前,在美国高中度过了

---

* 磁石学校(magnet school)在20世纪60年代出现,最开始是为了打破中小学种族分隔而建立的公立学校。现在逐渐演化为提供高质量的教育的公立学校。磁石学校作为公立学校的一部分,往往比私立学校便宜,教学质量更高,且没有严格的学区限制。

两年时间。在此期间，她都在与上述问题做斗争，主要包括不适应开放式问题、缺乏自我认知与思想匮乏。尽管如此，她通过不懈努力，在大学期间取得了显著的进步；她开始对历史和社会科学等课程感到更有信心，这些课程会深入剖析和讨论多种观点。

在我与学生的访谈中，他们不断强调创造力与多角度思考而非固守单一思维模式之间的紧密联系。丽娜是威斯康星大学麦迪逊分校物理学专业的学生，她的第二专业是艺术史。她描述了自己如何被艺术史吸引：

> 每当我观赏艺术作品，总能获得全新的理解。我们过去常常追求唯一完美的答案，但艺术史则允许有多种解释，只要它们是合理的。我发现这也是美国教育的特点，只要你能支撑自己的观点，它便对各种不同的答案持开放态度，而不是固执地寻求唯一的答案。

在中国时，丽娜原本只想学物理学。她从没想到自己会学习艺术史，但她在美国发现自己非常喜欢这个专业，于是决定将其作为第二专业。中国学生有时会选择双学位，这反映了他们对美国通识教育体系的热切兴趣。第六章将进一步探讨这一话题，聚焦大学专业的选择过程。

创造力要求因不同领域而异

在接受访谈的学生中，许多人认为艺术是一种创造性的表达方式。与丽娜一样,他们中的一些人通过选修艺术作为第二专业来发展他们的艺术创造力。另一些人则遗憾于自己的艺术创造能力在来美国之前就已经萎缩了。小彭在无锡一所高中上国际班,他是班上第一批赴美留学的学生,他转了20多个AP学分到美国,在雪城大学修读数学、金融和信息管理三个专业。但他仍对自己失去艺术创造力感到遗憾:

> 美国同学设计和创作艺术品的能力给我留下了深刻印象,我也希望自己能有那样的创造力,但我就是做不到。小时候,我也喜欢画画和做手工。但后来的学业完全阻碍了我在这方面的发展。

教育学家赵勇认为,创造力虽难以培养,但易被扼杀。[12]但问题是:小彭在所有领域的创造力都被扼杀了吗?虽然小彭感觉自己失去了艺术方面的创造力,但他在数学和科学领域并没有同样的感觉。事实上,他对自己的逻辑思维能力和分析能力非常满意。他顺利完成了所有的大学数学和技术课程,并以优异的成绩毕业。在纽约短暂地做了一年金融分析师后,他于2016年回国创办了自己的基金,加入了中国新一代金融企业家的行列。他将自己在学业上的成功和早期事业的起步归功于中国的教育体系:"如果没有扎实的数学基础,我不可能在这个领域工作,也不可能创办自己的公司。正是中国教育为我在金融领域的创新打下了基础。"

许多学生都有类似的感受:一方面,他们抨击之前在中国接受的教育扼杀了自己的创造力,认为中国教育死气沉沉;另一方面,他们又为自己在技术学科中打下的坚实基础感到庆幸,因为这为技术创新铺平了道路。尽管看起来矛盾,这却与另一个趋势相呼应,即中国已经在人工智能、电动汽车和纳米技术等各种前沿领域成为世界领导者。[13]这些创新成果取决于技术人才的稳定供应,这些人才均在数学和科学领域受过良好的学术训练。通过对比在两种教育体制下的学习经历,中国留学生肯定了坚实的数学和科学基础确实是中国教育体制的优势。他们对中国教育的复杂看法也说明了为什么尽管中国教育体系可能具有压制创造力的倾向,但也能培养创造力。

在运用创造力方面,不同领域间确实存在显著的差异。有些领域可以让人们自由发挥创造力,无须太多的门槛或前期实践;而有些领域则需要事先经过大量训练,这样人们才能发挥自己的创造力。科学社会学家根据范式的发展和数学化的程度来定义不同研究领域的软硬维度(hard-soft demension)。[14]一门学科是否有主导范式,或者说是否允许多种竞争性范式的存在,反映了该领域对问题和知识的共识程度。[15]硬领域以主导范式和连贯的知识结构为特征,而软领域则不遵循严格的顺序。硬领域包括数学、自然科学和工程学等学科;软领域包括人文科学、艺术和社会科学的一些领域。值得注意的是,它们之间并没有明确的界限,而更像是从硬到软的连续光谱。由于数学和科学等硬领域的知识结构具有连续性,学生需要积累一定的知识和技能才能有效地发挥自己的创造力。快速发展的计算机科学领域就是一个很好的例子，因为数学训练对软件开发是绝对必不可少的。托马斯·弗里德曼（Thomas L. Friedman）在《世界是平的》（*The World is Flat*）一书中引用了比尔·盖茨的话："我从未见过不懂乘法却能创造软件的人。"[16]许多美国学生，尤其是低收入的少数族裔学生，有时是因为在高中时对数学学习毫无准备而失去了进入高科技领域的机会。[17]这一课题将在下文对数学的态度部分进一步探讨。

批判性思维

本书中的中国学生认为批判性思维是美国高等教育的显著特征，他们在访谈中对批判性思维的理解主要体现在三个方面：（1）从二元思维到多元思维；（2）寻求真理、挑战权威；（3）重过程、轻结果。

从二元思维到多元思维

在讨论创造力时，中国学生频繁提及批判性思维，尤其强调它与从多个角度解决问题有关。他们还从挑战权威和重过程、轻结果的角度来谈论批判性思维。从这个角度看，创造力是目的，而批判性思维则是实现这一目的的手段。

小芬是圣母大学金融系的学生，辅修应用数学。她在接受访谈的最初几秒就提到了批判性思维。当被问及为何想要在美国留学时，她表示对她来说，培养批判性思维能力是美国教育的主要魅力所在。

访谈者：您如何理解批判性思维？

小芬：让我想想……我觉得这意味着每一种立场和观点都没有严格的对错之分。它们取决于文化背景。我们可以基于自己的文化背景和个人经历拥有独特的视角。

访谈者：美国教育是如何培养批判性思维的？

小芬：我认为自主选择课程确实非常重要。例如，我现在对心理学感兴趣，所以我可以在心理学课程中探索自己的兴趣。这真的很有帮助，因为它能让你在主修领域之外探索自己的兴趣。另外，我不知道这是否是圣母大学独有的，但我们的哲学和神学课程都采用研讨会式的教学模式。就是说没有考试，全是讨论和论文写作。教授们对我们自己的想法很感兴趣，非常重视我们的论文，并努力培养我们形成自己的观点。

在小芬看来，批判性思维是美国高等教育的典型特征和珍贵财富。她指的是超越非黑即白的二元思维，形成独特的观点。相比之下，中国学生则在应试教育环境中寻求确定的答案，这与接受多种答案和阐释的开放性思维很难相容。威廉·佩里（William Perry）的认知发展和批判性思维理论阐述了大学生智力发展的多个阶段（1970, 1981）。[18] 简单来说，大多数大学生经历了三个阶段的发展。第一个阶段是二元主义阶段，即学生用二分法（对/错，好/坏）看待世界，并相信只有一个正确答案；第二个阶段是多元主义阶段，即学生意识到看待问题有多种视角，但难以评估每种视角的价值；

第三个阶段是相对主义阶段，学生能够确定知识在特定参照系中的位置，并能进行有根据的比较、分析和评估。像小芬这样的中国学生正在从二元主义的学习者过渡为多元主义和相对主义的学习者。

寻求真理、挑战权威

教育学者李瑾认为，"批判性思维首先是寻求真理"[19]。为了寻求真理，学习过程中的一个必要组成部分就是质疑现有知识和提出问题。因此，在美国的学习过程中，一个非常重要的特质就是挑战权威。美国的教授们鼓励并期待学生在课堂上提出尖锐的问题。小组研讨课的设置旨在提供一个亲密的环境，让师生能够自由交流问题和观点。批判性思维的其他关键要素包括对不同观点持开放态度，以及质疑自己可能存在的潜在偏见。老师也期望学生能接受对他们自己思维的质疑和挑战。

批判性思维的这些要素——挑战教师的权威和挑战自己的偏见——给深受中国教育体系影响的学生带来了挑战，因为中国教育体系深受儒家思想影响，特别强调等级和服从。[20]

这有助于解释为何丽娜在威斯康星大学麦迪逊分校向教授提问时会感到震惊：

> 在听到他说"我不知道"的最初几秒钟里，我完全被震惊了。作为一名教授，他怎么能说"我不知道"呢？十几秒后，我开始对此感到敬畏。他真是个有深度的人。他不想往错的方向引导我。如果这件事发生在中国，我

的老师一定会说："哦，别担心，你不需要知道这些，因为这个不考。"

威斯康星大学麦迪逊分校的另一位学生小布主修工业工程和心理学，他将批判性思维理解为基于证据对真理的追求。他说：

> 在中国，我们常常将信任某人和信任他的观点混为一谈。我不同意这种说法。在美国，你就不必这样做。如果你想让我相信你的观点，你需要提供证据，让我看到你论据与论点之间的逻辑联系。我喜欢这种判断方式。

这种立场不可避免地涉及对权威的挑战，而权威，包括老师，本应是真理的掌握者。小布接着描述了他对教师的看法以及他在中国与教师的关系：

> 我同意你的观点，不是因为你是我的老师，而是因为你的话让我信服。在中国的时候，我喜欢和老师辩论，但经常会被驳斥。现在，在美国，我发现可以更自由地与老师辩论，而不会受到太多驳斥。

在美国，中国学生面对着一种不同类型的权威，这种权威会促使他们反思并形成对知识和权威的新理解。反过来，学生们也培养了自己的批判性思维能力。

重过程、轻结果

很多中国学生喜欢将他们的美国老师与以前的中国老师进行比较,其中一些学生提供了生动的例子,说明美国老师的教学方式与中国老师大相径庭。波士顿大学生物化学专业的学生小杰提到了以下观点,引起了许多受访者的共鸣:中国的教育教给你知识,而美国的教育教给你如何自主探索知识。他举了一个在美国上数学课的例子:

> 我的数学老师在讲解三角函数时,一开始只是简单介绍了一下内容,然后就让我们以小组为单位进行关于这个主题的探索和演讲。老师要求我们利用谷歌、维基和其他数学软件来做准备。这个过程并不容易,有时候会让人感到不适,因为我们需要弄清楚很多问题,并作为一个团队协作完成任务,但是这一经历对我们很有益处。我们对材料的了解更加深入,知道如何分工合作,以及如何共同完成一个项目。最后,我们制作了一个小小的PPT,我们对此感到相当自豪。中国教育关注的是结果,老师们在意结果是对还是错;而美国教育关注的是过程。

小杰对美中教育体制分别强调过程与结果的见解,有助于解释另一位学生为什么选择在美国重修他在中国已经学过的许多通识课程。区别于多数急于将学分转入美国大学以节约时间与金钱的中国学生,小布在威斯康星大学麦迪逊分校选修了几门数学和科学的入门课程,尽管这些课程他在广州上高中时已经学过。他不认为在美国重新学习这些是浪费时间，因为他发现面对相同的课程，美国教授的教学方式更能抓住问题的本质。他举了一个数学函数的例子：

> 在中国，老师要求我们写下$f(x)=y$，但没有解释原因。我们也没有问，就默认它就是这样。然而，我的美国老师则详细解释了什么是函数。他说："f就像一个魔盒，x进入魔盒，通过这个魔盒，变成了y。"这让我印象深刻。在学习过程中提出问题是非常重要的，因为这样我们才能真正理解为什么。

这种对"为什么"的关注正是批判性思维所必需的，然而，中国的教育体系似乎并未鼓励学生去提出质疑。[21]多数受访者都对中国教育在批判性思维培养上的不足表示遗憾。得出非黑即白的二元答案的渴望，严重阻碍了探索其他选择与思路的可能，而这些正是创新与创造力的重要源泉。

然而，尽管这些学生对他们之前在中国接受的教育提出了批评，但他们仍对中国教育系统中的其他方面表示认同，特别是那种基于努力的学习方法，这种方法培养了他们的韧性和耐力，他们认为这对他们在美国的学习非常有益。

能力vs.努力，固定型思维vs.成长型思维

斯蒂文森（Harold W. Stevenson）和斯迪格勒（James W.

Stigler）合著的《学习差距：我们的学校为什么会失败以及我们能从日本和中国教育中学到什么》(*Learning Gap: Why Our Schools Are Failing and What We Can Learn from Japanese and Chinese Education*) 一书，是对美国和东亚教育最有影响力的跨国研究之一。[22]作者得出的结论是，中国家长和老师在学习过程和结果方面更相信努力胜过天赋，而美国的教育者和家长则更相信天赋胜于努力。

同样，社会心理学家卡罗尔·德韦克（Carol Dweck）及其同事们揭示了两种理解智力的思维模式：固定型思维（fixed mindset）和成长型思维（growth mindset）。[23]固定型思维持有一种观点，认为个人的能力主要是天生的，其提升的空间相对有限。相对地，成长型思维认为，个人通过不懈的努力、坚持不懈的毅力和恰当的指导，能够不断增进自己的能力、改善自己的表现。最近，李惠安（Angela Duckworth）的书《坚毅：释放激情与坚持的力量》（*Grit: The Power of Passion and Perseverance*）引发了广泛的讨论，使"坚毅"一词成为教育领域内外的热门词语。李惠安将"坚毅"定义为在兴趣和目标的驱动下，与激情相结合的持久毅力。李惠安与德韦克合作发现，坚毅与成长型思维总是相辅相成的：具有成长型思维的人往往具有更多的毅力。[24]

珍妮弗·李（Jennifer Lee）和周敏[25]借鉴了李惠安的理论，解释了华裔和越南裔移民家庭如何给儿童灌输成长型思维。这些移民父母相信，孩子的表现可以通过更多的努力得到改善。他们认为，这有助于提高子女在学校的学习成绩。

那么，这些华裔和越南裔移民父母是从哪里获得的成长型思维呢？珍妮弗·李和周敏认为，他们受到了亚洲母国的教育规范和结构的影响。

同样，中国留学生深信努力是实现学业成就的关键。下文的问卷和访谈结果证实了他们对勤奋和努力的信念。

关于努力程度的调查结果

超过半数的受访者表示，他们花在学习上的时间比美国同龄人更多，只有不到18%的受访者表示投入的时间更少（图4.1）。这种对学业的投入在他们的绩点中得到了回报。超过一半的学生绩点高于3.5，约87%的学生绩点高于3.0（见图4.2）。

中国学生的学习努力程度在以下指标上存在差异。据图4.3A所示，女生比男生更有可能提到自己比美国学生学习更努力。54%的中国女生表示她们比美国同龄人花更多时间学习，而中国男生的这一比例为48%。相较之下，24%的中国男生表示他们花在学习上的时间比美国同学少，而中国女生的这一比例仅为12%。这与全球范围内女生在学业上投入时间普遍多于男生的情况相吻合。[26]另一个差异的因素是专业。如图4.3B显示，理工科专业和商科专业的学生比人文社会科学专业的学生更可能提到他们在学习上比美国学生更努力。

表4.1列出了对中国学生努力程度的多变量分析，考察了在其他因素不变的情况下，哪些因素会导致他们比美国学生

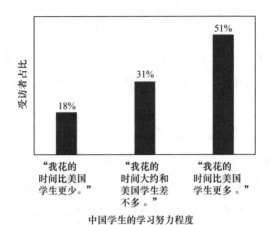

图4.1　与美国同龄学生相比，中国学生自认为的学习努力程度
来源：作者的研究

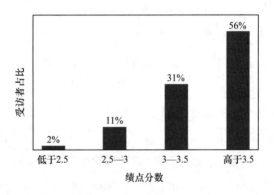

图4.2　中国留学生绩点分数分布情况
来源：作者的研究

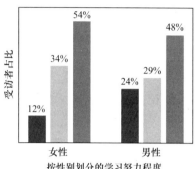

图4.3A 按性别划分，中国留学生相比美国学生在学习上的努力程度
来源：作者的研究

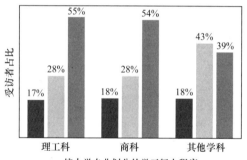

图4.3B 按大学专业划分，中国留学生相比美国学生在学习上的努力程度
来源：作者的研究

第四章 中美教育体系探索与比较 111

表 4.1 中国留学生学业努力程度的多变量分析（比值比）

	模型 1	模型 2	模型 3
男性	0.813 (0.147)	0.876 (0.172)	0.872 (0.183)
父母接受过大学教育	0.969 (0.233)	1.035 (0.269)	1.003 (0.278)
留美时长	0.858** (0.058)	0.871* (0.063)	0.850** (0.064)
参加高考	1.531** (0.127)	1.37 (0.149)	1.366 (0.161)
商科		1.138 (0.264)	1.134 (0.279)
人文社会科学		0.676* (0.159)	0.668 (0.165)
英语好		0.841 (0.174)	0.880 (0.193)
绩点		1.599*** (0.217)	1.678*** (0.247)
选拔型院校			0.604** (0.127)
研究型院校			0.813 (0.256)

*** p＜0.01
** p＜0.05
* p＜0.1

注：括号内为标准误差。"努力"是指中国学生比美国学生投入更多的学习时间。"英语好"是指学生认为自己的英语水平良好或优秀，相对于较差或一般。

花更多时间学习。模型1包括背景变量。在考虑了父母受教育程度、留美时长以及学生在赴美留学前是否参加过高考等因素后，性别因素变得不再重要。值得注意的是，留美时间的长短与努力程度呈负相关；也就是说，中国学生留美时间越长，他们比美国学生更努力学习的可能性就越小。具体来说，中国学生在美时间每增加一年，他们比美国同龄人付出更多努力的概率就会减少14%。有趣的是，参加高考会使中国学生比美国学生付出更多努力的概率增加53%。这表明，中国高考严酷的特性培养了学生的忍耐力和良好的学习习惯，下一节中的访谈结果进一步证明了这一点。

模型2增加了学业背景作为变量，包括学生的绩点、自认为的英语水平和大学专业。结果显示，绩点与努力程度呈正相关。与美国同龄人相比，社会科学/人文学科专业的学生付出更多努力的可能性要小于理工科专业的学生。

模型3增加了院校层面的因素。来自选拔型院校的中国学生相比来自非选拔型院校的学生，更有可能比美国同龄人花更多时间学习。在最后一个模型中，留美时间仍然与努力程度呈负相关。在不同的模型中，留美时间与努力程度之间稳定的负相关关系为经典同化理论（classic assimilation theory）提供了证据支撑，即移民在留学国社会停留的时间越长，他们就越像该社会的成员。[27] 换句话说，那些在年龄较小时就来到美国的人（例如那些来美国上高中的人），其努力学习的可能性远远低于那些大学时期才来美国的中国同龄人。

第四章　中美教育体系探索与比较

关于努力意义的深入访谈

中国教育培养韧性和耐力

珍妮是缅因州科尔比学院的一名大三学生,主修全球研究和法语研究。在我们的访谈中,她讲述了在科尔比学院法语课上的一次经历:

> 在法语课上,我的美国同学往往把学习和天赋联系在一起。他们会说,"哦,我不擅长这个"。但我会说:"嘿,你还没努力去学。你在学法语上的努力甚至连我学英语的一半都不到。那你怎么知道自己不行呢?"我认为不能接受挫折不是一种正确的态度。

珍妮对她在中国接受的教育表示感谢,认为这培养了她"正确"的学习态度,即"能够接受挫折"。可可是埃默里大学医学预科班的学生,她深知进入美国医学院的艰难,而这正是她的目标。一些州立大学的医学院甚至不招收国际学生。尽管如此,她仍旧力图争取那为数不多的、对像她这样的中国学生开放的名额。她的平均绩点是3.9。她说自己"学习非常努力",前路充满希望;上学期她还当上了生物课的助教,而她仅入学一年而已。

小杨在浙江温州的一所高中毕业后,进入了宾夕法尼亚州立大学。在中国期间,他自学了AP课程,在香港参加了考试,并成功地将30个学分转入宾夕法尼亚州立大学——大约相当于第一学年的全部学分。因此,他只用了三年时间就从宾夕法尼亚州立大学毕业，并且毕业成绩名列专业前四。他还获得了在约翰斯·霍普金斯大学攻读地球科学的奖学金。然而，尽管他在宾夕法尼亚州立大学取得了较高的学业成就，他仍认为自己在美国的学习时间无法与之前在中国的学习时间相比。他描述了自己在中国艰苦的学习日程：

> 通常我早上 5:30 左右起床，直到半夜才能睡。除了短暂的用餐时间之外，我每天大约学习 15 个小时。不仅是我，我周围的每个人都是这样学习的。因此你没有时间去思考，也别无选择。

在美国，小杨基本保持了相同的日程安排，只是学习时间有所减少。他会利用空闲时间进行体育锻炼。此外，他在宾夕法尼亚州立大学校内的一家餐厅找到了一个制作三明治的兼职工作，并自愿在学校所在城市的学区辅导数学。他表示他的工作态度是"在中国被灌输的"。他做这些工作不仅是为了赚钱，还想积累一些经验，就像他的美国同龄人一样。

并非所有参与本书访谈的中国学生都在学业上表现优异。一些学生尽管在中国因学业表现不佳而屡遭教师和同龄人的嘲笑和贬低，但仍将以努力为本的学习态度带到了美国。就读于北卡罗来纳州立大学的菲菲在中国成绩并不好，她说自己经常让老师和父母失望。她视在美国上大学为自己的第二次机会，一个证明自己的机会。有趣的是，尽管教育学者指出美国人更相信天赋而非努力是学业成就的主要驱动因素，

但美国教育体系的结构似乎总是提供第二次机会,以奖励付出额外努力的人,这一点与中国的教育体系不同。菲菲提出了以下看法:

> 在中国,如果一次考试不及格,你就完蛋了。但在美国,一门课程通常会有几次考试,教授会给予额外的学分、修改的机会……有更多机会提高自己。我更喜欢这种制度。我在中国不是一个好学生,就是这样。我无法改变它。但我觉得我可以在美国成为一名好学生,因为我愿意努力学习、不断提高自己,而这里的体制会奖励这种努力。我真的很努力。我在中国的朋友有时会认为我在美国只是玩而已,对于这一点我很生气。

菲菲发现,中美教育对努力的态度非常矛盾:中国人认为努力驱动学习,而美国人则认为天赋驱动学习。然而,中国的教育体制并不像美国那样给予人们那么多机会。也许正是因为机会有限,在中国没有第二次机会,所以中国学生才会特别努力,生怕错失良机。

超越简单的"A",获得更多反馈

在中国教育体系这样竞争异常激烈的教育环境中成长,学习者即使离开了该体系,也依然会持续努力。这些学子通常对自己要求很高,对自己的表现不容易满足。东田纳西州立大学公共卫生专业的小西曾作为交换生在田纳西州当地的一所高中学习,之后就留在美国读大学。她知道美国老师倾向于鼓励学生并提供积极的反馈，因此她孜孜不倦地寻求老师的批评意见。每当她的作业得了A，她都会主动与老师交流，以确认自己的成果是否真正配得上这一评价。

> 访谈者：你为什么有这么大的动力来做这件事？
>
> 小西：我不满足于仅仅得到A，我想要不断进步。我的英语老师总是给予我详细的反馈。我会认真阅读它们。有时候，在期中考试中老师只给分数，不给评语。因此，我会主动去询问老师，希望了解他们的评价。我从这个过程中学到了很多。
>
> 访谈者：你在中国的时候也是这样吗？
>
> 小西：完全不是。国内的所有考试和作业都非常具有挑战性，我经常会犯错误。这消耗了我的精力。此外，中国的老师通常态度严厉，我总是感到很害怕。而在这里，老师们都非常友好和蔼，易于相处。我在与他们交流的过程中深受鼓舞。

小西感受到中国教育体系中的学业强度及教师令人生畏的权威，尽管如此，她仍将在学业上追求卓越的精神带到了美国。即便在学业挑战较少的环境中，她也会主动向和蔼可亲的美国教师寻求建议，以求提升自我。这种努力的信念尤其深刻影响了她在数学课上的表现，这门学科正需要大量的练习。在对待数学学科的态度上，中国学生与美国同龄人有显著不同。

对数学的态度

美国人将厌恶数学正当化

2012年，一位政治科学教授在《纽约时报》上发表了专栏文章《代数是必要的吗？》("Is Algebra Necessary?")，指出代数给美国学生带来了太多心理痛苦，并质疑其必要性。

> 在美国学校中，每天约有六百万高中生和两百万大学新生在代数上苦苦挣扎。无论是在高中还是大学，太多学生都面临着可能失败的压力。我们为什么要让美国学生经受这种折磨？我发现自己越来越强烈地认为我们不应该这样做。

他关于学习数学会对学生心理产生负面影响的说法并非没有根据。值得注意的是，布鲁金斯学会的教育专家汤姆·洛夫莱斯（Tom Loveless）根据国际数学与科学趋势研究（TIMSS）的数据发现，学生对数学能力的信心与其数学成绩呈负相关。TIMSS是一项对美国及其他国家四年级和八年级学生数学与科学成就进行比较的研究。[28] 洛夫莱斯的研究结果表明，在数学成绩较高的国家中，学生对数学的信心反而较低。这个看似矛盾的现象其实很容易解释：数学是自信的杀手，而自信心是美国教育工作者和父母最看重的品质之一。因此，在不经意间，美国文化认可了对数学的厌恶。由于数学是理工科领域的基础，对数学的普遍厌恶情绪可以帮助我们理解为什么尽管理工科专业的毕业生在就业市场上很有吸引力，但获得理工科专业学位的美国学生却寥寥无几（见图4.4）。长期以来，美国政府一直认为有必要鼓励更多的国内学生攻读理工科专业。巴拉克·奥巴马（Barack Obama）总统在2010年的国情咨文中指出："我们应该让科

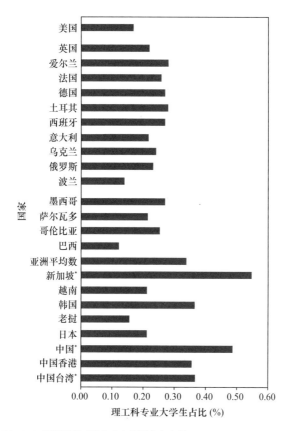

图4.4 2005年各国理工科专业大学毕业生比例
来源：联合国教科文组织和美国国家科学基金会（带＊的国家或地区的数据来自美国国家科学基金会）

学竞赛的获奖者像（美式橄榄球大赛）超级碗的获奖者一样自豪。"然而，美国领导人只有改变美国的数学和科学学习文化，才能解决这一问题。社会学家谢宇和亚历山德拉·基勒沃尔德（Alexandra Killewald）在他们的著作《美国科学在衰落吗？》(*Is American Science in Decline?*)中呈现了美国公众对数学和科学所持的矛盾态度，即尽管美国公众对数学和科学非常尊重，但他们认为这些领域并不适合大多数人，而只适合少数天生擅长数学的人。[29]

畅销回忆录《虎妈战歌》(*Battle Hymn of the Tiger Mother*)的作者蔡美儿（Amy Chua）声称，美国父母过于看重孩子的自尊心，因此低估了孩子克服挫折和承受压力的能力。学习可以是有趣而有意义的，但也可能带来暂时的沮丧。有些科目，如数学和科学，在学习初期需要艰苦的努力，掌握到一定程度后就会乐在其中，这与中国留学生之前关于数学和科学领域的创造力需要一些基础训练的看法是一致的。在一个充满赞美和鼓励的环境中成长和社会化的美国学生，可能更容易在学习数学时感到气馁，因为在数学中，错误就是错误，无法掩饰。

中国人重视数学

中国有句古话"学好数理化，走遍天下都不怕"。在中国，数学能力备受重视；更重要的是，学好数学是普通民众的愿望，而非仅仅为少数天才所预留。这种积极的对待数学的态度使得中国学生即使最初并不觉得自己擅长数学，仍能坚持不懈地学习这门学科。这种态度降低了学生因早期挫折而放弃的可能性，为未来的发展保留了更多机会。显然，这种对待数学的态度让许多数学天赋并不特别高的学生受益匪浅，通过练习，他们变得足够自信，从而能够进入对数学要求较高的工作领域。阿珍就是一个很好的例子。

阿珍在加利福尼亚大学洛杉矶分校主修数学和经济学，辅修会计学。她是在高中的最后一年来到美国的。在中国上高中时，阿珍曾是一名文科生，那时她的数学成绩并未达到当地的优秀标准。但在加利福尼亚大学洛杉矶分校，她从文科专业转向了数学相关领域，这一转变是出于某种策略上的考虑，因为她知道在美国，数学相关领域比人文学科相关领域更容易找到工作。（第九章将详细介绍阿珍毕业后留在美国的理由）她深知自己的数学水平无法满足创新型研究岗位的要求，因此她设想自己或许可以在某些需要用到数学技能的企业中工作。事实上，她职业生涯的发展也在很大程度上符合她的初衷。她毕业时获得了应用数学和经济学的学士学位，现在在旧金山湾区担任数据分析师。

阿珍的故事说明，尽管她意识到自己在数学方面缺乏天赋，但她并没有被吓倒，而是努力争取在需要数学技能的岗位上就业。她能够区分哪些人真正具有数学天赋且能为该领域做出创造性贡献，哪些人能够学习和应用数学知识与技能。她知道自己属于后者，并抓住了美国劳动力市场对数学技能旺盛的需求。

然而，在中国，大力推动数学和科学的学习，却产生了喜忧参半的结果。社会将数学和科学成绩视为衡量智力的主要标准和通往成功的必经之路，在这样的社会背景下，那些无法取得优异成绩的学生很容易产生巨大的不安感，遭受同学的嘲笑、老师的蔑视和家长的失望。学生们在访谈中反映了这些陷入痛苦、屈辱和怨恨的经历。

小韩在来到雪城大学读大一之前，就读于中国一所公立高中的国际部。而在进入国际部之前，他数学成绩不佳而英语表现出色，因此受到了数学老师和同学的批评。他还记得他的数学老师，一位年长的中国女性，讥讽他将所有的精力投入到英语学习中，却忽略了数学。这使他在同学中的地位下降，自尊心也受到了打击。不过，在国际部，他找回了失去的自尊心，因为英语被放在了首位。他和现在的老师关系很好，所有同学都很羡慕他的英语水平。

菲菲讲述了一个类似的故事。她痛苦地回忆起她的数学老师对她的严厉和刻薄。他看不起学习成绩不好的学生。有一次，菲菲非常努力地学习，在考试中考了高分，但这位老师仍然当众羞辱她，他当着全班同学的面说："你们知道吗？这次连菲菲都考了个好成绩。"菲菲觉得自己完全被侮辱了。她怀着一种复仇的满足感回忆道："现在，当我暑假回家见到那位老师时，他还待在原来的地方，做着原来的工作，而我已经向前看，我已经在美国了。"

尽管对某些中国学生而言，数学可能确实在某种程度上会影响到自信心，但学习的艰辛并非毫无价值。在深度访谈中，中国学生传达的一致信息是，他们认为之前在中国接受的教育为他们在数学和科学方面的学习奠定了坚实的基础。

图4.5显示了他们对美国各学科课程难度的感受。仅有不到10%的中国学生同意或非常同意美国大学的数学课程对他们来说很难。略超20%的中国学生同意或非常同意美国大学的科学课程对他们来说很难。另一方面，超过40%的人同意或非常同意写作课程对他们来说很难，接近50%的人同意或非常同意历史和其他人文课程对他们来说很难。中国学生在数学和科学方面的优势非常明显，尤其值得注意的是，其中相当多的人主修理工科、经济学和金融学等专业，即对数学能力要求较高的专业。这有力地展示了他们之前在中国为这些领域所做的扎实准备。

鲜明差异：从高中到大学

横跨中美两国教育体系的中国留学生也发现，在从高中升入大学的过程中，两国存在着截然不同甚至相反的脱节现象。简言之，除了一小部分竞争特别激烈的高中之外，美国大学对学生努力程度的要求远远超过中学；而中国大学对学生的要求则比中学低。雪城大学新闻专业的女生小萍深有感触地描述了这一点：

> 我真的很羡慕现在在中国大学学习的朋友们，他们生活得如此轻松自在。他们没有作业，也不用写论文。在经历了高中的辛苦之后，大学对他们来说就像天堂。我从没想过美国的大学会这么难。我真的很不幸，因为

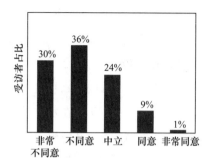

图4.5A 中国留学生对"美国大学的数学课程对我来说很难"的不同回答
来源：作者的研究

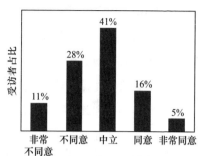

图4.5B 中国留学生对"美国大学的科学课程对我来说很难"的不同回答
来源：作者的研究

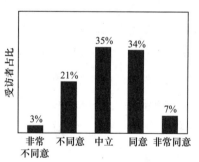

图4.5C 中国留学生对"美国大学的写作课程对我来说很难"的不同回答
来源：作者的研究

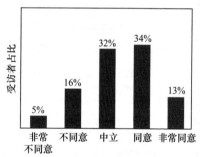

图4.5D 中国留学生对"美国大学的人文课程对我来说很难"的不同回答
来源：作者的研究

在中国的高中生活就像地狱,而现在又进入了美国的大学,每天都要努力学习。

小萍感到"很不幸",因为她觉得美国大学的严峻挑战远超她之前的预期。于是我问她,她的预期是什么,这些预期又是如何形成的?

> 访谈者:那么,你期望美国大学是怎样的?
> 小萍:我原以为会是轻松愉快的。
> 访谈者:谁告诉你的?
> 小萍:我不知道,大家都这么说的……来这儿之前我确实有过这样的想象。

对美国教育"轻松有趣"的社会想象造成了人们对大学学业的预期和现实之间的落差。然而,这种想象并非毫无根据。据美国《全国大学新生调查》(the National Survey of College Freshmen)[30],只有不足40%的大一新生表示,他们在高中时每周做作业的时间超过六小时。对美国高中生来说,家庭作业的优先级低于与朋友社交、体育锻炼和有偿工作。这一点在以高中生身份来到美国的中国留学生身上也体现得很明显。中国留学生到美国的年龄越小,花在学习上的时间就越少,这一发现突出说明了一个事实,即美国高中的学业要求普遍不高。全国统计数据显示,由于这一原因,美国学生在升入大学前往往缺乏充分的准备。美国国家教育统计中心的数据显示，在两年制大学中，60%的学生报名了至少一门不算学分的补习课程，以为大学学习做准备。在四年制大学中，20%的大一学生需要参加补习课程。[31]

另一方面，中国学生在上大学之前通常非常努力地学习，以为高考做准备。但是一旦他们进入大学，其学业压力就无法与高中阶段相提并论了，因为一旦被大学录取，毕业几乎是有保障的。[32]中国大学毕业的低要求可追溯到精英高等教育时代，当时大学入学竞争极为激烈，只有少数学术精英才能接受高等教育。[33]在过去的十年，中国高等教育从精英教育向大众教育过渡，但毕业要求仍然很低，这或许是由于制度的惯性所致。这一现象也给中国的高等教育质量和从大学到职场的过渡带来了特殊的问题。[34]

布林莫尔大学公共卫生专业的阿莉也有同感：

> 在美国，学生们在高中时还可以很放松，到处胡闹。但进入大学后，教授对学生的要求很高，学生要做的事情也很多。在我的大学里，图书馆24小时开放，你可以看到学生们一直在学习。中国就不一样了，与紧张的高中生活相比，大学很轻松，学不到很多东西。

对于像阿莉这样经历过严格的高中教育的中国学生来说，他们是否为进入高要求的美国大学做好了准备？答案既是肯定的，也是否定的。总体而言，中国学生普遍认为他们在应对考试方面做好了充分的准备，但在面对美国大学其他方面

的评估时可不一定。自认为在中国学校学习成绩一般的小丹描述了她在圣路易斯大学学习的经历:

> 我在中国学习非常刻苦,但成绩仍然一般。来到这里后,我发现我比我的美国朋友更擅长考试。我想这是因为我在中国参加了太多的考试,我甚至能猜到考题。我的美国同学可没有这种能力(笑)。我几乎能够凭直觉知道要考什么,所以我能在课堂上更好地记笔记。我的美国同学经常向我借笔记。

史密斯学院的杰西进一步证实了这种应试能力,她总结了中国学生的优势和劣势:

> 中国学生的考试成绩和绩点通常都很高。我们擅长学习任何有明确结构的东西,但在开放式学习方面,我们就不太擅长了。我们习惯于坐在教室里参加考试,然后砰的一下子,就得到成绩。美国大学倾向于采用各种不同的评分方式,不同的项目也有不同的截止日期。我们对这样的情况还不太习惯。

杰西所说的"不同的截止日期"和"不同的评分方式"往往会导致时间管理和拖延问题。一些原本非常优秀的中国学生在美国发现自己被一种新的学业病——拖延症——所困扰,他们不仅感到困惑,而且备感焦虑,有时甚至愤怒,但却难以明了此困境之源。波士顿大学国际关系专业的小程就深受其害。她在中国时学习成绩很好，考前只需要死记硬背就能对付所有课程。但显然，这些策略在波士顿大学行不通，因为她的课程要求在不同时间完成多个项目。她发现自己难以跟上每项任务的进度，以前为考试临时抱佛脚的旧习惯适得其反。随后，她意识到自己患上了拖延症。

在某种程度上，这种学业病的结构性根源在于中美教育的差异，尤其是评分方式的差异。在中国的学校里，成绩的评定几乎完全依赖于考试。在整个高中阶段都是如此。即使在大学教育中，期末考试或期末论文也在很大程度上决定了最终成绩。在这种制度下，学生主要于某一时间点上接受评估。虽然学生同样在整个学期中都努力学习，但他们不必担心各种截止日期和相关的时间管理技巧。而在美国学校，成绩基于学期内的各种作业和项目来评定。除了期末论文或考试之外，每项作业和项目都会对最终成绩产生影响。这些作业和项目往往需要在数周甚至数月内逐步完成，涉及规划、研究、起草及修改等多个阶段。任何阶段的延误都可能严重影响作业的质量和最终成绩。这就是拖延对学业造成的有害影响。从心理学上看，这种危害更为深远。学生们可能会感到内疚、焦虑甚至自我厌恶，这些负面情绪有时会导致心理崩溃。

学术诚信

学术诚信问题是中国留学生在跨越中国与美国两种教育

体系时所面临的一大挑战。过去，一些中国留学生因为涉及作弊等严重违规行为而被媒体广泛报道，这不仅影响了他们的个人声誉，还加重了对中国学生的负面刻板印象。[35]这种情况使得在美国学习的中国学生在自我形象和表现方面感到极大的压力。阿珂是佐治亚州立大学护理学专业的一名大一学生，尽管她在课堂上取得了优异成绩，她却频遭美国同学的质疑和嘲笑。

> 我在班上的成绩很好，去年的绩点是3.9。但我的美国朋友一直问我怎么会有这么高的成绩，他们不相信我是靠自己的努力取得的。他们说："你一定作弊了。"我总是一笑置之，说："我根本没作弊。"他们只是嫉妒我的好成绩。事实上，我的美国朋友曾多次问我是否作弊。我只是澄清并告诉他们："只要努力学习，你们也会取得好成绩的。"

面对这样的怀疑和嘲笑，阿珂选择一笑置之。然而，其他学生可能更为敏感。伊利诺伊大学金融专业的小贝对学校管理人员在谈论学术诚信问题时的语气和态度感到不适。她回忆起国际学生迎新会上的情景：

> 学校迎新委员会的人明确表示："无论你在自己的国家习惯如何，美国绝不容忍作弊或抄袭行为。"我对此感到很不适；这听起来好像我们都已经是作弊者了！

我和参加迎新会的朋友们都有同样的感受。

小贝和阿珂等受访者明确感受到一些中国学生个体或群体违反学术诚信的行为给广大留学生带来的负面影响。面对这些源自中国留学生的作弊丑闻，他们虽然感到不安，却束手无策。这类违背学术诚信的事件不止一起，其背后的真实动因何在？除了部分情况下存在由利益驱动的有组织的违规行为外，我认为有必要深入探讨那些可能影响中国学生对学术诚信概念的认知的因素。[36]

学术诚信是一种正式的表达方式，而违反学术诚信则会带来严重的后果。众多中国学生往往将这一概念简化为"不作弊"，但其真正的内涵又是什么？在正规的考试场合，其含义似乎清晰易懂。绝大多数中国学生通过正规考试取得学业上的进展，因此他们较易理解"不作弊"的基本原则。然而，一旦赴海外求学，他们便会发现，考试并非唯一的学业评价方式。作文、论文和项目往往构成评价的主要内容。学期论文往往需借助外部资料并进行适当引用。许多美国学生在高中时就接受过这方面的指导：用自己的话进行表达，若需引用他人观点，则必须明确标注来源。对大多数美国高中毕业生来说，这些规则显而易见。[37]因此，对于中国学生而言，这些在美国教授看来理应是基本且根本的学术准则，却需他们付出艰苦的努力才能逐渐熟悉。

此外，在留学生群体中广泛存在的语言障碍也常常影响中国学生对学术诚信的理解。虽然教学大纲中常有明确的规范和指导,教授们也会在课堂上口头强调,但外国新生仍可能对这些规定感到陌生。以小彭为例,他在雪城大学主修数学、信息技术与金融学三个专业,并在四年的学习中取得了优异的成绩。然而,在大学期间,他曾一度险些被控作弊。在一次数学考试中,他使用了一种在SAT中被允许使用的特殊计算器,却不知该计算器在本课程中被明令禁止。小彭以为,在SAT中可用的计算器在其他考试中也同样适用。这一行为被教授当场发现,并被指控作弊。然而,在教授正式起诉他之前,他所在系的另一位教授出手相救。在之前的一门课程中,小彭表现出色,才华横溢,态度认真,该教授在指控小彭作弊的教授和小彭之间充当了沟通者。经过一番沟通,他们最终认定这是一起纯粹因沟通失误而导致的个别事件,因此,此事并未给小彭带来灾难性的后果,相关指控亦被撤销。

有鉴于此,一些大学已经意识到不同文化和社会背景对学术诚信的理解和实践存在差异。为解决这一问题,它们在新生入学指导计划中加入了关于学术诚信的研讨会,旨在明确其定义及期望。这一措施虽有其益处,但实施时必须细致周到并考虑到文化敏感性,以避免让外国新生感受到不信任或被冒犯。

总　结

鉴于中国留学生跨越了中美两国的教育体系,他们处于一个绝佳位置,可以帮助我们理解中美常向彼此寻求更好教育方式的悖论。简言之，他们可以看到中美教育各自独特的优势和问题。学生们就中美教育的创造力、批判性思维、对数学的态度以及高中和大学之间的过渡问题提出了重要见解。他们认为，在培养创造力和批判性思维方面，美国教育优于中国教育。这两者密切相关，中国学生通常认为它们在概念上是相同的。学生们一致认为，他们之前在中国接受的教育抑制了他们的创造力，而美国教育则鼓励在解决问题过程中采纳多种解释，以此来激发创造力。他们以前在中国接受的教育强调问题有唯一正确的答案，这使得他们在人文社会科学课程中面临挑战，因为在这些课程中，问题通常是开放式的。

另一方面，中国学生也认为，他们在中国接受的教育帮助他们培养了毅力和坚持不懈的精神。这种以努力为本的学习态度对他们的学习成绩产生了积极影响，尤其是在数学和科学方面。这对于培养理工科专业领域的创造力尤为重要，因为这些领域需要扎实的数学和科学基础。这有助于解释为何中国教育既能培养创新能力，也可能扼杀学生的创造力这一矛盾现象。对数学的积极态度和基于努力的学习模式为中国留学生在理工科专业的学习打下了坚实的基础，从而为科技创新开辟了道路。

中美两国的高中和大学教育存在明显的对立与脱节，这使得中国留学生处于一个独特的位置，他们既能从中国严格的中小学教育中获益，也能从美国高水平的大学教育中获益。他们受到两种对比鲜明的教育体系的挑战和启发，既受益于中国教育为其打下的坚实的知识基础，也深感自己在批判性思维方面的不足，这为他们融合两种体系的优势提供了动力。

然而，本研究中的学生对一些中国同学违反学术诚信的行为感到沮丧，并感受到美国同学对他们的负面评价和成见。这些中国留学生的声音和经历往往被报道违规行为的美国主流媒体忽视，却凸显了学术诚信问题的复杂性，其中包含两个不同教育体系之间的社会和文化差异。

第五章

保护性隔离：中国学生自己玩

> 我能理解为什么中国学生喜欢在一起玩。没有共同的兴趣爱好，就难以找到共同话题。实际上，美国学生也自有其圈子：白人和白人在一起，黑人和黑人在一起……这是人的本能……我认为这无可厚非。
>
> ——小西，就读于东田纳西州立大学公共卫生专业

2009年，小西作为十年级交换生从广州来到田纳西州，成为其所就读的高中唯一的中国学生。初来乍到无同乡之伴，她哭过很多次，但最终还是结交了美国朋友。在我们的访谈中，她将自己与那些在拥有中国学生社群的大学开始其美国留学生涯的中国同龄人做了对比：

> 也许我没有他们那样的同辈压力——他们和中国朋友玩在一起。而我面临的是一种无从选择的孤独，我必须走出去，与他人建立友谊。

小西的确做到了这一点。同时，她也深刻意识到其他

中国同龄人所面临的社交挑战。正如小西所言，与同类群体建立友谊，乃是人类的本能，这被社会学家称为"同质性"（homophily）[1]。

这是可以理解的，更为重要的是，这种同质性具有实际的价值。它为新来者在陌生环境中的生存与发展提供了必需的社会缓冲，为那些可能感到迷茫和困惑的人带来了一种令人安慰的熟悉感。

尽管同质性圈子有其价值，但它也带来了两个值得关注的问题。一是内部问题：中国学生对自己的社交生活普遍感到不满。研究显示，留学生最常抱怨的问题之一便是缺少与留学国国民的友谊，而来自东亚（中国、日本、韩国）的留学生相比其他国家的学生，更有可能没有美国朋友。[2]

一旦他们度过了学习新规则和熟悉新环境的初期阶段，留学生便开始感受到走出自身国籍社交圈的动力。毕竟，他们大多数是自愿留学[3]，希望通过建立新的社会联系和有意义的社交关系来拓宽视野。第二章的研究证据表明，扩大视野是参与调查的中国留学生选择出国留学的主要目的之一。与当地人建立友谊，是实现这一目标的有意义且有效的方式。[4] 因此，当这种交往愿望未能实现时，学生们便会感到失望。第二个令人担忧的问题是外部的：美国院校的管理层坚信，留学生的加入可以带来急需的多元化视角，从而丰富国内学生的学习和校园生活。[5] 然而，如果社会融合不足，留学生的存在并不能给国内或国际学生带来预期的好处。[6]

以往的研究对中国留学生在社会融入方面的描述不太乐

观。例如，与欧洲留学生相比，中国留学生面临更大的文化适应压力，并且更难融入美国大学的校园环境。[7]在教职工和美国大学里的同龄人看来，中国学生对与美国人的交往不太感兴趣。[8]为了解释这种情况，研究者通常聚焦于英语水平、沟通能力和文化差异等问题。这些因素对于理解任何外国留学生面临的融入障碍都至关重要。然而，我们还需要更深入地探讨：是什么使得来自中国的留学生，特别是来自快速发展的中国的新一代留学生显得如此不同？对于那些坚持留在自己圈子内的学生来说，他们看似自愿的自我隔离背后又有什么样的原因？同时，也有一些中国学生成功地融入了校园中的各种社群，是什么使得这些学生能够跨出自己的同国籍圈子？

本章将讨论上述问题。本章的解释框架专注于两个过程：一个是中国学生被排斥的过程，解释中国学生如何因新种族主义（neoracism）——基于语言、文化和/或原籍国的歧视——而被排除在美国的社交圈之外。这一概念将在本章的后续部分进行深入探讨；另一个是中国学生自愿退回到自己圈子的过程。我认为，理解中国学生对他们想象中的美国感到失望，对分析他们的退出过程有所帮助。我的访谈揭示了这种失望的两个主要原因：一是这些学生对美国，尤其是对美国农村和小镇的经济发展感到失望，这是伴随中国城市的繁荣成长起来的这一代中国学生所特有的观点；二是美国的个人主义文化对具有集体意识的中国学生形成了排斥。美国的院校在提供支持以缓解个人主义文化的影响方面存在差异，而对大多数中国学生来说，他们需要学校提供更多的支持。

当无法进入外部社交网络时,他们天然的应对机制就是回归自己的群体。

这两个过程相互关联,相辅相成。对于不同的学生而言,其中一个过程可能比另一个更占主导,而有时这两个过程又同时发挥作用。关于留学生的传统文献[9]中指出的重要因素,如适应问题、交流能力以及英语水平,都在这些被排斥和自愿退出的过程中发挥作用。

语言和文化差异

不出所料,本研究的参与者普遍认为语言障碍是他们与美国人建立友谊的主要障碍。如图5.1所示,调查数据突出显示了英语水平对中国学生社会融入的至关重要的影响。其中

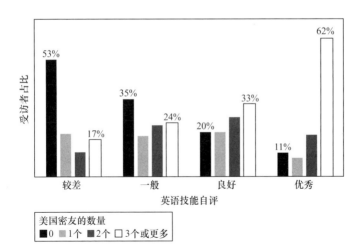

图5.1　自评英语水平与美国密友数量之间的关系
来源:作者的研究

一项调查问题要求受访者评估自己的英语水平，因为他们对语言能力的自我评价影响着他们与美国人沟通和交流的信心。评价等级从较差、一般到良好、优秀不等。

总体而言，英语水平与拥有美国密友的数量之间存在正相关关系。自认为英语很好的学生和自认为英语很差的学生在交友模式上形成了鲜明的对比。在认为自己英语优秀的学生中，62%的人拥有3个或更多的美国密友，只有11%的人没有美国密友。在认为自己英语较差的学生中，超过一半的人没有美国密友，只有17%的人拥有3个或更多的美国密友。

深度访谈揭示了语言障碍通常与流行文化中语言使用的细微差异有关，比如笑话中的语言使用。正如雪城大学的小拉所指出的：

> 一开始与美国朋友聊天时，他们会提及一些名字和事件，我很快就跟不上了。特别是那些笑话，我不明白他们为何发笑。当别人在笑，而你不知道笑点在哪里时，就只能在那儿尴尬。我认为一个人如果能听懂美国笑话，那他自然就能交到美国朋友。

小拉认为笑话能拉近人与人之间的距离，但她听不懂美国笑话，所以她只能回到中国朋友的旧圈子中，说他们的母语。

除了语言，美国大学校园的一大特色——派对文化，似乎也阻碍了跨文化友谊的建立。社会学家伊丽莎白·阿姆斯特朗（Elizabeth Armstrong）和劳拉·哈灵顿（Laura

Harrington)在《为派对买单》(*Paying for the Party*)一书中通过丰富的数据证明了中上阶层学生派对的排外性,许多美国本土学生中低收入的同龄人也在派对中感到被边缘化和被排斥。[10]中国留学生尽管在经济方面并不落后,却在社会文化方面被边缘化。[11]本书中几乎所有的中国留学生都对校园派对文化持矛盾甚至恐惧的态度。有些人称,美国的派对文化绝对是他们在校园中获得积极社交体验的障碍。大多数人描述了他们第一次目睹美国大学派对场景时的震惊感受。许多人意识到应该参加大学派对以充分融入校园社交,因此他们尝试参加。但当他们实际参与后,却目睹了一些基于他们之前在中国的经验所无法接受的不良行为。威斯康星大学麦迪逊分校的丽娜说道:

> 我参加过几次派对,但一点也不喜欢。我看到有人吸毒,还有人酗酒。这些对我来说没有吸引力,我也不想参与其中。我认识一些和美国人一起玩的中国朋友,他们也开始吸毒。因此,我决定远离这些,不再参加派对。

丽娜刻意避开派对上的吸毒行为,同时将派对现场的狂欢与不良行径联系在一起。还有一些学生对饮酒以及不时进行的饮酒游戏持有厌恶之情。来自利哈伊大学的小西对于美国学生的饮酒游戏感到不解:"那些游戏都很愚蠢,一点也不好玩。我的美国朋友们围着啤酒轮流玩游戏,然后再一饮而尽,这在我看来极不卫生。"丽娜和小西均选择不再出席这类派对，虽然明白这可能会减少他们与美国社会融合的机会。还有一些学生提到，派对上公开的性场面令人感到不适甚至恐惧，特别是对女性学生而言。加州大学洛杉矶分校的阿珍说：

> 我只参加过一次派对，实在是太恐怖了。那些低俗的舞蹈动作，我不愿多言，最终我还是选择了与大多数中国朋友一起通过购物、聚餐等方式进行放松和社交，这些都是典型的中国女孩的社交方式。

这些派对行为直接违背了对中国女性的规范和期望。中国男性同样对派对场景感到不适。这从根本上违背了这些学生在中国接受的学校文化——纪律和约束。[12]来自加州大学洛杉矶分校的小贾回国后与家人分享了他参加派对和去酒吧的经历。他笑称："我奶奶非常担心，劝我别去。"他解释道，虽然离家万里，但他与家人的关系非常密切，显然这种关系也包括了他所在大家庭的其他成员，他非常在意他们的意见。

先前的研究还发现，中国留学生在美国大学派对中缺乏归属感。[13]并不只有他们如此，正如前文所述，有些美国本土学生，特别是低收入学生亦有此感受。阿姆斯特朗和哈灵顿在《为派对买单》一书中提出了"保护性隔离"（protective segregation）的概念，并分析了学生们这样做的理由——避开主流派对文化，寻求能够为彼此提供安慰和支持的社交空间。虽然中国留学生与美国本土的边缘群体不同，但他们也因种族和外籍身份被边缘化,感觉自己被派对文化排斥。新种族主义的概念有助于解释中国留学生在美国高等教育中缺乏归属感的问题。

新种族主义和保护性隔离

珍妮·李(Jenny Lee)和查尔斯·赖斯(Charles Rice)在其论文《欢迎来到美国:国际学生的受歧视经历》("Welcome to America: International Students' Experiences with Discrimination")[14]中,首次提出了针对留学生的新种族主义概念。新种族主义指的是基于语言、文化障碍以及原籍国的歧视行为或态度。通常情况下,对原籍国的负面刻板印象会导致新种族主义,但只有少数研究专门探讨了对中国留学生的刻板印象。[15]其中,卢布(Ruble)和张(Zhang)发现了美国人对中国留学生的五种刻板印象:他们(1)聪明、勤奋;(2)善良、友好、和善、有礼貌;(3)英语口语不好,只与其他中国人做朋友,不能很好地融入社会,社交表现尴尬;(4)安静、害羞、孤独,不喜社交;(5)不会察言观色,言谈吵闹,侵犯个人空间,自视过高,令人感到困扰,行为怪异,不愿适应环境[16]。这些刻板印象中的前四项与以往对亚洲人及亚裔美国人的正负面刻板印象的研究相符,而第五种刻板印象带有明显的敌意,令人感到不安。[17]

来自北卡罗来纳州立大学的菲菲分享了一段遭遇新种族主义的经历:

每当我们语言班的中国学生结伴漫步街头时，常有美国学生开车经过，他们总是非常粗鲁，对我们又吼又叫。后来我才知道，他们是在戏谑取乐，可能喝酒喝多了。我觉得他们不喜欢我们，实际上我的中国朋友也不喜欢他们。我们和美国人一起坐电梯时经常笑话他们。我们常用中文窃窃私语，然后相视而笑。我知道如今美国学生害怕和我们同乘电梯，更避免与一群中国学生同乘。

有趣的是，菲菲认为她的美国同学喧哗吵闹，这种感受与美国人对中国学生的看法如出一辙。然而，菲菲将此视为美国人对中国学生的敌意，而中国学生也用同样的抵制和排斥手段来回击这种敌意。这只会加剧双方的隔阂。菲菲在美国的第一年只结交了中国朋友，她觉得这是不对的。

我需要结交更多的美国朋友。毕竟，我是在美国学习。我应该更加开放。但怎么做呢？我不知道。我觉得自己被困住了。我可能明年也只有中国朋友了，因为我们已经决定一同上课。

菲菲的故事揭示了中国学生在美国处理交友问题时，存在着非常复杂的矛盾心理和深深的无助感。她经历了被美国人排斥，同时也和中国朋友一起对美国人表示了相应的排斥和抵触。但她又渴望结交美国朋友，也清楚双方存在困难重重又难以跨越的鸿沟。在这一被美国社交圈排斥又渴望融入其中的过程中,菲菲在中国同龄人中寻求安慰与归属感。这是一种保护性隔离行为,尽管她并不情愿这样做,甚至为此感到后悔。

菲菲没有亲密的美国朋友,但关于美国同学对中国学生的抵触,她与那些拥有美国密友的中国学生有相同的看法。范德堡大学的小钟提到,他的一位美国密友曾认为中国学生在公共场所说中文让人很不舒服且感到被冒犯。小钟说:"我的一位好朋友是白人,他曾向我坦言,一群中国学生在美国大学校园的公共场所说中文,让他觉得中国人已经殖民了美国大学。"他补充说,尽管这一评论让他震惊,他还是感激这位美国朋友对他的坦诚。小钟说:"毕竟,如果我们不是真朋友,我怎么会知道这些呢?"

中国学生有时也会发现美国人的评论过时且带有偏见。雪城大学信息科学专业的小郭描述了这样一种情况:

> 有一次在校园里,一位友好的美国中年妇女过来问我中国政府是否还杀害基督徒。我想,拜托,我的奶奶就是基督徒。我觉得这类问题很可笑。他们怎么对中国如此一无所知?我很不高兴,但我已经有点习惯了。许多美国人给中国贴上了"共产主义中国"的标签。他们不了解真实的中国。

当代中国人,包括大多数在美国的中国留学生,都认为他们的生活现实与美国人经常给中国贴上的政治标签大相径庭。小郭进一步解释说："倘若美国人亲临中国，他们会目睹一个与通过西方媒体看到的中国不同的中国。"这种见解与其他中国学生的感受不谋而合。随着中国人生活质量的显著提升，一些美国人对中国的看法显得过时了，他们仍旧沉浸在对贫困中国的记忆中。在雪城大学校园橄榄球场工作的小桑描述了她提供饮料时的一次遭遇："一位美国学生问我，我在中国是否每天都吃土豆。我当时想，什么？你在开玩笑吗？也许我奶奶那一代人会吃土豆，而不是我这一代。"小桑几乎将这个问题视为对她的侮辱，它反映了美国人对中国社会变化的无知。这些在繁荣的中国长大的骄傲而被宠溺的学生，抵美后感到疏离，失去了他们原有的社会地位。这与社会学家亨利·海尔（Henry Hail）的研究结果相呼应："一些中国学生抱怨说，尽管留学国的学生愿意与他们探讨中国话题，但对中国的现状却持有错误、偏颇且冒犯的观点。"[18]海尔进一步指出，正是这种对中国的误解和偏见让中国学生产生了疏离感，增强了他们对祖国的认同，并催生了他所称的"海外爱国主义"（patriotism abroad）——第八章将进一步探讨这一话题，该章将涉及中国学生对其在美国的经历的反思。[19]

对想象中的美国的失望

自中国实行市场化改革以来，中国人与西方市场、媒体及文化的接触日益增多。美国作为西方发达国家中的超级大国，其社会与文化在西方名牌产品、好莱坞电影以及其他媒体平台的包装下被浪漫化,显得格外诱人。冯文在其著作《重新定义的天堂》(*Paradise Redefined*)中借鉴了本尼迪克特·安德森(Benedict Anderson)的"想象的共同体"(imagined community)[20]概念,认为中国的年轻人及其家庭将西方发达国家想象为天堂。这一点尤其体现在中国学生出国深造的动机,他们去西方国家读大学,主要是希望成为"想象中的发达国家共同体(developed world community)的一部分,这个共同体由世界各地流动的、富有的、受过良好教育且人脉广泛的人组成"[21]。

这种对"想象中的发达国家共同体"的憧憬,加之对西方高等教育的向往——美国大学仍然是全世界羡慕的对象——促使数百万中国留学生涌向美国大学校园。然而,当他们真正抵达美国后,昔日的"美国热"变成了"美国幻灭"。[22]

对美国的失望——"我从未想过这里会如此荒凉"

导致这种幻灭的原因之一是,当许多学生身处美国小镇时,他们发现自己缺乏城市生活。鉴于约95%的调查参与者来自高楼林立、咖啡馆和购物中心等城市设施齐全的中国城市,这些学生将他们的美国大学所在地描述为"农村"或"乡镇"。例如,就读于威斯康星州贝洛伊特学院的北京学生小闻说:

> 来美国之前,我以为美国都像纽约一样,到处都是闪闪发光的高楼大厦和丰富多彩的城市文化。我从来没有想象过美国社会是如此的乡土和乏味。我想象过这里

会是一个偏远的地方,但我从未想过这里会如此荒凉。在这里,甚至很难找到出租车。

这些想法看似无伤大雅、就事论事,实际上却暗含了对美国生活的不满。中国有着明显的城乡差异和深厚的城市优越感文化。[23]在这些学生眼中,农村意味着落后,与他们想象中的现代美国截然不同。巴尔的摩约翰斯·霍普金斯大学计算机科学专业的小张生动地描述了这种感觉。他是大二时从密苏里大学哥伦比亚分校转学过来的。他描述了自己来到第一所大学前后的感受:

> 之前,我看了很多好莱坞电影,听美国嘻哈音乐。我很崇拜那些歌手和电影中的美国人。他们的生活方式是我在中国羡慕的。我觉得美国一定是个很酷且充满活力的地方。但后来我来到了密苏里州的哥伦比亚,发现那是一个非常无聊的小镇,几乎没什么事发生。这太出乎我的意料了。

小张在中国通过媒体接触到的美国形象与他所处的美国小镇的实际情况之间的巨大落差,给了他沉重的打击。小张渴望离开,萌生了转学到约翰斯·霍普金斯大学的念头——这所学校排名靠前,位于巴尔的摩,其城市规模远大于密苏里州的哥伦比亚市。当被问及在巴尔的摩的生活是否更好时,小张勉强回答"是的"。

这一代中国学生不仅是看着好莱坞电影、听着嘻哈音乐长大的，他们还亲眼见证了中国现代化与城市化的飞速发展。这些经历促使他们形成了一种思维定式，即现代城市生活等同于美好生活。当他们体验到真实的美国生活时，发现它并不像他们想象中的那样现代，因而感到极大的失望。

甚至在美国的大城市求学的中国学生，也常常将这些美国城市与自己在中国的家乡进行比较。这种比较经常导致他们对留学国感到失望，同时对自己的家乡感到自豪。例如，在西雅图华盛顿大学学习的长沙学生小哈表示："我发现西雅图甚至不如我的家乡长沙现代。尽管长沙不是中国最发达的地区，无法与北京或上海相匹敌。"

个人主义的障碍——"我从未想过他们是多么想要独处"

这些中国学生不仅对美国的发展水平感到失望，还对许多美国人表现出的高度个人主义倾向感到惊讶。在中国，学生习惯于群体活动和密切合作的学校环境；相比之下，他们惊讶地发现美国学生更倾向于独立行动。他们同样对美国学生喜欢保持的社交距离感到困惑。来自雪城大学的小韩这样描述他的印象：

> 我从未想过他们是多么想要独处。为什么美国人选择在校车上独自坐着，远离其他乘客，而不是像我们在中国那样挨着坐呢？

尽管如此，小韩仍然努力结交美国朋友，因为他非常注重拓宽视野，他认为结交美国朋友有助于实现这一目标。他强迫自己远离华人圈子，坚持只说英语，以至于他的许多朋友都以为他在美国出生。然而一年之后，小韩感到疲惫。尽管他的英语已经无可挑剔，他也结交了一些美国朋友，但他并不感到快乐。他说："和美国人做朋友的感觉不一样。他们不愿与人亲近，非常个人主义。这与我想象中真正的友谊完全不同。"

美国人的个人主义倾向让习惯了抱团和集体主义生活方式的中国学生感到困惑和不适。有关跨文化友谊的文献指出，留学国文化与母国文化之间的文化相似性可以缓解初次见面时的尴尬，使跨文化友谊更可能建立起来。[24]中国文化，或广义上的东亚文化，在集体主义与个人主义等基本方面与美国文化存在明显差异。美国被认为有着世界上最个人主义的文化。[25]

在《心灵的习性》(*Habits of the Heart*)一书中，个人主义被认为是"美国人思考自己生活的第一语言"：

> 因此，美国的个人主义要求个人做出努力并激发获得成功的更大活力，然而它并没有为培养这些提供多少鼓励，它对道德发展和经济成功采取一种不论好坏、任其沉浮的态度。[26]

中国留学生对美国高等教育这种"不论好坏、任其沉浮"

的态度所带来的影响感受强烈。换句话说，他们在社会关系和社会融入方面几乎得不到任何支持或"培养鼓励"。这里缺乏一个制度化、结构化的平台，能让中国学生与美国当地人交朋友。这不仅是因为他们初来乍到，需要圈子和安慰，还因为他们的文化使他们以集体为导向。

吉尔特·霍夫斯泰德和格特·扬·霍夫斯泰德在其著作《文化与组织：心理软件的力量》中，生动而令人信服地表明了中国社会比美国社会更加重视集体。[27]市场经济开启了中国社会变革的序幕，带来了前所未有的选择多样性和社会流动性，一些学者认为中国变得越来越个人主义。[28]我在2015年发表的一篇文章中指出，教育领域在这一转变过程中似乎仍然滞后。从课程设置到大学招生再到日常行为规范，教育系统仍然坚持集体主义。[29]这意味着，中国留学生来到美国时，他们的内心习惯主要是之前在中国家庭和学校环境中习得的；他们期望在集体中组织活动，在集体中寻求安慰。

诚然，留学生并非是从中国人口中随机选出的。与其他移民一样，他们中的一些人往往具备超越本国群体的动力，因为他们已经跨越国界到海外求学。然而，与外部群体互动的动力并不一定会自然实现。正如传播学者伊丽莎白·加里斯（Elisabeth Gareis）所言："在美国建立友谊所需的社交技巧，如闲聊，可能不在留学生的能力范围内，如果不频繁实践，这些技巧就无法被内化。"[30]换言之，美国高校需要为中国学生提供支持，帮助他们掌握结交美国朋友的社交技巧。在缺乏这种制度支持的情况下，习惯于以集体为导向的中国学生在面对高度个人主义的美国社会时，会加强对中国同龄人圈子的依赖，从而产生一种看似自愿的隔离。

下一节将讨论一些个人和机构的实践，这些实践可以改变并促进中国学生在美国高等教育中的社会融入。

什么形成了差异？

来自科尔比学院的琼琼说："我发现与其他留学生交朋友要容易得多，而科尔比的留学生来自世界各地。我的朋友圈大多是留学生，不一定来自中国。要打入本土学生的社交圈非常困难。"来自范德堡大学的小钟也有同感。他最好的朋友来自菲律宾。鉴于中国学生与美国本土学生交友存在障碍，我利用问卷调查仔细研究了留学生与美国本土学生建立友谊的普遍模式，美国本土学生指那些"在美国出生和长大的人"。

普遍模式

除了如图5.1所示的英语不熟练之外，其他因素也可能导致留学生与美国人在建立友谊方面产生差异。图5.2显示，父母的受教育程度很重要。第一代大学生在这方面明显处于劣势。父母受过大学教育的中国学生中，将近23%的人没有美国密友，相比之下，第一代大学生中，超过40%的人没有美国密友。图5.3显示，留学生到达美国的时间对此也有影响。那些从大学开始接受美国教育的人中，超过27%的人没有美

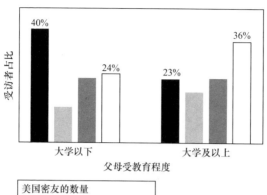

图 5.2 父母受教育程度与受访者美国密友数量之间的关系
来源：作者的研究

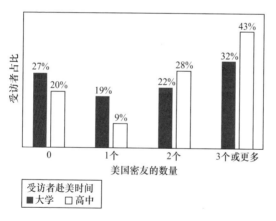

图 5.3 赴美时间与受访者美国密友数量之间的关系
来源：作者的研究

国密友；而从高中开始接受美国教育的人情况稍好，只有超过20%的人没有美国密友。另外，从高中开始在美国学习的学生更有可能拥有3个以上的美国密友。

另一个因素是参加校园组织，其与和美国学生建立友谊之间呈正相关关系。如图5.4所示，在参加校园组织的学生中，18%的人没有美国密友，而在未参加校园组织的学生中，这一比例为38%。[31]图5.5显示，相较于其他同龄人，因对

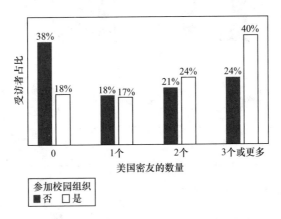

图5.4 受访者是否参加校园组织与其美国密友数量之间的关系
来源：作者的研究

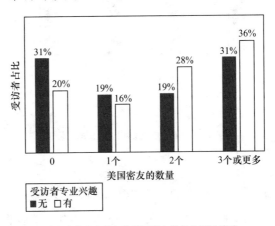

图5.5 受访者专业兴趣与其美国密友数量之间的关系
来源：作者的研究

特定专业的兴趣而选择当前大学的学生更可能拥有美国密友：在这一群体中，只有20%的人没有美国密友，而非出于专业兴趣而来的学生中，该比例为31%。这一数据表明，基于兴趣选择大学有助于在校期间获得积极的社交成果。有趣的是，根据调查数据，在此项研究中，学院的类型和选拔水平等机构层面的差异，并未显示出与中国留学生的社交情况有显著联系，因此未被纳入分析。然而，访谈资料透露了更多关于机构背景的微妙差异。

表5.1展示了多变量分析的结果，旨在确定上述各个因素对拥有美国密友可能性的独立影响。在考虑到所有其他因素后，性别和在高中还是大学时期赴美似乎并不重要。而加入其他变量后，父母受过大学教育的中国学生拥有美国密友的可能性仍然是第一代大学生的2.5倍（模型3是完整模型）。这再次凸显了家庭背景，尤其是父母教育水平的强大影响，以及第一代大学生在社会融入方面的劣势。

认为自己英语水平良好或优秀的学生，其交到美国密友的可能性比那些自评为英语较差或一般的学生高出83%。那些因学术专业兴趣而选择大学的学生，其交友概率较非因此类因素选择大学的学生高出约76%。正如第二章所述，尽管多数中国学生以院校排名为主要择校标准，这些数据却凸显了对专业的内在兴趣在促成积极的社交成果方面的重要作用。最后，参加校园组织的中国学生，其与美国学生结成密友的概率要高出未参加者将近1.9倍。这一发现尤为重要，因为相较于父母受教育程度、良好的英语能力和对专业的兴趣，参

表5.1 拥有美国密友可能性的多变量分析（比值比）

	模型1	模型2	模型3
男性	1.124 (0.237)	1.414 (0.324)	1.345 (0.329)
父母受过大学教育	2.279*** (0.569)	2.045*** (0.562)	2.505*** (0.742)
英语好		2.074*** (0.490)	1.830** (0.458)
在美国上高中		1.200 (0.374)	1.478 (0.510)
对专业感兴趣		1.814*** (0.418)	1.763** (0.427)
参加校园组织		2.636*** (0.612)	2.876*** (0.700)
就读于选拔型机构			0.842 (0.206)
就读于研究型机构			0.991 (0.386)

*** $p<0.01$
** $p<0.05$
* $p<0.1$

注：括号内为标准误差。"英语好"是指学生认为自己的英语水平良好或优秀，相对于较差或一般。"对专业感兴趣"是指对某个专业感兴趣，并以此作为选择大学的理由。

加校园组织可能是最容易实现和最容易受到机构引导的因素。换言之，这表明了机构支持可以发挥作用的具体机制，即帮助中国留学生参加校园组织可以促进他们与美国学生建立友谊。毕竟，参加校园组织本身就是所有学生在美国大学社会融入的一个重要方面。

这些普遍模式概述了造成中国留学生在与美国人建立友谊方面产生差异的因素。通过访谈，我们进一步探究了这些因素的来龙去脉，发现了有助于促进中国留学生社会融入的深层信息。

在中国的前期准备

小岳在高中毕业后、上大学之前度过了一个间隔年（gap year）。在间隔年，她的父母为她聘请了一位美国家教，帮助她提升英语水平。在她仍在中国期间，这位家教便帮她建立了一个完整的朋友圈及一个外国教师的关系网。正如她所说："开始在这里（美国）学习时，我几乎没怎么经历文化冲击。我知道如何主动发起对话，如何让谈话流畅，以及如何与美国人互动……我在美国过得很愉快。"

当被问及如何看待美国的笑话和派对场景时，她欣然回答道：

> 我并不都是能听得懂（那些笑话），这没关系，因为我相信也不是所有美国人都能理解所有笑话。我会继续谈论那些我能理解和感兴趣的东西。至于派对，是的，我也参加，不过只是偶尔。当我感到不适时，我会离开，去做其他的事情。我有些美国朋友也不喜欢派对。

与其说是她的英语能力或社交技巧，不如说是她对未知事物的从容和自信，使小岳与研究中的其他大多数中国学生不同。

这种自信从何而来？很大程度上要归功于她为出国留学所做的准备。更具体地说，要归功于她的家教，是他们为她提供了一套有效的文化工具，帮助她驾驭未知的领域。无疑，她之所以能够拥有这样的机会，很大程度上得益于她那具有远见且资源充足的父母，他们为她聘请了家教，确保她能够为出国留学做好准备。她的父母均受过高等教育，尤其是她的父亲，他曾环游世界，深知与不同文化背景的人沟通的重要性。小岳回忆说："我爸爸总是鼓励我多交新朋友，开阔视野。这对我……很有帮助。"在中国，"间隔年"是一个新概念，父亲向小岳介绍了这个概念，并为她安排了一年的留学准备时间。这不仅仅是为了提升她的学术能力，更是为了确保她能够轻松又自信地应对海外的文化和社会环境。然而，这种知识和意识通常是第一代大学生无法拥有的。

美国高中

少数参与调查的学生在进入美国大学前，已在美国的高中接受教育。调查数据显示，其中约18%的人先在美国的高中开始接受教育，在这些人中，20%的人没有美国密友。相比之下，在那些从大学开始在美国接受教育的人中，有27%的人没有美国密友。在美国高中就读的经历，虽然从统计数据上看优势不是特别明显，但实际上，正如小岳的例子所证实的，它确实起到了提前准备的作用，能够减轻文化冲击，并使学生更顺利地适应美国大学的文化。然而，我的深入访谈揭示了中国学生在美国高中经历考验、克服困难的更复杂微妙的图景。

小西和艾伦的故事

小西最初作为十一年级的交换生来到田纳西州的一所公立磁石高中。现在，她是东田纳西州立大学公共卫生专业的大二学生。初到美国的日子很艰难，她经常哭泣。她的英语很差，对美国文化和社会的了解十分有限。然而，两年的美国高中生活确实对她的大学生涯有很大帮助。在这段时间内，她逐渐了解了美国的流行文化、电影和音乐，并开始积极参与学校的社交活动。在大学期间，小西担任宿舍管理员，通过这一工作，她结识了许多其他住校学生。她还参与创建了学校的留学生协会，并担任主席一职。高中的经历使她学到了很多东西，认识到团队合作和学生活动的重要性。她努力与美国本土的学生组织合作，积极推动更多学生的参与。

对于留学生来说，美国高中并不总是令人愉快的地方。就读于加州大学圣迭戈分校的艾伦，在马里兰州的一所高中作为九年级学生开始了赴美求学之路。作为那里唯一的中国学生，他深感孤单和苦闷。他唯一的安慰和社会支持来自寄宿家庭，其中一个同龄孩子成了他的密友。尽管如此，这并未缓解他在学校的挣扎。他非常不开心，于是在一位中国朋友的推荐下转学去了康涅狄格州的一所私立学校，他的朋友也在那里读书。那是一所寄宿学校，四分之一的学生为留学生，其中大多数为中国人。与众多中国学生为伴，艾伦感到更为自在。然而，至大三下学期，他开始感觉不安和受束缚——他认为自己不该将大部分社交时间都花在中国同学身上，尽管来自中国朋友的强烈的同辈压力迫使他留在这个圈子里。他渴望开阔视野，但受到中国朋友态度的影响，每当他独自与美国人交往时，他便感到尴尬和不自在。他之所以愿意走出自己的圈子，源于在马里兰州读高中的那一年中，他广泛接触了美国人并居住在一个寄宿家庭中。如果他直接从中国来到康涅狄格州，他或许会始终留在中国人社群中。在加州大学圣迭戈分校，他未能交到中国朋友；反之，他的朋友圈主要是亚裔美国人。

> 我发现与这些亚裔美国人（包括中国裔、日本裔、韩国裔）交往最为舒服。加州大学有很多亚裔美国人。我发现他们比白人更好交往。他们中的很多人都是移民子女，父母都是亚洲人，所以他们在亚洲文化方面受到了父母的影响。

具有讽刺意味的是，艾伦现在觉得比起刚到美国的中国留学生，自己和亚裔美国学生走得更近。他谈起在迎新活动中曾参加由中国学生会举办的迎新晚会。在他来美的第一年里，他已学会了如何主动与人打招呼，因此他在晚会上也这样做了。然而，他收到的回应寥寥，他感觉那些中国学生显得有些冷漠。他也感觉自己与这些学生在兴趣爱好上没有太多共通之处。他意识到，在美国高中度过的四年让他发生了变化，使他逐渐与中国留学生群体疏远。

居住安排

美国室友有时会为中国学生提供一个走出自己圈子的途径。小彭的情况就是如此。在雪城大学主修数学、金融学和信息管理专业的小彭，有亲密的美国朋友圈，他对自己的社交生活感到非常满意。在他的朋友圈中，中国人和美国人各占一半，其中有几位与他关系尤为亲近。特别是他的大一室友，不仅在写作上给予了他极大的帮助，还邀请他到波士顿的家中共度第一个感恩节假期。他坦言，在写作技能上，他从这位美国朋友那里获得的帮助，甚至超过了学校写作中心提供的支持。

在同一所大学主修哲学的小凯没有机会与美国室友相处，因为他一开始就读的是英语语言学院（ELI），这所学校面向托福成绩不足90分的留学生。在ELI学习期间，他的室友亦是一位来自中国的学生。一年之后，当他顺利完成ELI的课程，正式成为雪城大学的新生时，他的转校生身份让他可以不用住在学校宿舍。他选择住在校外，主要是为了省钱：

> 校外公寓比学校宿舍便宜很多。但我觉得，与美国室友住在一起的中国朋友英语更好，也更容易交到美国朋友。我在日常生活用品方面的词汇量不够。例如，如果你问我桌子上那个盒子的英文是什么，我就不知道。如果我有美国室友，我就能在这方面有所长进。

小凯没有美国朋友,他说他欢迎任何结交美国朋友的机会,但这些机会难觅其踪。在他现在的住所里,邻居们很少交流,似乎人人都很忙。小凯渴望拥有美国朋友,认为自己本可以通过同住宿舍来交到一个美国朋友,但受到经济条件的限制,他不得不选择校外住宿。

小凯的生活安排受到经济限制,这似乎阻碍了他拥有美国室友和更好地融入社会。与此同时,许多中国留学生同样渴望与美国人共处一室,却常常事与愿违。加州大学洛杉矶分校的阿珍曾选择让系统随机分配室友,希望以此增大与美国人同住的概率。她的室友是一位白人女生,常在周四周五晚上参加联谊会,并曾邀阿珍参加。尽管阿珍接受了邀请,她并未对派对产生兴趣,最终还是与大多数中国朋友一起逛街、聚餐。到了大三,她选择搬出宿舍,与中国朋友同住。最近一个学期,阿珍在欧洲度过,这也是她留学经历的一部分,但她还是和她的中国朋友在一起,因为她们共同报名参加了该项目。换言之,阿珍的初衷是通过转换环境来打破旧有的社交圈子,但结果并不如愿,她的旧朋友圈反而伴随她一同前往新的地方。

院校差异

美国院校在支持和融合中国学生方面的措施各有千秋。2015年,伊利诺伊大学厄巴纳香槟分校首次邀请两名中国学生为主场橄榄球比赛提供在线普通话直播。此举旨在吸引更多的中国留学生参与观看比赛,针对的是那些通常因不熟悉规则而不观看橄榄球比赛的学生群体。在此之前，该校的橄榄球教练还为学生提供了"橄榄球101"训练营和比赛折扣票，这些举措被普遍认为是促进不同背景学生间社交融合的有效方式。[32]伊利诺伊大学的这一做法很快得到了印第安纳大学、华盛顿大学和天普大学等学校的效仿，他们纷纷招募中国国际学生担任体育比赛的普通话解说员，解说覆盖了橄榄球和篮球等项目。[33]学校管理层报告指出，这些举措有效地帮助部分中国学生走出了他们通常较为封闭的社交圈子。[34]

上述院校都是研究型大学，有成千上万名中国学生。那么小型文理学院呢？调查分析发现，在研究型大学或者小型文理学院对交友的影响不大（见表5.1）。访谈显示，一些文理学院已经在有意识地支持和融合留学生。阿莉就是这样的受益者。她是布林莫尔学院——费城附近的一所女子学院——的大三学生，对志愿者工作充满热情。她的志愿服务经历始于中国，抵美后由于学校提供的制度性支持，她对志愿活动的投入更为深入。通过参与这些活动，阿莉结识了许多背景各异的美国密友。她们因共同的兴趣产生了自然而流畅的互动和交流。

阿莉并不觉得自己就读的学校在社会融合方面有所欠缺。她认为，自己的大学是一所女子学院，学生群体来自五湖四海，校园内可以听到各式各样的英语口音。在她看来，一个多元化的环境往往能促使人们展现出更为开放和包容的态度，较少进行无谓的评判。阿莉详述了学校如何为留学生提供支持。她本人就职于留学生办公室，与四位全职员工及若干学生助理一同为国际学生提供诸如I-20表格咨询、机场接机、就业信息提供及心理情感辅导等多种服务。阿莉的学校为她提供了参与志愿者工作和留学生工作的机会,阿莉不仅感受到了参与其中的乐趣和意义,更与许多美国朋友结下了不解之缘。

有些学生或许在思考如何能找到结交朋友的契机。正如雪城大学的小拉所言:

> 我唯一的美国好朋友是我同学的男朋友。他带我参加了各种美国文化活动,如单口喜剧、电影放映等,我从中学到了很多。他对我很友好,因为他以前来过中国,对中国文化也很感兴趣。但问题是:我认识这个人纯属偶然。我怎样才能认识更多像他这样的人,从而拥有更多像他这样的朋友呢?

小拉提出了一个很好的问题,引发了许多中国留学生的共鸣。社会交往本质上可能是随机的和偶然的,但中国留学生不能单靠随机的交往来突破紧密的同国籍圈子,扩展他们的社交网络。相反,他们需要依赖学校提供的平台,这些平台可以让他们有机会接触到本土学生,帮助他们适应新环境,并为他们提供有益的社交经验。先前的研究也突出显示了学校在支持留学生方面存在的不足。[35]挑战在于如何吸引本土学生的兴趣并鼓励他们参与其中。为此,一些学校开展了项目,让对中国文化感兴趣的美国学生与留学生进行合作。这种制度化的安排使得留学生不必完全依赖个人努力或纯粹的运气来结交美国朋友。

总 结

本章反复提及的一个主题是，中国留学生对自己相对封闭的社交网络有了更深刻的认识。普遍的观点认为，中国留学生更愿意留在自己的圈子里，然而，本研究却发现，他们强烈且有时明显地渴望跨出这一界限。然而，这种渴望因想象中的美国与实际情况之间的差距而受挫，同时还受到文化与制度障碍的影响。

想象中的美国与现实中的美国之间的期望落差构成了中国学生在美国的社会体验的心理背景。他们期望美国比"荒芜之地"更繁荣；他们期望美国人更加热情好客，不那么个人主义。他们也会遇到具体的挑战。本研究发现，这些挑战包括对英语语言障碍的感知、对美国大学生中盛行的饮酒和派对文化的不适，以及难以接触到对中国文化感兴趣且相对客观的美国人。在这些情况下，若无外界援助，中国学生很难与其他社群建立友谊，而维系自己的圈子至少能为他们提供一定的安全感和慰藉。这种现象凸显了美国高等教育机构在积极提供帮助和支持方面的不足。

院校在连接不同背景的学生方面可以发挥重要作用。我发现，参加校园组织能有效地促进中国留学生与美国人建立友谊。在这方面，机构的支持和干预是有效的。鉴于参加校园组织本身就是大学校园社会融入的关键一环，院校可以有意识地支持中国留学生参加校园组织。与媒体报道将新一代中国留学生一律描述为优势群体相反，我们的研究数据突出了这些学生的多样性。特别是，留学生中的第一代大学生处于明显的劣势。他们的英语能力可能较弱，找到亲密的美国朋友的可能性也较小。各院校需要认识到这些差异，并为这些第一代大学生提供有针对性的支持。

对于那些能够跳出自身社交圈子的中国学生来说，他们的经历证明了制度改革的潜力，这对其他渴望但不知如何与美国人建立联系的中国学生至关重要。研究强调了事前准备在弥合想象与现实中的美国之间的文化差异方面的重要性，这为制度改革提供了明确的启示。例如，一些学校为留学生开设了暑期桥梁课程，包括为期四至六周的写作课、文化指导和课外活动，旨在为学生秋季学期的入学做好准备。如果这些项目能够延长时间，并提供持续的支持，它们将可能带来更大的益处。

第六章

大学的专业选择、理由和困境

威廉·德雷谢维奇（William Deresiewicz）是《优秀的绵羊》(*Excellent Sheep: The Miseducation of the American Elite*)一书的作者，他对美国的精英高等教育提出了尖锐批评。其中一个主要观点是，精英院校中的大学生们越来越倾向于选择实用的职业领域，而非人文学科或其他文科领域。

他的批评与最新的人文指标（Humanities Indicators）分析（图6.1）一致。该分析显示，2015年人文学科领域的学士学位授予数量比上一年减少了5%，比2012年减少了近10%。总体而言，约有12%的学士学位授予了人文学科的学生。然而，虽然对人文学科领域的兴趣明显减少，但美国大学生的专业选择并不总是倾向于实用领域。虽然商科学位仍是被授予最多的学士学位类别（占18%），但其占比从2006年到2015年已经缩减了13%。工程学学位的授予数量在过去十年中只是略有增加，在2015年授予的所有学士学位中占8.3%。[1]

社会阶层对学生选择大学专业的影响不容小觑。过往研究显示，在学术能力和种族背景不变的情况下，来自社会经济地位较低的家庭的学生更有可能选择实用性较强的专业领

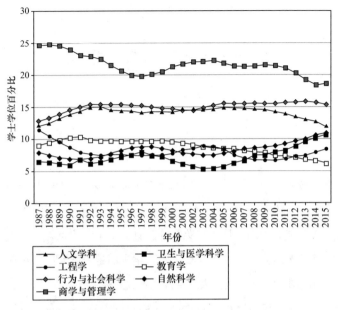

图6.1 1987—2015年在特定学术领域授予的所有学士学位
来源：2017年人文指标（Humanities Indicators 2017），https://www.humanities-indicators.org/content/indicatordoc.aspx?i=34#fig197

域，例如科学、工程学和商科。[2]其背后的原因在于，相较于来自更富裕家庭的学生，较贫困的学生对于就业和收入的现实需求有更迫切的关注。

鉴于中国留学生能够负担得起美国本科教育的高昂费用，他们大多来自富裕家庭。那么他们的家庭资源会导致他们倾向于非实用专业领域吗？他们家庭较高的经济地位会导致他们倾向于人文学科和社会科学这样的非技术领域吗？上述问题的简短答案都是"否"。总体来看，中国留学生在专业选择上普遍偏向实用和技术领域，如理工科和商科。尽管他们背景优越，但他们选择人文学科的比例甚至低于国内的同龄人。为什么会出现经济条件优越的学生放弃文科，转而选择实用且回报丰厚的领域这一悖论？本章将重点探讨这一悖论的原因，并分析造成中国留学生群体内部差异的因素。

在深入讨论之前，需要先明了影响大学专业选择的中美社会背景。由于大多数中国留学生通常至少要到高中才来美国，因此他们在中国接受教育的时间远长于在美国的学习。即便踏上美国的土地，他们仍旧深受国内父母、家人和朋友的影响。影响他们选择大学专业的重要因素，从学业准备到期望从大学中学到什么的价值观[3]，均根植于中美两国的社会文化背景之中。

中国和美国大学专业选择的社会背景

在中国，大学专业以高考分数的高低等级来划分。[4]这与美国的大学制度不同，美国大学生入学后不必马上选择专业，甚至在大学生涯中可自由更换专业；而中国学生一旦踏入大学，即需确认专业，且其录取直接与高考分数相关。通常情况下，热门专业对分数的要求较高，而冷门专业的录取分数线相对较低。在这种明确固定的大学专业等级中，学生更换专业极为困难。图6.2揭示了2015年中国本科学位获得者的专业分布情况。中国大学的学科设置与美国有所不同，例如，在中国，医学是从本科阶段就可以选择的专业，而在美国则是研究生的学习领域。同样，法学在中国也是一个本科

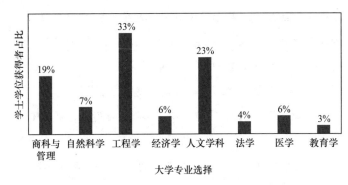

图6.2 2015年中国学士学位获得者所学专业的百分比
来源：中国教育部数据，http://www.moe.edu.cn/s78/A03/moe_560/jytjsj_2016/

生可以选择的专业，而且传统的社会科学如社会学，通常被归入法学范畴，因此在2015年的数据中，中国并没有独立的社会科学类别。

中国与美国在自然科学和工程学领域的专业设置颇为相似，均将其归类为理工科。从统计数据的对比中，我们可以看到一些引人注目的现象。通过比较图6.2与图6.1，不难发现，在中国，单是工程学专业便占据了超过30%的本科学位，若再加上自然科学领域，理工科在中国本科学位中的占比便超过了40%。相对而言，美国在同一年度，仅有8.3%的学士学位授予了工程学专业，尽管这一比例较前几年有所上升。总体来看，美国的理工科学士学位持有者的比例大约为20%，仅是中国的一半。

若将大学专业的占比作为衡量学科在社会中受欢迎程度的指标，那么可以看出，理工科在中国的热门程度远超美国。然而，引人深思的问题是：为什么理工科领域在中国如此受宠，而在美国却显得较为冷清？美国的需求并非问题所在，因为当地的人才缺口已迫使雇主们寻求全球各地的理工科专业人才以满足需求。[5]由于学习理工科的美国本土学生稀缺，美国推出了多项相关的教育政策，鼓励本土学生投身理工科领域。[6]然而，尽管理工科在美国的国家政策中受到重视和优先考虑，[7]流行文化中对科学家与工程师的刻板印象却常是不受欢迎的书呆子和怪胎。[8]因此，那些未受此类文化影响或持有异文化视角的学生，更有可能在理工科领域有所作为。移民子女就可能是这样的学生。例如，《纽约时报》中一篇题为《数学技能在美国受挫》("Math Skills Suffer in the U.S.")的文章指出，美国没有能够培养孩子们的数学技能，而且还特别提到，"在这一领域取得成功的女性几乎全都是更重视数学的国家的移民或其女儿"[9]。这一结论基于对国际数学奥林匹克竞赛中高分选手的研究。我与艾米·拉茨（Amy Lutz）博士合作的研究使用了具有全国代表性的数据集，总体结果也表明，移民子女比他们的第三代同胞和白人同龄人更倾向于选择理工科专业，并获得理工科的学士学位。[10]

另一方面，在当代中国社会，理工科教育备受文化尊崇和社会认可。可以肯定的是，自1949年中华人民共和国成立以来，国家建设和现代化建设的需要成为优先发展理工科的动力。中国效仿苏联，将理工科放在了发展的前列，以期实现工业化。[11]1970年，工程学学位的占比一度达到近60%的峰值。[12]因此，相较于改革开放前的极端主导地位，2015年工程学学位33%的占比实际上已有所下降。数学与科学仍占据优势地位且广受欢迎，被视为值得推崇的知识领域。这一文化认同已深植人心，几乎每个中国学童都知晓这样一句话："学好数理化，走遍天下都不怕。"这句话中没有提到工科，因为工科是大学学科，而学好数理化在为大学学习工科打下基础。[13] 与西方不同，西方政治家多为具有人文社会科学本科背景的法律从业者，而近期中国的政治领导人则多数专攻科学与工程学领域。实际上，以其在科学和工程学领域的学术声誉著称的清华大学，常被誉为"中国的麻省理工学院"，它培养了从胡锦涛到朱镕基等多位国家领导人，因此也被看作中国政治领导人的摇篮。[14]

在当代中国社会，行为科学和社会科学领域经历了复杂而坎坷的发展历程，导致当前许多学生及其家长对这些学科持有疑虑和幻灭感。以社会学为例，1956年学科重组期间，该学科被斥为"资产阶级伪科学"，遂被全面废止。[15] 直至1979年中国共产党实行改革开放政策后，社会学才得以作为一个学科被重新恢复。同样，政治学和人类学等社会科学在学术上也曾遭受类似的削弱和压制。

自中国实行改革开放政策以来，商科的受欢迎程度不断提高，对商务和管理人员的需求也越来越大。如图6.2所示，在中国的本科毕业生中，商科是仅次于工程学的第二大专业领域。约19%的学士学位获得者毕业于商科，这一比例与图6.1中所示的美国社会的数据相似。

在中国国内，学者们发现家庭背景和大学专业选择之间的关系模式与美国社会相似。例如，在社会学家胡安宁和吴

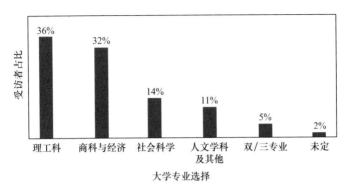

图6.3 在美中国留学生的大学专业选择
来源：作者的研究

晓刚2017年的研究中，他们使用北京大学生研究小组的调查数据，指出家庭条件优渥的学生更有可能选择文科而非理工科专业。[16]他们发现，这种差异是以文化资本为中介导致的。文化资本的概念是布迪厄和帕塞隆（Passeron）在1977年的开创性著作中提出的，指"被用于社会与文化排斥的广泛共享的高地位文化符号（例如：态度、偏好、正式知识、行为、物品及资质）"[17]。他们发现，经济富裕的家庭更有可能拥有文化资本，其子女接触到的经典文学与艺术作品会驱动他们选择文科而非理工科专业。在我早期关于亚裔美国大学生专业选择的研究中，我亦发现文化资本作为一个中介因素有助于解释亚裔美国学生与白人学生在大学专业选择上的差异。[18]具体而言，研究发现亚裔美国学生更有可能选择理工科并获得相应的学位，而他们在文化资本上的不足也解释了他们在这些领域的表面上的成功。换言之，亚裔学生及其家庭有意选择理工科领域，以此来规避他们在文化资本方面的局限。

与中国国内的调查结果相反，相较于普通中国学生，经济条件更优越的中国留学生对回报丰厚的理工科和商科领域的偏好似乎并未有所减弱。通过对比图6.2和图6.3，我们发现，在美国的中国留学生选择人文学科的比例（11%）不足其国内同龄人（23%）的一半。如果对人文学科进行进一步细分，可以看到在中国，单是文学专业的学士学位占比就超过了10%，艺术学则占了8%。然而，在美中国留学生选择人文学科的人数占比远低于国内的同龄人。我们如何理解这种现象呢？

尽管中国留学生在本国享有较高的社会经济地位，他们却受限于缺乏西方的文化资本。在中国，文化资本包括了一系列与西方背景中被重视的能力不同的东西。比如有关中国语言学和文学作品的知识和对其的鉴赏，这构成了中国文化资本的核心。然而，在美国学习文学则需要额外的不同类型的文化资本；因此，面对自身文化资本的不足，在美国的中国留学生策略上倾向于选择理工科等技术性学科。换言之，中国留学生面临着西方文化资本的缺乏和自身文化资本的流失，这是理解他们避开人文专业的关键所在。

正如社会学家保罗·迪马乔（Paul DiMaggio）指出的，文化资本对学生在非技术性学科的成绩有着更大的影响，而其在技术性学科中的作用则较为有限。

> 英语、历史和社会学等学科中，文化资本的影响尤

为明显；这些学科的评价标准较为模糊，评价方式相对主观。相比之下，数学要求学生在课堂上掌握特定的技能，对学生的评价主要基于他们能否成功得出一系列问题的答案。[19]

技术性学科相比人文学科、艺术或其他领域来说需要的文化资本较少。第四章的问卷调查表明，中国留学生在历史、写作和社会科学课程中遇到了较大困难，而在数学和科学课程中遇到困难的学生则相对较少。[20]中国留学生在数学和科学方面拥有坚实的基础，并且在人文和社会科学课程中面临劣势，这便不难解释为什么他们更倾向于选择理工科领域。

现在的问题是：既然大多数中国留学生在经济上具有优势，为何他们仍倾向于选择商科等实用领域呢？在下一节中，我将引入"实用型集体主义"（pragmatic collectivism）的概念，并将其与美国的"表达型个人主义"（expressive individualism）相比较，以帮助我们理解大学专业选择背后的成因。

表达型个人主义与实用型集体主义

中美两国的高等教育发展历史可能会影响中美两国学生对大学教育目的的认识。马丁·特罗（Martin Trow）[21]提出了著名的高等教育发展三阶段理论：第一阶段是精英高等教育阶段，即大学入学率低于15%的阶段；第二阶段是大众高等教育阶段，入学率在15%到50%之间；当入学率超过50%时，便进入了第三阶段，即普及化高等教育阶段。当代中国社会直到近期才刚刚跨越精英高等教育阶段，目前的大学入学率约为40%。[22]中国在短短几年内实现了从精英高等教育阶段向大众高等教育阶段的过渡，这是史无前例的。

在不远的过去，中国只有少数学生能够接受高等教育，因此，对于中国学生和他们的父母而言，大学教育被普遍视为提升技能和获取优质就业机会的途径。相较之下，美国长期处于大众高等教育阶段，许多学生及其家长认为大学教育只是青春期的延续，学生需要充分探索和发现自我，中产阶层家庭尤其认同这一看法。[23]这一自我探索的过程包括接触不同的知识领域和多样的社会群体，当然还包括参加各种社交俱乐部和娱乐活动。正因为选择大学专业需要对自我有所了解，而这种了解对于刚进入大学的学生而言往往是不断变化的，所以在美国许多大学生仍无法对他们的专业方向做出决定。《纽约时报》专栏作家大卫·布鲁克斯（David Brooks）曾在2011年的一篇社论中提到，毕业典礼演讲中一个最常出现的主题是：

> 追随你的激情，规划你的道路，跟随你的节奏，追逐你的梦想，发现自我。这是表达型个人主义的祷文，至今仍是美国文化的主旋律。[24]

表达型个人主义这一概念首次在《心灵的习性》一书中

被广为人知,至今仍能在美国文化中引起广泛共鸣——发现自我的信念,包括发现自己的兴趣和能力,被视为学龄儿童及其父母和老师的指向标。[25]这种对自我的内在探索与对工作和金钱的外部关注形成了鲜明对比。这种差异通常会沿着社会经济界限进行划分。有时,由于生活的约束,通常是经济上的约束,美国学生不得不做出实际的选择,倾向于选择诸如工程学、商科等经济回报丰厚的专业。由于对学生贷款的日益担忧和大学毕业生就业市场面临的挑战,美国大学生对教育意义的看法也日趋务实。[26]尽管如此,表达型个人主义的主导地位和影响力仍然存在,因为它体现了优势阶层的意识形态。美国的优势阶层认为大学的意义远超技能和就业的范畴。伊丽莎白·阿姆斯特朗和劳拉·汉密尔顿在《为派对买单》一书中提出了所谓的"派对路径"(the party pathway)[27]。在这条路径上,大学生主要根据其社交体验来评价大学的价值,他们会选择一些简单的专业,如时尚、传播、旅游、体育、娱乐研究等。阿姆斯特朗和汉密尔顿雄辩地说明了,选择这些简单专业的美国学生在寻找实习和就业机会时,更多依赖于家庭关系和资源,而非他们的学业成绩或个人努力。因此,这些专业成了优势阶层学生的聚集地。

然而,表达型个人主义在中国文化及教育系统中明显缺失。这一系统高度标准化,且以集体为导向。[28]我认为,美国和中国在个人主义和集体主义方面的差异深刻烙印在各自的教育体系中。这些影响体现在日常活动的组织、课程结构以及大学录取过程中。尽管中国自20世纪70年代末开始实行市场经济，在商业领域和娱乐生活方面逐渐向个人主义社会转变，但其教育体系的集体主义取向却一直存在。中国学生从小学到高中都要在相同年级学习相似的课程。个人选课在很大程度上是不存在的，正式的分科要到高二准备高考选择文理科时才会出现。其中很少有对学生个人热情或独特兴趣的强调，而是非常重视努力和达到普遍的、每个人都能实现的标准。

换言之，中国学生是在以集体主义为导向的社会大背景下选择大学专业的，他们受到父母、老师和同龄人的影响。这些影响中的共同价值观是实用主义——强调学生能凭借自己的大学专业获得工作——而非通过大学教育来进行自我探索和自我发展的理想主义。实用主义对中国学生的影响，以及家长、教师和同龄人的密切指导，导致了学生在大学专业选择上具有职业化的偏向。

因此，中国学生在考虑选择大学专业时，这种实用主义取向根深蒂固，而留学生在美国的学习也深受这种价值观影响。工作、工作、工作，是指导他们选择的首要考虑因素，如果不是唯一考虑因素的话。在威斯康星大学麦迪逊分校，校园电视网上有档由中国学生主持的中文谈话节目。其中有一期节目讨论了职业选择，节目组邀请了两位在校园职业服务办公室工作的美国中年男士为校园内的中国学生提供建议。不出所料，这两位男士说出的都是美国人耳熟能详的口头禅：追随你的激情，让你的兴趣引导你的职业选择。很多美国人不理解，为什么有能力支付昂贵学费的中国留学生却显得如此务实，似乎对自己的激情和兴趣漠不关心。一位节目主持人解释了自己的逻辑。他是金融专业的大四学生，已经收到了一家投资银行的工作邀请。他认为，之所以做出这样的选择，是因为他在美国读本科时花了很多钱，所以他觉得自己有义务追求高投资回报（ROI）。这种直截了当的经济逻辑并非中国文化所独有。

由于中国本科留学生很少能获得奖学金，且美国公立大学无法享受国家层面的学费资助，因此他们在高等教育上的投入常常超过美国同龄人。再加上他们务实的文化背景，他们在实现投资回报方面感受到的压力是巨大的。因此，尽管中国留学生拥有相对优越的经济条件，他们在专业选择上还是倾向于技术性和实用性，这从根本上反映了他们的经济压力和在西方文化资本上的劣势。

调查结果

以上讨论描述并解释了中国留学生及其在美国和中国的同龄人在大学专业选择上的差异。此外，中国留学生自身在大学专业选择上也存在差异。几个因素尤为突出。其一是性别差异。如图6.4所示，通过在线调查所得的样本数据揭示了中国留学生中的性别差异。与美国学生相仿，男性在理工科领域的占比显著高于女性——近一半的男性选择了理工科领域，只有四分之一的女性做出了同样的选择。中国女性在社

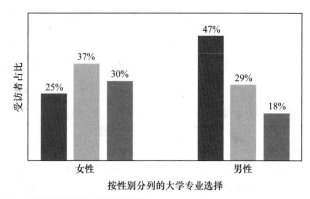

图6.4 在美中国留学生大学专业选择的性别差异
来源：作者的研究

会科学和人文学科领域所占比例较高，弥补了其与男性在理工科专业上的差距。此外，女性比男性更偏好商科专业。

如图6.5所示，家长的教育背景同样重要。父母受过大学教育的中国学生更可能选择理工科领域，而第一代大学生更可能主修商科。此外，如图6.6所示，选拔型大学的中国学生比非选拔型大学的学生更倾向于选择理工科领域，而较少选择商科。最后，未来规划——留美或回国的意向——同样重要。如图6.7所示，计划留在美国的学生相较于计划回国的学生，更倾向于学习理工科和商科而不是社会科学和人文学科。这可能是因为美国社会在理工科和商科领域提供的就业机会更多，因此那些打算留在美国的人策略性地决定进入这些领域。

加州大学洛杉矶分校应用数学专业的大三学生阿珍就是

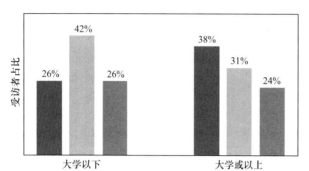

图6.5 在美中国留学生父母受教育程度和大学专业分布情况
来源：作者的研究

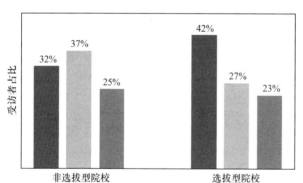

图6.6 在美中国留学生的院校选拔类型和大学专业分布情况
来源：作者的研究

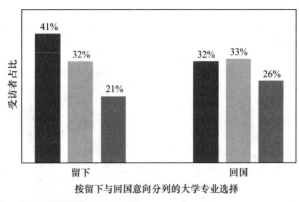

图6.7 在美中国留学生"留下"或者"回国"意向和大学专业分布情况
来源：作者的研究

一个很好的例子。为了毕业后留在美国工作，她毅然决然地从原本在中国修读的人文学科转到了现在的应用数学专业。（阿珍的故事详见第九章。）人文社科领域很大程度上依赖于语言和文化，因此在美国找到这个领域的工作更具挑战性。

表6.1展示了多元分析的结果，该分析综合考量了多个关键变量。值得注意的是，调查参与者的英文水平、美国朋友数量以及在美国开始学习的时间对他们的大学专业选择并无显著影响，因此这些变量未被纳入分析。在所有其他因素不变的模型3（完整模型）中，男性选择人文社会科学专业的可能性仍然比选择理工科低50%以上，选择商科的可能性也比选择理工科低40%以上。换句话说，中国女学生更倾向于选择社会科学、人文科学以及商科，而不是理工科。计划回国

的学生选择社会科学和人文科学的可能性比选择理工科高出80%以上。与选拔型大学的学生相比,来自非选拔型大学的学生选择商科的可能性几乎是选择人文社会科学的两倍。

表6.1 中国本科留学生大学专业选择的多变量分析(比值比)

	模型1		模型2		模型3	
	商科	人文社科	商科	人文社科	商科	人文社科
男性	0.432*** (0.097)	0.342*** (0.078)	0.482*** (0.113)	0.410*** (0.097)	0.440*** (0.106)	0.398*** (0.096)
父母受过大学教育	0.502** (0.157)	0.622 (0.204)	0.621 (0.207)	0.681 (0.232)	0.661 (0.229)	0.726 (0.258)
英语好	1.139 (0.261)	1.277 (0.300)	1.248 (0.311)	1.317 (0.332)	1.164 (0.299)	1.314 (0.344)
在美国上高中			1.048 (0.338)	1.224 (0.387)	1.071 (0.353)	1.340 (0.431)
就读于选拔型学校			0.567** (0.137)	0.775 (0.185)	0.543** (0.135)	0.723 (0.178)
打算返回中国					1.386 (0.339)	1.815** (0.454)

*** $p<0.01$
** $p<0.05$
* $p<0.1$
参考类别:理工科领域
注:括号内为标准误差。"英语好"是指学生认为自己的英语水平良好或优秀,相对于较差或一般。

这些普遍趋势背后隐藏的深层故事又是什么呢?深度访谈揭示了学生们选择专业背后的理由和困境,以及有时存在于他们内心的矛盾和代际之间的矛盾。

访谈结果

实用、实用、实用

来自广州的阿珂原本梦想成为一名动物学家,最终却在佐治亚州立大学选择了护理预科专业。她知道,美国对护士的需求远大于供给,而动物学家的收入则低得多。当我问起她对"追随内心"这一美国信条的看法时,她毫不犹豫地反驳道:

> 别听这些。这是不切实际的。我的目标是过上独立的生活。我并不想赚大钱,但至少要能养活自己。在大城市,生活成本很高,所以我做不了动物学家。

我接着问她为什么认为需要很多钱才能养活自己。

访谈者:有些人认为只需要一点钱就能维持生计,并不需要很多钱。

阿珂:不是的。如果你住在大城市,你的生活成本会非常高。我必须确保能够自食其力。

阿珂的家乡广州是中国华南地区最大的城市,生活成本极高,尤其是房价高得离谱。这样的环境可能会影响学生们对"合理生活成本"的理解。

同样来自佐治亚州立大学的小亚,主修精算学专业。当她还在中国读高中时，她就决定选择这个专业。她曾在广州一所高中的国际部就读，那里的留学指导老师专门提供海外留学信息，并帮助她完成大学申请。此外，国际部还与美国的三所州立大学——佐治亚州立大学、圣地亚哥州立大学和科罗拉多州立大学——建立了合作关系，推荐符合条件的中国高中生前往这些学府深造。她之所以选择佐治亚州立大学，是因为该校的精算学专业排名很高。她对自己的选择解释道：

> 这是一个非常赚钱的领域。我是从我的高中留学指导老师那里了解到这一点的，她建议我去佐治亚州立大学学习精算学。她告诉我们，这个专业很适合中国学生。

她接着谈到她的父母为她在高中国际部读书花费了大量金钱，每年的学费约为10万元人民币（约合14500美元）。除此之外，她还需要支付佐治亚州立大学的州外学费。她对家人充满了强烈的责任感，渴望通过大学教育取得的回报来报答他们：

> 因为父母在我身上花了很多钱，我觉得有必要回报他们。我还需要在经济上支持我的妹妹。我们相差十岁。当我妹妹需要钱的时候，我的父母可能已经老了，无法提供帮助。我需要承担起这份责任。

小亚说她的家庭在广州属于普通家庭，父母都没有上过大学。她母亲没有工作，父亲经营小生意，常常受到中国市场经济波动的影响。像许多其他中国学生一样，她迫切希望自己的学习能够有所回报，通常这意味着能迅速找到一份高薪工作。尽管她并不打算长期留在美国，但鉴于美国大多数岗位的起薪仍高于中国，她希望毕业后立即在美国找到一份工作，先收回教育投资成本。当我问她准备在美国工作多久后回国时，她沉思了几分钟后回答道："可能三年吧？"

尽管大多数中国留学生在选择大学专业时颇为务实，但其中也存在少数富有理想主义色彩的个体。小雷就是这样一个特例，她来自中国北方城市沈阳，在波特兰大学主修中学教育专业。她在朋友的推荐下选择了这所大学。她的朋友毕业于该校，回国后一直从事教育工作，并担任独立顾问。小雷之所以选择教育专业，是因为她一直渴望成为一名教师，她体验过各种教育形式，从中国大学到美国大学再到美国暑期学校以及各种补习班。她想为中国的教育带来改变，并认为考试导向的教育方式不够人性化。

> 有时，我感觉自己追求的目标宏伟至极，以至于难以企及，但即便能实现细微之变，亦足以令我心满意足。我酷爱教书育人，与孩子们的互动令我欣喜，他们是未来的希望，见证他们的成长对我而言意义非凡。人生苦短，何不追求那些意义深远的目标？人生又漫长无垠，何必在专业选择上束缚自己？科技日新月异，许多技术性工作都可能被机器自动化取代，然而人文教育教会了我如何思考，这是独一无二且无可替代的。

小雷幸运地得到了父母的支持。她的母亲受教育程度不高，曾是一名裁缝，后来开了一家小型女装店。小雷的母亲只希望她接受良好的教育，选择一个适合自己的领域。小雷在两个方面与众不同：一是她对自己的兴趣和目标有着清晰的认识——为中国的教育事业贡献力量。二是她的父母没有接受过大学教育，感觉自己无法在职业规划上给予具体指导。数据分析显示，像小雷这样的第一代大学生更倾向于选择商科。然而，小雷显然是一个例外。对于大多数父母曾接受过高等教育的学生来说，父母的影响通常至关重要。

父母的影响

在中国学生选择大学专业方面，父母的影响既显性又隐性。显性方面，中国父母会直接告诉孩子应该选择什么专业、哪些专业前景光明等。隐性方面，一些父母会让孩子意识到他们已为其教育投入了巨大财力并做出了牺牲，因此孩子必须学习那些能够带来良好经济回报的专业。图1.3显示，商业、医疗保健行业和工程业是研究样本中学生家长从事的主要行业；在各自领域成为专业人士的家长通常成为其子女选择专业的榜样。

可可是南京人，主修神经科学和行为研究，辅修舞蹈，并计划走上医学预科的道路。她自小学一年级便开始学习芭蕾，并深受其母亲医生职业的影响。从小看着母亲治愈病患，看到病人对母亲表达感激之情，可可体会到成为一名医生所带来的强烈成就感。尽管她意识到在美国进入医学院将面临巨大挑战，但她依然全力以赴地追逐这个梦想：

> 我知道,作为留学生,进入美国的医学院非常困难。[美国医学院]偏爱本国学生,只给国际学生留下极少的名额。尽管如此,我仍然为了这个目标竭尽全力,我甚至比在国内时更加刻苦。目前我的绩点是3.9,但我力求完美,这样才能增大进入优秀医学院的机会。

可可对她在美国医学院求学之路的艰辛有着清醒的认识,并非无的放矢。许多美国公立大学的医学院只录取极少数国际学生。

达塔(Datta)和米勒(Miller)在一篇于2012年发表在《医学教育》(*Medical Education*)杂志上的文章中提到:"2010年,仅有1300名外国公民申请美国医学院,其中只有171人进入预科,13%的录取率远低于美国公民42%—44%的录取率。"[29] 严峻的录取形势令众多国际学生望而却步,但可可显然并未退缩。她将自己的决心归功于母亲。可可的母亲曾在她上幼儿园时作为访问学者在美国埃默里医学院学习了一年。回国后,她的母亲在南京的一所医科大学担任临床教授,并一直是可可的榜样。可可深情地回忆起她第一次来美国见证母亲在埃默里医学院工作时的场景,从那一刻,她便立志要投身医学领域。

除了充当榜样,一些父母还积极地影响着子女的专业选择;他们会引导孩子们远离某些专业——即使这些专业符合孩子的兴趣,但在父母眼中却不具备良好前景——并直接就孩子应该学习什么给出建议。这些父母的建议基于务实的思考，往往促使他们引导子女学习工程学、数学或经济学。尽管阿兰最初对设计感兴趣，但他最终还是在加州大学圣地亚哥分校主修电子工程专业。阿兰的父亲在中国经营一家电子设备企业。他建议阿兰先读电子工程专业，然后考虑在研究生阶段学习设计。阿兰解释道：

> 我最初想学设计。但我爸爸说，我应该学习自然科学和工程学，无论将来做什么，这都会为我打下良好的基础。其实我爸爸也认可我对设计的兴趣。他建议我可以把设计和工程学结合起来，将来可以继续攻读设计硕士学位，但我的本科专业应该是自然科学和工程学。我觉得这是个不错的计划，就听从了他的建议。我爸爸是做电子产品生意的，所以我选择了电子工程作为我的专业。

值得注意的是，阿兰的父亲虽然支持儿子对设计的兴趣，但还是建议他选择理工科专业，因为科学和工程学"会打下良好的基础"。这种认为理工科专业能为未来各种追求奠定基石的观点，恰与中国社会对理工科学习的普遍重视相契合。

理工科领域在中国颇受青睐，父母鼓励子女走这条路已是常态。然而，这一常态并非没有例外。在艺术和电影学等领域，父母的榜样作用及其所提供的资源尤为关键。雪城大学电影学专业的小妍是该专业为数不多的留学生之一。她就读的纽豪斯公共传播学院是全美最顶尖的传播学院之一。若非有家庭的支持，她不会选择赴美深造电影学。小妍出身电影导演世家，祖父是家族首位导演。她父亲也曾修读导演专业，但后来被中国蓬勃发展的市场经济吸引，放弃了电影梦，转而从事商业活动。她父亲为此抱憾，鼓励小妍追寻自己的梦想。虽然父亲未能成为职业电影导演，小妍的家族与电影行业的联系却从未间断。小妍甫一从雪城大学本科毕业，就凭借家族关系，获得到一家电影电视公司洛杉矶分公司实习的机会，该公司的总部正位于她家乡所在的省份。

双专业的艺术

研究表明，双专业毕业生在劳动力市场上往往能获得更高的回报，因此近年来美国高校中修读双专业的学生人数不断增加。[30]据研究人员估计，大约25%的大学毕业生修习了两个专业，而在一些重点大学中，这一比例甚至更高。有时，学生会将修读双专业作为一种策略，用于处理个人兴趣和父母期望之间的差异，在实用考量和个人偏好之间寻求微妙的平衡。中国留学生也有这种倾向，他们采取的策略与美国学生类似。由于来自父母的巨大压力以及中国留学生在大学专业选择上的实用主义取向，他们倾向于先选择一个能符合实用主义考虑和父母期望的专业，通常是理工科或经济学；第二个专业则选择人文或艺术类专业，以此满足个人兴趣。

学生修读双专业的方式各异。有时，两个专业属于相似领域，如政治学和社会学均属于广义的社会科学范畴；有时两个专业则跨越不同学院，如工程学和历史学。2012年，范德堡大学的柯伯艺术、企业和公共政策中心发布了一份题为"双专业：影响、身份和冲击"（Double Majors: Influences, Identities and Impacts）的报告[31]，理查德·皮特（Richard Pitt）和史蒂文·泰珀（Steven Tepper）发现，在对来自9所大学的1760名学生进行的抽样调查中，只有10%的学生选择了修读一个理工科专业，同时修读一个艺术或人文学科专业。研究人员称这类学生为"跨域者"（spanners），因为他们的两个专业跨越了最远的知识领域。跨域者在美国学生中并不常见，但在中国留学生中则相对较多。在参与调查的学生中，有33名双专业学生，其中27名是跨域者。换言之，参与调查的中国留学生中选择双专业的人，大多数都选择了来自不同学院的两个专业。

小布就是这样一个典型的跨域者，也是"一个专业为自己，一个专业为父母"这一信条的完美践行者。他在威斯康星大学麦迪逊分校同时修读了工业工程学和心理学。他的父亲毕业于上海交通大学，接受过工程师的培训，因此要求他主修工程学。尽管小布真正的兴趣在心理学，但他的父亲认为，学习工程学可以保障他的生计。最终他听从了父亲的建议，选择了主修工业工程学，但其职业目标是成为商业咨询师，而非从事实际操作的工程师。然而，与被动听从父母建议的中国学生不同，小布展示了强烈的自我探索意愿和对人类及外部世界的深刻的好奇。他声称自己是"以人为本"（people-oriented）的，最终更愿意与人而非物打交道。在完成双专业学业后，他继续攻读工商管理硕士学位（MBA），这一选择与他的个人兴趣高度契合。

在美国学生中，跨域者本就罕见，女性跨域者更是凤毛麟角。理查德·皮特和史蒂文·泰珀的报告中指出，女生最有可能通过再读一门外语或心理学来修读双专业。换句话说，女性倾向于选择两个非理工科领域的专业。当她们选择理工科专业时，通常会选择在女性中最受欢迎的科学专业——生物学。在这个背景下，丽娜显得尤为特别。她进入威斯康星大学麦迪逊分校时选择物理学作为她的专业，并在大一第二学期又修读了艺术史作为第二专业。她解释了她对物理学的兴趣以及后来接触艺术史的过程：

> 我在广州念高中时就对物理学产生了兴趣，特别是量子力学深深吸引了我。我觉得量子力学非常强大，能解释生活中的各种现象，从哲学到心理学。那时我看了一部叫《秘密》的电影，它用量子物理强有力地解释了生活中的许多现象。从那一刻起，我决定主修物理学。来到麦迪逊之后，我在大一第一学期选修了艺术史课，这门课程同样令我着迷。艺术史为我开启了一种全新的看待事物的方式，因此我决定将其作为我的第二个专业。

事实上，丽娜在广州读高中时便已学习过量子物理，这说明中国学生有机会接触到前沿科学课程。这种接触激发了她对物理学的兴趣，并直接促使她在美国选择了女性很少涉足的物理学专业。丽娜可能没有意识到美国物理学界长期存在的性别隔离现象。她对艺术史的接触重新点燃了她对艺术和人文学科的兴趣。更重要的是，丽娜觉得艺术史为她在物理学中的探索带来了全新的思考方式，丰富了她的科学思维。

改变专业，改变思想

对于许多中国学生来说，选择理工科或商科专业几乎是板上钉钉的事。而若欲挣脱来自父母的压力，选择文科或社会科学专业，则需内心深处的坚定信念，甚至需要具备独立坚韧的性格。小魏的经历堪为明证。

小魏的父母希望她攻读数学本科，他们将数学视为基础学科，相信良好的数学根基将为她的职业道路开启多种可能。在她前往美国留学之前，母亲甚至让其签署了学习数学的保证书。因此，当她后来决定转换专业时，这无疑是对母亲承诺的背叛，引发了家庭内部的争执。小魏的母亲认为小魏犯了错，不听忠告，甚至视她为叛逆之徒，认为她不是一个好女儿。然而，小魏始终坚持自我。当被问及她何以坚持这一选择时，小魏将其归因于圣奥拉夫学院的课程以及她在那里接受的教育对她思维方式的改变。

> 我认为，转变发生在第二学期，当时我选修了社会工作系的"我想帮助别人"课程。那门课唤醒了我，让我意识到我渴望融入这个世界，为社会做贡献。通过这门课，我还结识了一群出色的美国朋友。他们向我推荐了一个非常符合我的兴趣的新专业：社会学教育。这个

> 专业主要培养高中社会学教师，这并非我的职业目标。我只是喜欢这个专业的课程内容，喜欢所有的阅读和讨论。它改变了我看待自己的方式。所以我坚持了自己的选择，最终在与母亲的斗争中取得了胜利。

小魏为改变专业而战并最终获得了胜利，尽管这个过程充满焦虑，甚至遭遇了父母的威胁以及与母亲长篇辩论后的泪水涟涟。她进行了深刻的自我反省，坚定地捍卫了自己的立场。显然，她在美国结交的朋友，课堂上对各种社会问题的开放式讨论，以及所有课程中的阅读，都对她的思想产生了深远影响，远胜于母亲施加的压力。她改变了专业，也改变了内心——美国教育使她成为一个不一样的自己。

并非所有学生换专业都像小魏那般戏剧性，甚至充满创伤。就读于雪城大学的怡雯从物理学专业转到了广告学专业，这个决定并未遭到其父母的强烈反对。正如她所言："他们（她的父母）觉得他们并不了解我在这里（美国）的生活，所以他们信任我自己做出的决定。"怡雯在中国北部城市沈阳的高中毕业后，以出色的物理成绩被雪城大学的物理学专业录取。她解释了后来为何转专业：

> 我在这里修了物理学课程，发现自己是班上为数不多的女生之一。虽然我可以轻松掌握课程内容，但我感到很孤独。后来我选修了一门广告学课程，我非常喜欢它。我意识到，与人打交道才是我真正的爱好；而在中国时，

我并未意识到这一点。在中国，聪明人都学理科。因此，我的老师和父母都说我应该学物理学，因为我既聪明又擅长物理。但现在我发现，我对与物打交道的兴趣不像对与人打交道那么大。现在我的挑战是这里的语言和文化。但这非常有趣，我充满了学习的动力。

怡雯的经历——与美国女孩避开理工科领域的情况相似，以及她的自我发现——"与人打交道才是我真正的爱好"，最终促使她从物理学转向广告学。正如她所说，在中国，"聪明人都学理科"，这种观念促使许多中国学生选择理工科专业。[32]虽然像怡雯这样放弃理科的中国学生并不多，但她的故事提供了一个难得的视角，让我们看到中国留学生在美国院校学习时是如何被美国文化改变的。

总　结

本章详细探讨了中国留学生在美国选择大学专业背后的抉择、困境和理由。他们必须应对相互矛盾、有时甚至难以调和的教育需求：满足父母期望、追寻个人兴趣、保证职业前景，等等。尽管这些学生多来自经济条件优越的家庭，但他们在选择专业时却表现出务实的倾向，主要集中在商科、经济学和理工科领域。这种倾向与他们的美国同龄人截然不同。我们该如何理解这种现象？

中国社会对理工科的重视、中国学生在选择大学专业时的务实取向以及他们在美国缺乏文化资本的现状，都是理解该现象的重要因素。总而言之，相比于中国国内的学生和美国学生，中国留学生更倾向于选择商科专业，他们选择理工科专业的比例也高于美国学生。但在这些总体趋势之外，仍然存在着一些重要的差异。性别、父母受教育程度、就读院校的质量以及是否计划留在美国等因素对该群体内部选择的差异产生了关键影响。

在中国学生选择大学专业方面，父母扮演着关键角色，不仅作为榜样，还积极影响了他们的决策。商业在留学生父母的职业中排名居前，工程业在留学生父亲的职业排名中也位居前列，这些都对留学生选择理工科与商科专业产生了榜样效应。留学生的父母还会劝说、哄骗、催促，有时甚至会威胁孩子，让他们放弃对艺术或人文学科的兴趣，转而学习理工科和商科。一些学生听从父母的建议，另一些则坚持自己的选择，还有一些学生策略性地选择了修读双专业——一个专业为了父母，另一个专业满足自己的需求。

第七章

三思而后言：课堂参与的真正难题？

> 我在课堂上不太发言，我的中国同学也一样。我觉得每个人都在等着别人发言。
>
> ——小汀，就读于佐治亚州立大学

小汀的感慨源于她参加的英语语言班。她的托福成绩只有76分，未能达到佐治亚州立大学的最低录取分数线，所以只能来上这个语言班。在美国的大学里，这种做法越来越普遍：对英语成绩未达入学要求的学生，学校会安排他们先上英语语言班。如此一来，这些学生在获得大学学分之前，就得先交学费。这个语言班的大部分学生都是中国人。小汀观察到，"每个人都在等着别人发言"，这鲜明地勾勒出以中国留学生为主的课堂的互动模式。

积极参与课堂讨论是通识教育不可或缺的一环，也是不同学生之间交流思想、增进理解的重要途径之一。然而，随着中国学生数量的激增，他们往往不愿意与教师和其他学生进行口头交流，这可能会削弱多元化和美国通识教育的价值，最终影响中美两国学生所受教育的质量。

美国的师生经常对于中国学生为何不愿开口发言不得其解。若能理解中国学生此举背后的原因，美国高校的教师和学术导师就能更为合理地指导学生做出积极改变。此外，这种理解还能推动美国教师调整其教学策略，尤其是在课堂参与方面，以便中国学生也能适应美国课堂并提升自身的表达和参与能力。

人们往往急于且表面化地将留学生课堂参与的障碍归咎于语言问题。然而，本研究的调查分析结果显示，近60%的受访者声称其英语水平良好或优秀，但只有略超过30%的受访者经常在课堂上发言。因此，单纯将问题归结为语言障碍显然不够全面。中国留学生并非可以一概而论的群体。进一步的分析显示，是否就读于选拔型院校和对所学专业是否感兴趣等因素会造成显著差异。我们的深入访谈揭示了另外两个重要影响因素：其一是中国和美国在言谈上的文化差异，其二是中国学生的应试教育背景与开放式的课堂参与并不兼容。

语言障碍

对于母语不是英语的国际学生而言，语言障碍是一项根深蒂固且长期存在的挑战。几乎所有的美国高校都规定中国留学生必须参加托福、雅思或培生学术英语考试（PTE）等英语语言测试，并提交测试结果[1]，满足最低分数要求方能被录取。托福考试的接受度最高，其i-BT（网络版）的最高总分为120分，包括口语、写作、阅读和听力四个方面。托福并没有一个普遍认可的及格或不及格分数，各大高校自行设定录取标准，同时不同专业的录取门槛也可能有所差异。

以雪城大学为例，该校不同学院对托福成绩的要求有很大差异。艺术与科学学院要求的成绩是85分，惠特曼管理学院是90分，纽豪斯传媒学院则是102分；而其他学院，包括工程学院和教育学院，对托福成绩的最低要求是80分。在2011年之前，雪城大学所有学院对托福成绩的要求都是80分，唯独纽豪斯传媒学院要求100分。近年来，雪城大学不断提高对托福成绩的要求，而且细分标准越来越具体，许多其他美国高校也呈现出类似变化[2]。这一趋势反映了中国留学生的普遍看法，即随着选拔过程中竞争日益激烈，各个院校都在提高录取标准。第二章显示，一些中国学生为了达到更高的成绩，会多次参加托福考试。

尽管对中国留学生托福成绩的要求越来越高，美国教师和高校管理层仍不时抱怨这些学生语言能力不足，在课堂上沉默寡言。中国学生自己也经常对此感到焦虑。事实上，在将英语作为第二语言（ESL）的学习者中，沉默和焦虑现象非常普遍。在大量关于第二语言学习者的研究中，沉默和焦虑是常见的主题。[3]第二语言学习者通常不会回答教师的问题，也不会寻求解释或提出问题，更不会主动发起课堂讨论。这种情况在第二语言学习者母国的课堂中也同样存在。例如，2009年，刘和杰克逊（Jackson）在北京一所知名大学进行的研究[4]发现，学习第二语言的中国学生通常不会回应教师的问题。该研究调查了500名非英语专业的大一学生，并将这些学生的英语熟练程度分为三个等级。研究发现，英语水平更高的学生在课堂讨论中更为活跃。此外，无论英语水平如何，学习第二语言的中国学生更愿意用英语进行小组合作，而不愿用英语回答老师的问题。

与国内的第二语言学习者相比，在美国学习的中国留学生面临着更为复杂的英语语言障碍。这些障碍既有客观之难，也有主观之困。客观上，词汇量的不足以及对英语学习环境的陌生，都令读写之事倍加艰辛，课堂参与也更加困难。主观上，当大多数同学都是英语母语者时，中国留学生对语言障碍的敏感程度更加强烈[5]。这种敏感通常会转化为焦虑，尤其是在更依赖于英语使用的课程上。这部分解释了中国学生在语言和文化课程中所感受到的困难。根据我们的调查，中国学生认为历史和写作等课程比数学和科学课程更具挑战性（见图4.5）。

图7.1显示，尽管近60%的受访学生认为自己的英语水平良好或优秀，但只有略超过30%的学生经常在课堂上发言。需要注意的是，这些描述的并不是他们客观的英语水平，而

我觉得我的英语水平　　　　我经常在课堂上发言
良好或优秀

图7.1 调查对象对英语能力的自我评价与他们在课堂上发言倾向的对比
来源：作者的研究

是他们对英语能力的自我评价。主观上，中国学生对于自己英语不够完美的意识和敏感，常常削弱了他们最初在学习上的勇气和乐观，进而阻碍了他们的进步。以下是来自小温的评论，她在贝洛伊特学院修读经济学和教育学双学位，这条评论进一步验证了这一观点。

> 我的教授告诉我，我的英语很好。但不知道怎么回事，我内心对自己有更严格的要求：每当我说话时，我总是担心语法错误，担心说了不恰当的话，或是用错了单词。

这些想法与许多其他中国学生的观点不谋而合，比如莱赫大学会计专业的学生小西：

> 在课堂上，当教授提问时，美国同学能够即刻给出答案，而我感觉自己总是在脑海中构思回答。然后，等到我觉得差不多准备好了的时候，对话已经转移到下一个话题了。因此，我总是在努力赶进度。即使我筋疲力尽，但还是插不上嘴。

尽管经常能听到教师和其他学生对中国学生的英语水平提出抱怨，但最苛刻的批评者往往是中国学生自己。他们对自己的语法错误和不当的语言使用格外敏感，甚至在有人指出之前就已经自我警觉。课堂发言时，他们常常犹豫不决，因为总是在默默斟酌，"在脑海中构思"。他们无法跟上课堂的快速对话节奏,而美国同学却能够自如表达。

通过W.E.B.杜波依斯的"双重意识"概念,我们可以更清晰地理解这种主观障碍。杜波依斯最初提出这一概念是为了描述美国黑人男性的经历,后来它被广泛应用于描述其他遭受歧视和种族主义攻击的边缘群体。我认为,这一概念可以帮助我们有效地理解中国留学生的语言障碍,以及这些障碍如何影响学生之间的沟通和人际关系的建立。在《黑人的灵魂》(*The Souls of Black Folk*)一书中,杜波依斯解释道:

> 这种双重意识是一种奇特的感觉,总是通过他人的眼睛来审视自己,用一种对自己既嘲讽又同情的世界的标准来衡量自己的灵魂。一个人总是感觉到自己的双重性,既为美国人,又为黑人;两魂共存,两念并生,两种无法调和的追求;在一个黑暗的躯体中存在着两种对立的理想,只有顽强的力量才能使它不被撕裂。[6]

杜波依斯使用双重意识的概念,来描述非裔美国人在白人至上主义者的压迫下所承受的痛苦,他们既是美国人,又是黑人,在种族歧视和非人道待遇下挣扎求存。[7]我将双重意识的概念扩展至中国留学生身上,因为他们在美国社会中也要处理在语言和文化上的差异。这种外部视角凸显了留学生的双重意识——他们在留学国中总是习惯于用母语人士的眼光审视自己。无论是美国教授、同学,还是想象中的"标准英语"使用者,这种时刻用母语人士的眼光审视自己的倾向，让中国留学生产生了双重意识。他们既意识到一种母语者的声音——他们心目中的标准英语，又意识到像自己一样的用第二语言发言的人的声音——那种他们迫切希望摆脱的支离破碎的语言和口音。母语者对用第二语言发言的人持批评态度，而后者则始终努力在选词、语法、发音和语调方面追赶前者；然而这种努力往往是徒劳之举，因为英语不是他们的母语，他们无法完全达到他们想象中的美国评价者的期望，把英语说得无可挑剔。换言之，双重意识导致了两种声音，其中一种对另一种持批评态度，而中国学生受困于这种自我批评，有时更甚于他们受到的外部批评。

值得一提的是，父母受教育程度对中国留学生的英语水平起着至关重要的作用。在调查中，约18%的受访者是第一代大学生。显然，受访者大多来自父母受过大学教育的家庭，这一现象并不出乎意料。父母较高的受教育程度通常预示着家庭经济条件较为优越，这为其子女的赴美留学提供了资金保障。图7.2显示，认为自己的英语水平良好的学生中有64%的人其父母受过大学教育，而只有36%的人是第一代大学生。

父母受过大学教育的学生中，约有64%的人认为自己的英语水平良好，而第一代大学生中只有36%的人持相同看法。

在访谈中，学生们普遍反映，语言是他们在美国大学学习和社交过程中遇到的主要障碍。特别是对于第一代大学生来说，语言的挑战更为明显。父母在帮助子女学习英语和提高口语流利度方面往往扮演了至关重要的角色。学生们经常在访谈中提到，父母不仅督促他们学习英语，还为他们提供

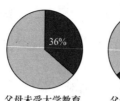

父母未受大学教育　　**父母受过大学教育**

图7.2　自我评价英语水平为"良好或优秀"的调查对象，按父母受教育程度进行区分
来源：作者的研究

了大量的学习资源，诸如从国外购得的录像带和磁带等。例如，在雪城大学修读信息管理和经济学双学位的小韩，显然从他在北京一家国有企业担任管理人员的父亲身上获益良多。在小韩小时候，他的父亲经常到英语国家旅行，并带回英语原版的音乐CD和电影DVD。小韩从小对这些CD和DVD情有独钟，他的英语能力，尤其是口语，从小学起就已领先同龄人。然而，他在数学方面却表现不佳，甚至因此被边缘化，深感自卑。后来，他的父母把他转到了学校的国际班，学习的重点从数学转到了英语，这让他从原本在普通班的受挫状态中走出来，变得充满热情和自信。他这样描述这种变化：

> 我觉得我在国际班找回了所有失去的自尊心，因为英语在这里很受重视。我和所有老师的关系都很好，同学们都很佩服我的能力，还选我当班长。

小韩的英语好得让他的美国教授和朋友们经常误以为他是在美国出生的。他在课堂讨论中非常活跃，并结交了不少美国朋友。英语水平在小韩日后的学业成就中起到了至关重要的作用,他认为这一成功很大程度上要归功于父母的支持,而父母的支持在很大程度上又取决于他们手中的资源。

尽管语言能力的重要性显而易见,但在课堂上发言的问题并不是仅通过语言能力就能完全解释清楚的。例如,虽然亚洲移民的子女以英语为母语,但他们在课堂上发言的可能性仍然较小。研究显示,尽管他们在美国长大,在学校里他们也还是倾向于保持沉默[8]。事实上,人们普遍注意到,东亚学生群体一般不像他们的白人同学那样积极参与美国课堂。因此,影响学生课堂发言的因素可能不仅仅是语言能力。下一部分将讨论中美之间在言谈方面的文化差异。

言谈中的文化规范

中国:行胜于言

教育学家李瑾在《学习的文化基础》(*Cultural Foundations of Learning*)一书中全面阐述了东西方在学习上的差异。她用一整章的内容专门探讨了"寡言者"的现象。这种现象在东亚社会中普遍存在,甚至在西方长大的东亚移民子女也是如此[9]。她认为,东亚文化中的三大精神传统——道教、佛教和儒家思想——几乎都不重视言谈的重要性。道教倡导人与自然和谐相处,无须过多言语,正如老子所言:"知者不言,言者不知。"佛教则重视静心冥想,以达到内心的平静和个人的觉悟,也不要求大量的人际交流。儒家思想,中国最具影响力的精神传统,也明确表示对言语的不信任,并鼓励行动而非空谈。如《论语》中孔子所述:"君子欲讷于言而敏于行。"[10]更重要的是,孔子还将言语与道德修养联系起来,在判断一个人的道德品质时,往往对言语持怀疑态度。他提出了三种与言语相关的问题:(1)言辞轻佻,认为"轻佻之言败德";(2)谄媚之语,导致虚荣和失去真诚;(3)夸夸其谈,违背了儒家重要的美德——谦虚。尽管一些传统文化习俗在当代中国受到严厉批判并被摒弃,但与言谈相关的文化规范却依然代代传承。这种影响在日本和韩国等国也仍然能感受到。李瑾认为原因在于:

> 儒家思想注重个人道德修养,即便出现口才出众之人,人们也不会像西方人那样钦佩和信任他们。这种文化背景导致了即使是出色的演说者也未必能获得相应的权力或认可。因此,政治、社会、商业和教育领域的领导者可能也并不热衷于培养或展示演讲技巧。目前,亚洲政治领导人中缺乏出色的演讲者。相反,正如(前)联合国秘书长潘基文(Ban Ki-moon)所表现的那样,他们说话谨慎、缓慢、轻柔、犹豫不决。

清华大学是中国最顶尖的大学之一,曾培养出包括胡锦涛和朱镕基在内的多位高层政治领导人,其校风即是"行胜于言"。这充分体现了,中国的教育和学习重视沉思与反思,而非天花乱坠的言语交流。

孔子在不信任和不鼓励言谈的同时，也强调发言要得体。[14]这意味着，发言者应当与社会环境和社会关系协调一致，尤其是在与老师、教授、医生和家族长辈等权威人士交谈时。诸多研究已经探讨了东亚人对权威与长者的顺从和尊重，这与西方文化推崇个人自信及挑战权威的价值观形成了鲜明对比。[15]即使在华人移民到美国后，这种差异仍然存在。例如，一项关于自信的研究发现，与欧洲裔美国同龄人相比，华裔美国学生更不愿意要求教授澄清课堂讲义上的问题。[16]华裔学生通常认为在课堂上直接质疑教授是不合适的；他们更倾向于课后私下向教授求证，而不愿当众提问。[17]

换句话说，中国学生并不是不想提问，而是希望以适当的方式提问。必须指出的是，西方常将中国文化中对权威与长者的尊重误解为压制了个体的自主与独立思考。恰恰相反，即便是传统的儒家文化也认为对权威的质疑是必需的；只不过，质疑应该以符合文化习俗的方式进行。例如，大儒韩愈曾明言："师不必贤于弟子。"此言反映出鼓励学生质疑老师的精神。因此，我们应当理解，恰当的言谈规范往往要求人们"三思而后言"，从而减少轻率和即兴的言辞。

然而，中国文化也在发生变化。随着中国日益融入全球经济，那些不鼓励、不信任演讲技巧的传统观念已逐渐淡化，而西方极为重视的沟通和演讲技巧的重要性也开始影响中国社会。这在媒体中表现得尤为明显，多个黄金时段的电视节目，如《我是演说家》，通过举办演讲与辩论比赛，赢得了高收视率。魅力型领导者，如巴拉克·奥巴马和马云（中国本土企业家、阿里巴巴集团的首席执行官和创始人），不仅因其职业成就受到尊崇，其出色的口才亦为人所称道，成为其个人魅力的关键一环。然而，中国的教育体系对于这种变化的响应却显得相对滞后。学校教育依旧以应试为主，专注于训练学生应对以笔试为主的高考。即使青少年能广泛接触到各种媒体内容，他们的成长环境也仍主要以学校为中心。

美国：口才的传统

美国社会与其教育体系对口才的重视程度极高，这一传统积淀深厚，历史悠久。李瑾指出："强调口才的传统源远流长，可追溯至古希腊至古罗马时期，以及基督教的布道传统。"[18] 她认为在西方，言谈在四个领域具有重要意义：它是个体独特的品格表现，被视为基本的人权之一，是令人羡慕的领导才能，且在艺术领域亦占有一席之地。

在美国，作为一种个人品质，口才不仅受到高度重视，而且常常与智力水平挂钩。研究表明，人们倾向于偏爱能言善辩、健谈的个体，而对于腼腆安静的人则持有负面的看法。[19] 人们通常认为，健谈和口才出众的人比安静腼腆的人更为聪明和更有创造力，尽管事实上这种差异并不存在。在西方文化中，畅所欲言被认为是一种良好的个人品质，象征着正直和坦率。它体现了个人有坚持自己真实想法的勇气，无惧外部权威的恐吓或威胁。美国历史上有许多英雄人物，包括揭露真相的吹哨人，都勇敢地对抗权威、发表意见。相较之下，中国文化强调言谈须适宜的原则。在中国，关于适宜言谈的社会规范与期待通常要求人们对发言者与听众的角色、地位及处境保持敏感与顺应，由此，畅所欲言便显得尤为困难。

李瑾认为，西方的言论权利可溯源至古希腊的民主制度，其中口头辩论被用以解决法庭上的争端。演说所承担的表达理性的核心功能，已在司法实践中被合法化与制度化。美国则通过宪法第一修正案进一步保护和制度化了言论自由。在这种情况下，"发言不仅是一项法律赋予的权利，更重要的是，它是所有人享有的一项政治权利"。[20] 这几乎与中国传统谚语"祸从口出"截然相反。在中国，对言论的谨慎态度依旧存在，表现在对媒体和学术研究的广泛审查上。即使进入互联网时代，中国人有了更多发表言论的渠道，审查和自我审查仍然普遍，因此与言论相关的文化规范未受根本性的挑战。

从古希腊民主制度到今日美国的政治体制，发表演讲都是政治领导人必备的重要技能。魅力，作为一种无形的领导特质，常与流利的言语和卓越的口才紧密相连。这一点不仅在政治领域中如此，在宗教领域（如通过布道感召教徒）和世俗生活中亦然。演讲在个人成就和职业成功中发挥了核心作用，这种观念促使美国教育体系将演讲训练纳入课程，并将其看作课程的重要组成部分。其训练形式多种多样。从小学开始，美国学生便参与小组讨论和个人演讲。到了初中阶段，学校通常会组建辩论队，学生们参与各级别的辩论赛。有才华的辩手可能会在市级、州级甚至全国性比赛中获胜，这些成就有助于他们获得重点大学招生官的青睐。在大学中，公共演讲课通常是常规或必修课程。传播学和修辞学已成为美国学生关注的主要学科之一。无论是工程学、商学还是英语等学科，个人或小组的演讲均是评估学生的主要方式之一。

在我与中国公立高中外籍教师的访谈中，他们总是提到，无论是人文社会科学类课程还是数学这类看似不需开放式辩论的课程，学生们在课堂上总是显得过于安静。这种沟通方面的期望偏差也存在于中国教师和学生之间。相比之下，西方的教育强调交流、表达和辩论在教学空间中的作用。

我在无锡一中国际部进行实地考察期间，来自英国的数学教师安德鲁（Andrew）向我讲述了他在中国教授数学的经历。他对中国学生的数学能力及其良好的学习习惯给予了高度评价；他觉得学生们唯一没有达到他期望的地方，是他们的沟通能力。

> 访谈者：您所说的在数学上缺乏沟通是什么意思？
>
> 安德鲁：我的意思是，这些孩子可以神奇地、有条不紊地解决数学问题，但他们无法向他人清晰地表达自己的思路。我认为，对解决数学问题的不同方法进行表达和辩论，与单纯解决数学问题同样重要，甚至更重要。
>
> 访谈者：您的中国学生理解在数学学习中沟通的重要性吗？
>
> 安德鲁：我不确定。我试图向他们传达这一点，但

我发现他们很难付诸行动。他们习惯了安静地做数学题。我猜测，这是因为他们之前的老师没有强调数学学习需要沟通。

安德鲁意识到，中国学生在数学交流方面很难达到他的期望。他把这归咎于中国老师长期以来的做法，即希望学生在解答数学问题时保持安静。我和学生的访谈则显示，他们完全不理解英国数学老师对他们进行交流的期望，他们甚至对于这种期待感到诧异。因此，单纯接触西方教师和课程，并不能自动转变中国学生学习时在讲话和交流方面的长期实践和习惯。

"我不想问出愚蠢的问题"

中国学生一到美国，身处一个期望并致力于通过口头交流和讨论来学习的师生群体中，就会深切认识到发言的重要性。然而，将这种认识转化为实际行动却极为困难。许多中国学生在付诸行动时遭遇了种种内在和外在的障碍。范德堡大学心理学专业的小钟深知，发言能帮助他取得更好的成绩。因此，为了克服这重重障碍，他付出了大量努力。他生动地描述了这些困难：

> 我尝试增加发言次数，但这对我来说并不容易。我必须不停地思考问什么问题，因为我不想问出愚蠢的问题，而是希望能提出有价值的、经过深思熟虑的问题。我不得不很努力地思考，但有时候这种思考会使我变得

迟缓，然后我发现教授已经转到下一个话题了。有时候教授说得很快，而英语是我的第二语言，所以我需要比美国同学花更多的时间用英语回应和思考。我知道这对我的成绩很重要，因此这给我带来了不小的压力。

小钟的描述说明，他在中国习惯的"三思而后言"的文化规范，再加上语言障碍，使他在课堂上的发言变得异常艰难，尽管他充满动力并且充分意识到了发言的重要性。这种明知其重要却难以将其付诸实践的困境，使他感受到了极大的挫败感和压力。

中国的应试教育制度

中国教育不鼓励语言交流，师生之间存在严格的等级关系，这导致学生提问少，课堂参与度也显得较低。同样深受儒家文化影响的其他东亚国家，如日本和韩国，其课堂也展现出相似的特点：学生往往保持沉默，师生间的语言交流较少。[23]除了沉默寡言的学生，这些社会共同的特征还包括教育系统的另一个关键特征：具有高风险的标准化考试。我认为，高风险的标准化考试也是造成学生沉默寡言、焦虑不安的一个重要原因。

在当代中国，教育系统的核心以高考——大学入学考试为最终目标。在中国有一个著名的说法："高考像指挥棒"，意思是这一重要的考试指导着教师、学生及其家长的一切行动。所有可能会出现在考试中的内容都被视为重要的，需要持续不断地练习。然而，口头表达并未被包括在考试内容中，因此在设定教学目标时也未将其列为重点。尽管中国已经进行了教育课程改革，但到目前为止，演讲和辩论在小学和中学的标准课程结构中仍然很少见。

在中国，考试作为唯一的人才选拔机制，具有深厚的历史和文化渊源。中国拥有世界上最古老的标准化考试制度——科举制度，该制度延续了约1300年（公元605年至公元1905年），逐渐演变为选拔政府官员的公务员考试。[24]科举考试测试的是考生对儒家经典理解的广度和深度。[25]儒家文化圈都很重视考试。[26]比如日本和韩国也有依靠考试成绩选拔人才的传统。大量研究表明，科举制度深深影响了当代东亚社会，使得这些国家的学生面临"考试地狱"。[27]有研究不仅描述和谴责了考试给东亚学生带来的地狱般的经历，更重要的是，它探究了应试教育制度长期存在的原因。塞缪尔·彭（Samuel Peng）等研究者认为，唯才是举的考试制度是满足东亚社会独特需求的唯一途径：即儒家教育道德原则下的家族本位和有教无类需求。当教育资源的把关人（如招生官）面对其家族成员的优待要求时，这两种需求就会发生内在冲突。这也有助于解释为什么在中国难以推广美国通过面试和推荐信等方法进行评估的招生程序。近年来，尽管一些改革措施尝试借鉴美国大学的招生程序，引入少数类似的替代性评估方式，但却引发了国内公众对腐败和不公正现象的广泛质疑。[28]

在中国，尽管考试地狱的存在有其合理性与现实需求，但它仍然给学生带来了一些意想不到的后果，其中之一便是学生对于开口发言的抗拒。学生习惯于并被期望在特定问题上给出标准的"正确"或"错误"的答案，而高风险的考试环境让他们对犯错感到恐惧。而西方风格的开放式讨论，鼓励学生在课堂上表达个人观点，这种方式让中国学生感到不知所措。小彭就读于雪城大学，修读应用数学、金融和信息管理，他分享了他对美国课堂上中国学生（包括他自己）的观察：

  小彭：在课上，一些美国同学从一开始就讲个不停，直至课程结束，而中国学生只是看着他们讲……我强迫自己时不时插几句话，表达自己的观点，但我害怕犯错。后来我意识到，这个问题并没有明确的正确或错误的答案。

  访谈者：那你为什么害怕？你害怕什么？

  小彭：我想我们（像他这样的中国学生）害怕犯错误，害怕给出错误的答案。但问题不一定有正确答案。

  访谈者：是的，那么是什么阻止了你呢？

  小彭：我觉得我们习惯了中国的应试教育。在那种体制下，总是有正确的答案。但在美国的教育制度中并非如此。美国的教育制度教导学生许多问题都是开放式的，因此他们敢于给出自己的答案……但我们（中国学生）被我们的教育体制灌输了"有正确答案"的思想，所以我们害怕犯错。

小彭的反思发人深省，因为它指出了高风险的标准化考试给中国留学生带来的后遗症——寻找标准答案的心态，以及担心被评判为正确或错误的不安全感。这种心态即便在没有考试的环境下也同样存在——学生们总是喜欢评判自己和他人——这阻碍了中国学生自由地表达自己。

什么造成了差异？

中国留学生在课堂上发言的倾向呈现出显著的系统性差异。根据问卷调查的数据，可以观察到一些鲜明的趋势。首先，父母的受教育程度很重要。如图7.3所示，在那些父母均未接受大学教育的第一代大学生中，大约18%的学生经常在课堂上发言；相比之下，父母曾接受大学教育的留学生中，这一比例上升至约34%。与此同时，父母的受教育程度亦影响了学生对自身英语水平的评估。

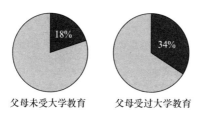

图7.3　调查对象在课堂上发言的倾向，按父母受教育程度进行区分
来源：作者的研究

如图7.4所示,是否就读于选拔型院校也很重要。在非选拔型院校中,只有约24%的学生经常在课堂上发言。而在选拔型院校中,相应的比例为42%。图7.5显示了"将对课程感兴趣的程度视为选择大学的重要依据"这一变量的相关数据。在根据兴趣(而非排名、父母建议等)选择当前大学的学生中,42%的人经常在课堂上发言;在那些不是因为对专业感兴趣而选择当前大学的学生中,只有24%的人经常在课堂上发言。

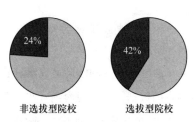

图7.4 调查对象在课堂上发言的倾向,按是否就读于选拔型院校进行区分
来源:作者的研究

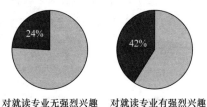

图7.5 调查对象在课堂上发言的倾向,按对就读专业的兴趣进行区分
来源:作者的研究

为了进一步检验上述潜在重要变量之间的关系,我们进行了多元回归分析。例如,考虑到英语水平与课堂发言的紧密联系,我们推测父母受教育程度可能通过影响学生的英语

语言能力，进而影响学生的课堂发言。表7.1确实支持了这一假设，它将父母受教育程度纳入了第1个模型。父母受过大学教育的学生在课堂上经常发言的可能性是第一代大学生的两倍以上。但是，在引入学生英语水平作为变量的第2个模型中，父母受教育程度的影响在统计数据上就不再那么明显。这表明父母受教育程度通过提升学生的英语水平，影响着学生在课堂上的发言。

表7.1 关于学生在课堂上积极发言的多变量分析（比率比）

	模型1	模型2	模型3
男性	1.172 （0.232）	1.251 （0.264）	1.109 （0.252）
父母受过大学教育	2.301*** （0.702）	1.612 （0.526）	1.677 （0.612）
英语好		3.913*** （0.948）	3.905*** （1.029）
在美国上高中		1.170 （0.312）	1.161 （0.334）
对专业感兴趣		1.550** （0.328）	1.801*** （0.405）
就读于选拔型院校			1.791*** （0.398）
就读于研究型院校			0.967 （0.340）

***　$p<0.01$
**　$p<0.05$
*　$p<0.1$

注：括号内为标准误差。"英语好"是指学生认为自己的英语水平良好或优秀，相对于较差或一般。"对专业感兴趣"是指将对某个专业感兴趣作为选择大学的理由。

表7.1显示，另外两个因素在统计数据上也具有显著差异：选择大学时是否将专业兴趣作为关键考虑因素，以及就读院校是否为选拔型院校。就专业兴趣而言，它反映了学生在赴美之前对某学科领域的学习动机。也就是说，那些因为对特定专业感兴趣而来美国学习的学生，其在课堂上发言的可能性明显高于那些缺乏此类动机的人。这是合理的，因为拥有强烈内在动机和对专业有浓厚兴趣的学生更有可能克服内外部的障碍——应试教育体制和不重视口头表达能力的社会规范，从而在美国课堂上踊跃发言。另一个造成差异的因素是院校是否为选拔型院校。与非选拔型院校的学生相比，就读于选拔型院校（无论是研究型大学，还是小型文理学院）的学生更有可能大胆发言。有趣的是，该模型也尝试通过区分研究型大学和小型文理学院来考察院校多样性的影响，但结果表明这种差异并不显著。模型还涵盖了其他可能产生影响的因素，如是否曾在美国高中就读，但从统计数据上来看也并不明显。当然这并不意味着在美国的时间长短对学生个体的改变没有影响。深入访谈在这方面提供了重要的补充信息。

小雷和娜娜的故事

小雷就读于波特兰大学，是一位活泼、健谈的大二学生。尽管她充满热情，渴望参与课堂讨论，但她发现在课堂上发言非常具有挑战性。她说："我发现自己很难加入进去，所以经常选择保持沉默。无论是课堂上还是课后的小组讨论，我大多数时间都是在倾听。"但她觉得自己在过去的一年里取得了不小的进步。大二上学期，她选修了一门公共演讲课，这极大地改善了她的情况。她还向校园咨询中心和国际学生中心的工作人员寻求帮助，他们提供的辅导有效减轻了她在演讲和参与方面的焦虑。通过这些互动，她感到自己的能量被有效激发，能够更自由地进行自我表达，发言的信心也逐渐增强，她也因此越来越积极地参与讨论。由于非常强烈地渴望参与讨论、表达自己，她用了不到一年的时间就做到了这一点。而其他人可能需要更长时间，有些人甚至可能永远都做不到。

娜娜目前就读于埃默里大学，自认性格内向。她从九年级开始在弗吉尼亚州的一所女子私立高中就读。不同于小雷的是，娜娜在接受访谈时确实不太健谈。然而，她表示自己在埃默里大学的课堂上发言是没有问题的。她说，与那些在中国读完高中的同学相比，她觉得自己在英语口语方面更有自信，这有助于她在美国的课堂上大胆发言。她觉得这可能是她在美国读高中的经历带给她的优势之一。在某种程度上，她适应了课堂要求，即她需要积极参与，这直接关系到她的成绩。她将自己与班上一位毕业于中国顶尖高中的男生进行了比较。她说，尽管那个男生在写作方面非常出色，作文成绩总是比她高，但她在课堂参与上的分数总是高于那个男生。

可以做些什么？

随着时间的推移，中国留学生在英语运用的熟练程度及开口表达的自信方面取得了显著的进展，且日益适应各种不同的交流场景。其中，小组讨论和大型课堂上的发言尤为关键。在这两种场景中，绝大多数学生在小组讨论中表现得更为自如，而在大型课堂上则相对较难发言。特别是在大型课堂环境中，中国留学生的发言焦虑明显增加，这一现象在多位学生的访谈中均得到了验证。

小魏在圣奥拉夫学院主修社会科学教育。她对探究社会问题，如不平等和教育公平性，抱有浓厚的兴趣。她从数学专业转去社会科学教育专业，为此还与家人发生过激烈的争执。小魏坦言，小组讨论使她受益匪浅，她乐于与美国同学交流思想和观点。尽管在第一学年中她较少参与小组讨论，到了第二学年，她开始表现得更加积极主动。对比小组与大型课堂的不同氛围，她做出了如下区分：

> 在小组讨论中，我更愿意积极发言。我发现自己在小组中非常投入，参与积极性很高。但在大型课堂上，我依旧感到难以畅快表达。当教授随意抛出一个问题时，我一定没办法发言，而美国学生几乎总能抓住机会。他们可以更自由地畅所欲言。在大庭广众之下，我仍然感到焦虑，不得不先思考，然后再发言。

与在小组讨论中的表现相比，小魏在大型课堂上发言时感到更加焦虑，这一点在其他人那里也一样。那些母语不是英语的留学生在中国的时候就被教导不要在课堂上大声说话，对于他们来说，小组更加亲密，也不那么令人生畏。一个亲密的小组有助于减轻学生的发言焦虑，使他们在回答问题时更加自如。正如小魏所说，他们可以"边想边说"，而不必先思考，在脑海中草拟一个回答，再说出来。后者往往会增加学生对语言和内容适当性的敏感程度，延迟他们的回应，从而减少他们开口说话的机会。

基于上述研究结果，美国教师可以调整教学策略并采取一些措施，使中国留学生更加频繁和自在地在课堂上发言。与美国学生相比，由于语言障碍和文化上对恰当发言的担忧，中国学生倾向于"三思而后言"。因此，美国教授可以在开始讨论前，给所有学生（包括国内和国际学生）三到五分钟的时间，让他们写下自己对所讨论问题的想法。我称之为"快速写作环节"（technique quick-write sessions），并将其应用到我的教学实践中。教授可以根据课堂时间的长短，灵活调整这个快速写作的时间。此举不仅有助于那些需要额外时间整理思绪、跟上进度的留学生，也为美国学生提供了额外的时间来准备更周密的答案。此外，这种方法有助于平衡个性差异，使性格内向的学生通过书写自己的想法而增强信心，更愿意敞开心扉；而那些口齿伶俐、反应敏捷的学生则能学会更加有条理地表达观点，从而提升讨论的质量。总之，这种策略不仅能为不同背景的学生提供更公平的讨论机会，也显著提高了所有学生的课堂参与质量。

美国教授需充分了解中国学生是在考试主导的教育体系中成长的，以及这一体系如何塑造他们的学习习惯与思维模式。为减轻学生因害怕犯错而产生的压力，教授们可以明确指出，某些课堂问题"不存在绝对的对错"。此外，让发言与课堂参与直接关联成绩评估，可有效激励中国学生积极发言。尽管有些教授已经明确表示了这一点，但还有些学生和教授仅仅认为这是不言自明的。美国教授需要认识到，中国学生来自一个以考试成绩为核心的教育系统，在该系统中，课堂发言往往不被列入正式评价标准。认识到这一点后，教授们将能更有效地引导中国学生将思维从单一的应试思维转变为适应多维度评估方式的思维，其中发言和课堂参与扮演了关键角色。随着时间的推移，一旦中国学生认识到发言的价值和所带来的奖励，他们的态度和行为将发生显著变化，能够更加频繁和自信地在课堂上发言。

总　结

本章探讨了为什么中国学生在美国大学课堂上不爱发言的问题。最直观的原因是英语语言障碍。对许多学生来说，使用英语在课堂上进行交流充满了挑战。在这方面，家长的受教育程度发挥着至关重要的作用，它直接影响学生英语水平的提升，而英语水平的提升又会增加他们在课堂上发言的可能性。然而，尽管英语语言障碍是一个明显的因素，但它并不能完全解释学生们的沉默寡言。本研究发现，留学前的个人性格和就读的院校类型作为微观背景因素，对此现象有重要影响；而在宏观层面上，中西方在言谈上的文化差异以及中国以考试为导向的教育体系，也与理解中国学生在美国课堂上避免发言的行为有着密切的联系。

在控制了英语水平这一变量之后，更多基于课程兴趣而非排名或财政支持等其他因素选择美国院校的学生，更可能在课堂上积极发言。此外，就读于选拔型院校的学生，相比就读于非选拔型院校的学生，更倾向于在课堂上表达自己的看法。中国的应试教育体系及与言谈行为相关的深层文化因素，同样是这些学生在课堂上保持沉默的重要原因。中国传统文化中的"重行轻言"观念强调言谈必须得体，这种观念在中国的教育和社会中留下了深刻的烙印，从而影响了中国学生的受教育方式——保持低调和尽量少言。最后，当代应试教育体系的影响也不容忽视，这种体系让学生习惯于对标准化问题提供明确的对错答案，而西方教育鼓励的开放式讨论则让他们感到不适应。这种对犯错的恐惧，使得中国学生在课堂上不敢积极发言。

第八章

留学生的变化与反思

> 我感觉留学使我更像一个"人"。在中国读高中时,我们感觉自己像应试机器,每天被灌输大量知识,然后输出考试分数。现在我意识到学业固然重要,但生活中还有其他同等重要的事,比如家庭、人际关系、爱惜自己以及与人的联结。
>
> ——小雷,就读于波特兰大学教育专业

小雷来自中国江西,是省会南昌市人,曾就读于一所南昌地方院校,该院校在国内并不是顶尖的大学。在那里,她对学业的不满日渐加深。她厌倦了初中和高中时代的应试教育,这种对中国教育体制的失望一直延续到大学时期。她在中国大学的经历呼应了第四章关于中国高中与大学脱节的主题——她的大多数同龄人对学习没有动力,她的教授也无心教学。2014年,得益于一位曾经在美国留学的朋友的帮助,小雷在波特兰大学重新开启了她的大学生涯。

在美国,她变得积极主动、求知若渴。她想要实现自己儿时成为一名教育工作者的梦想。据小雷说,她从一个被动的"考试机器人"变成了一个有自己思想和情感的主动的人。她在国际学生办公室担任校园联络员，向新来的国际学生提供有关校园资源的信息。在这个过程中，她不仅了解了包括学业指导和心理咨询在内的各类资源，还学会了如何有效利用这些资源。对她来说，在美国学习是一种人性化体验。

当被问及在美国的学习如何改变他们时，中国学生经常说，自己在生活中变得更加独立和主动了。他们会将自己的情况与之前在中国的生活进行比较，那时他们的父母和老师们几乎为他们做了所有决策；而在美国，他们感到自己正在重获失去的自主权。

他们所经历的变化是多方面的。第二代华裔美国人埃里克·刘（Eric Liu）曾在著作《偶然生为亚裔人》（*The Accidental Asian*）中写道："精心培育的自由，可以孕育忠诚。"[1]刘在书中指的是：如果移民们给予在美国出生的子女更多的自由去探索自己的身份和文化遗产，这些子女最终可能会在父母的文化中找到慰藉，并忠诚于它。许多中国留学生对这句意义深远的话产生了共鸣——他们在美国重新获得的自由加深了他们对作为中国人的情感。

抵达美国后，这些学生往往珍视他们获得的自由：远离父母的自由、探索新地方的自由、安排业余时间的自由、选择课程的自由，以及参加校园课外活动的自由，等等。然而，过了一段时间后，许多学生发现他们对曾经急于摆脱的中国文化和社会重新产生了兴趣。这种重新唤起的兴趣与在海外对中国人身份的重新发现，可能是他们海外留学经历中宝贵而深刻的意外收获。[2]

在本章中,我将让学生们自述这些变化的具体表现。这些变化可以归纳为三个主题:全球公民身份带来的新体验、对中国和美国的新态度,以及个人的转变。

全球公民身份

学者们对于出国留学在培养全球公民方面的价值存在争议。一方面,他们意识到在日益密切的全球交流中,理解、参与未知领域并与之互动的能力,是全球公民教育的重要组成部分。[3]例如,程和杨的研究(2019)证明,留学是通向全球公民身份的一条有效途径,因其有助于培养相关知识技能及相应的价值观和态度。[4]另一方面,批评者指出,国际留学亦深受各国之间的历史与权力关系影响,白人学生在前殖民地国家的留学经历,往往暴露了殖民主义的幻想与欲望。[5]国际教育是否以及在多大程度上是学生成长的过程,或者反映并加剧了不同群体与国家间的社会不平等,依然是一个广受争议的学术问题。[6]

然而,新一代赴美留学的中国学生明确将追求全球公民身份作为出国留学的动因之一。这一现象部分源自他们在国际舞台上开展职业生涯的抱负,同时也与中国国内公民教育的局限以及缺乏机会参与全球公民实践有关,这些问题将在后续章节中详细讨论。他们对于能在美国有机会理解与实践全球公民身份表示感激。

全球公民身份在中国的前景与风险

有关全球公民身份的学术讨论涵盖了多个话题，从对全球社区的普遍归属感到成为全球公民必需的具体素养和能力。哲学家玛莎·努斯鲍姆（Martha Nussbaum）提出了全球公民所需的三种能力：批判、审视自己和自身背景的能力；认识到自己与世界上其他人命运与共的能力；以及从他者视角看待世界的能力。[8]

教育学家劳拉·奥克斯利（Laura Oxley）和保罗·莫里斯（Paul Morris）通过区分两种类型的全球公民澄清了这一概念的模糊性：基于世界主义的（cosmopolitan-based）全球公民和基于倡议活动的（advocacy-based）全球公民。[9]对于中国留学生来说，他们对全球公民身份的向往及参与主要基于世界主义。如第二章所述，一些学生及其父母视全球素养和全球意识为世界性资本的一部分，认为这是他们赴美留学的重要目标之一。他们相信留学需要并能促进他们对不同文化及人类与社会日益紧密联系这一事实的理解，而美国高等教育则能够帮助他们获取世界性资本。他们发现中国教育在这些方面是有所欠缺的，即便是中国的国际教育也无法实现这样的承诺。

在赴美国求学前，部分学生修读了国际预科证书（International Baccalaureate，IB）课程，该课程着重培养"国际化思维"，并倡导"学生接触多元观点"。[10]这对浸淫在应试教育体系，长期处于同质化环境——相同的课程、相同的标准，相同的高分追求——中的中国学生来说非常具有吸引力。他们渴望探索并了解全球公民身份,但在面对这种新的学习机遇时,也感到一定的困惑和挑战。

在我的访谈中,南通一所高中国际部的学生分享了他们参加模拟联合国大会的经历,这是在大多数中国国际班/部流行的一项活动。在活动中,学生们进行口头演讲,并就诸如艾滋病流行、全球女童教育等问题进行辩论,表现出浓厚的好奇心和激情。然而,他们仍对国际部的教育模式,有所不满,并称其为"不完整的全球教育"。正如一位高一年级的学生小薛指出:

> 虽然在国际部,但我们没有足够的关于国际问题的课程。我们的课程大多数是自然科学和数学,或者是商学和经济学。可供选择的社会科学和人文学科方面的课程也很少,所以我们接受的全球教育非常不完整。

在过去十年间,中国的教育工作者与全球的同行一道,努力在课程中融入更多全球性内容。这些内容大致属于学者们所称的全球公民教育的范畴,"被认为是我们教学实践中一次革命性的范式转变"[11]。许多中国公立高中的国际班/部都宣扬他们对全球教育的重视,有时明确从全球公民身份的角度界定这种价值观。我曾在北京一所高中采访一位教师,他从2010年开始教授一门名为公民教育(Citizenship Education)的课程。当我在2017年左右采访他时,他感觉开设这门课程变得越来越困难。最初,校长极力支持他的课程,但几年后压力日益增大。公民教育的内容令一些机构感到担忧。最终，学校领导对这门课程做出了调整，将其口号从"全球公民身份"改为"全球视野，中国心"。

公民教育及全球公民身份在中国的敏感性并不令人意外。这是因为，无论是公民身份还是全球公民身份的概念，均植根于西方的制度语境之中。[12]国际教育学者林恩·戴维斯（Lynn Davies）在其被广泛引用的文章《全球公民身份：抽象概念还是行动准则？》(Global Citizenship: Abstraction or Framework for Action?)[13]中，关注了全球公民身份的三个关键方面：社会正义、权利与文化、文化冲突。戴维斯借鉴了之前的全球教育模式，将全球公民定义为"了解世界运行方式，对不公不义感到愤慨，并愿意也能够采取行动应对这一全球挑战"的人。[14]基于这一理念，全球公民身份的内涵不只是国际化思维和同理心，还包含了义愤与行动。换言之，基于倡议活动的全球公民身份在中国学生中很难实现，多数中国学生追求的是一种基于世界主义的全球公民身份。同时，面对快速变迁的社会中种种社会矛盾与不公，中国政府始终致力于追求和促进社会的和谐与稳定，但并不支持那种可能激发义愤并引发潜在不稳定因素的教育模式。

在美国体验和拥抱全球公民身份

鉴于中国公民教育的这种特点，中国学生赴美留学后似乎有更多机会广泛地接触全球公民身份教育。借助教育学者劳拉·奥克斯利和保罗·莫里斯所阐述的两种类型[15]，这些学生在美国的经历既涉及基于世界主义的思维,也包括了基于倡议活动的工作。

对许多中国学生而言,处理美国的种族关系是他们在一个种族与民族多元化社会中的首次体验,这让他们对多种族和多文化的生活有了更多反思。在进入美国教育体系之前,他们对美国少数族裔的印象很大程度上受到媒体的影响——尤其是美国电视节目和好莱坞电影——其中充斥着隐性偏见和刻板印象。因此,即便中国学生自身也属于少数族裔,他们仍可能对其他少数族裔,特别是非裔美国人,持有某些偏见。

基安加-亚马特·泰勒(Keeanga-yamahtta Taylor)在其著作《从"黑命贵"到黑人解放》(*From #BlackLivesMatter to Black Liberation*)中探讨了此类现象——一个少数族裔群体对其他少数族裔群体持有偏见,有时甚至抱以种族主义的态度:

> 为什么许多黑人工人会接受种族主义的反移民言论?为什么许多加勒比黑人和非洲移民工人认为美国黑人懒惰?……简言之,如果大多数人都认为团结而不是分裂才符合工人群体的利益,为什么工人们还持有阻碍团结的反动观念?主要有两个原因:竞争和统治阶级意识形态的盛行。[16]

与中国学生的访谈显示,这种偏见根植于大众媒体传播的统治阶级意识形态之中。琼琼在科尔比学院主修全球研究和法国研究。她谈到了自己以前对非裔美国人的偏见:

我曾经对非裔美国人持有偏见和刻板印象。我认为他们懒惰、对教育不感兴趣。但我的室友完全改变了我的态度。我从她身上学到了很多，比如许多生活的智慧。她是美国南方的非裔美国人，非常聪明，也很勤奋。

我进一步询问她，以前的偏见从何而来。琼琼回答道："我想是来自电视节目。电视上黑人的形象并不好。在遇到我的室友之前，我真的没有亲自了解过任何黑人。"

令人震惊的是，这些中国学生在来美国之前就已经通过媒体受到种族主义这一统治阶级意识形态的影响。然而，亲身经历能够逐渐消除这些年轻学生心中并不根深蒂固的种族主义观念。像琼琼一样，他们可以迅速转变观念。

有时，中国学生会意识到他们在美国大学中是少数族裔，这种认同不仅帮助他们改变了先前形成的隐性偏见，还使他们更加接近其他少数族裔，促进了他们之间的友谊。[17]小钟在范德堡大学的经历便是一个很好的例子。小钟主修心理学专业，他分享了他在校园里人际关系的变化：

在我来到美国之前，我认为黑人是粗鲁而危险的。但我的大一室友是一名黑人学生。他非常有礼貌，是一名橄榄球运动员。我觉得他很好相处。然而，学校里的一些白人孩子却挥霍无度且行为愚蠢。我原先以为白人是文明的，但天哪，这些孩子太没教养了，他们甚至不冲马桶……我觉得和他们相处非常困难。

小钟以前对白人的正面看法和对黑人的负面成见，显然受到了种族等级观念和白人至上主义的影响。他以前从未去过美国，但仍受到这种意识形态影响，这表明这种意识形态具有全球性的影响力。他在美国大学的亲身经历很快消除了他对黑人的负面刻板印象。

除了改变隐性偏见，许多学生还积极参与各种志愿活动，这不仅让他们与来自不同背景的人建立了联系，还提供了倡议活动的平台。阿莉是布林莫尔学院数学专业的学生，她通过在美国参与志愿工作获得了极大的满足感。她在教堂的活动中自愿帮助低收入社区的人们申报税款，最初她认为这需要一定的数学知识，因此希望能够充分利用自己所学。然而，她后来发现，她的工作与数学的联系并不如想象中的大。因此，她又开始主动为低收入社区的孩子们提供免费的数学辅导，并组织布林莫尔学院的同学们提供更多的免费辅导，向这些孩子宣传学习数学的重要性。她发现，这项工作非常有意义：

> 我发现这项工作对我非常有帮助。我遇见了各种各样的人，学会了如何与许多不同的人有效地交流，若非这项工作，我可能永远都不会有这些机会。了解他们的生活并帮助他们，让我感到非常有意义。我尤其喜欢组织其他志愿者一起为孩子们免费辅导数学。我能感觉到这些来自低收入家庭的孩子在学业上已经落后，所以我觉得有责任尽我所能为他们创造公平竞争的机会。

阿莉继续阐述她的学校布林莫尔学院——一所女子文理学院，是如何激励她从事倡议活动和促进平等的：

> 作为一所女子学院，我们秉承多样性和平等的目标。这不仅是口头上的说法，我们真正地在实践着这项目标。过去，这是为了支持少数族裔的女性，因为我们学校有很多黑人女学生。而现在，随着国际学生人数的增加，我们扩大了包容性的原则。这里的每个人都是全球公民。

阿莉对于身处一个重视全球公民身份的环境感到自豪。她高度评价了学校留学生办公室提供的出色支持，她在那里做兼职工作。办公室的工作人员是国际学生在校园内的重要联络渠道，为他们提供全方位的指导和支持，从签证文件的办理到下午茶时间社交活动的举办。受到学校国际化思维的激励，阿莉也在积极为学校包容的国际社区做出贡献。

东田纳西州立大学有几百名国际学生，来自该学校的小西是校园首个国际学生协会（International Student Association）的联合创始人之一。通过创立和领导这个组织，她希望建立一座连接本土学生和国际学生的桥梁，并已与美国本土的学生组织合作举办活动，进一步促进了两者之间的联系。

小西是在十一年级转学到田纳西州的一个天主教高中的。初到美国时，她的社交活动颇为有限。她回忆了在田纳西州读高中的两年里她孤独的生活与孤僻的生活方式：

小西：那段日子真的很难熬，我哭过很多次。

访谈者：那你有学到什么吗？

小西：我对美国文化的了解增加了。无论是书籍、电视还是音乐……我都尽力去吸收周遭的一切。

访谈者：这是你在孤独且难以融入环境的情况下做到的吗？

小西：是的，但我没有放弃。过了一段时间，尤其是在大学里，我感觉到我的确是进步了。因此，我已做好准备投身于大学生活，这比高中时要好得多。

在赴美求学的历程中，小西展现出一种成长的心态。她克服了最初的疏离感，受到校园和社区环境的激励并参与到校园和社区活动中，逐渐成为那里的领导者。作为公共卫生专业的学生，小西加入了校园的倡议活动团体，并走上街头支持乳腺癌研究。这些倡议活动让她获得了新的经验，而她在国内几乎没有过类似的经历。她希望未来能够在无国界医生（Doctors Without Borders）或慈善船（Mercy Ships）等非营利组织中工作，为世界各地的人们提供医疗服务。

对美国和中国态度的变化

对中国重燃的兴趣与增强的亲近感

在美期间，中国学生对全球公民身份的积极实践并未削弱他们对祖国的亲近。背井离乡使他们的思乡之情愈发浓烈。

远离中国反而激发了对中国文化和社会的浓厚兴趣。[18] 这种兴趣往往萌生于课程学习尤其是美国大学的人文类课程修习中。

小岳刚来雪城大学时,主修的是经济学,在选修了一门名为"中国社会中的宗教"(Religion in Chinese Society)的课程之后,她选择宗教学作为第二专业。这门课程让她意识到,她对自认为熟悉的中国文化实际上知之甚少。在申请雪城大学学生奖学金的个人陈述中,她反思了这门课程对她的深远影响:

> 这门课程名为"中国社会中的宗教",我本以为自己对此颇有了解,因而心怀激动。然而,上课之后我发现自己对这门课的理解大错特错。虽然对教学大纲上列出的各个主题略知一二,但我很快意识到我对任何一个主题都未曾深究。其中一节讨论了中国的烧纸钱习俗,我曾在早年的教育中被教导认为这是"纯粹的迷信",因此会质疑在大学的宗教学课程中学习这种迷信是否行得通。我的这种先入为主的态度阻碍了我保持思想的开放性。然而,当我逐渐了解到烧纸钱对我的同胞而言所承载的深厚文化意义后,我开始认识到自己的无知。我之前试图否定烧纸钱的价值,仅仅是因为我曾在中国被教导它象征着迷信与落后。在学习了那门关于中国宗教的课程后,我开始逐步接受宗教研究提供的文化见解。

小岳不仅承认这门课程改变了她对中国传统文化的看法和理解，还描述了这门课如何改变了她的家族基金会在中国偏远省份工作的方式。小岳的父母是成功的企业家，他们成立了家族基金会，在中国西南部的云南省资助建立学校。那里有大量的少数民族聚居。小岳亦参与到改善当地学校环境的工作中。作为一个汉族人且来自经济发达的上海，小岳最初以为，让云南的少数民族学生学习计算机科学和芭蕾舞等上海学生普遍接触的课程，将对他们大有裨益。基于这样的理念，家庭基金会投入了巨资将此类课程引进云南的学校。然而，小岳后来意识到这种做法存在问题，正如她在个人陈述中所写：

> 在与他们（云南当地学生）生活了近六个月之后，我意识到，我们帮助这些学生的尝试实际上是在伤害他们。我们教他们计算机科学，而现实是，他们中的许多人可能永远不会拥有一台计算机，因为他们需要在农田里劳作以维持家庭生计。这种教育策略严重误导了学生，使他们不能专注于阅读等实用技能，并开始贬低他们当地的文化，感觉自己落后于汉族同胞。我们做出了艰难的决定，剔除了那些与当地孩子的日常生活无关的课程。我意识到我们忽视了实际情况，采纳了不切实际的、有害的标准。作为替代，我们邀请当地艺术家和工匠来教授学生们制作传统的地方手工艺品。我们的学生开始学会欣赏和珍视自己以及自己的文化，并学会如何抵抗外

界不公的贬低。他们为自己感到自豪，我也为他们感到骄傲。

小岳从美国的通识教育中获得的，不仅仅是对曾经视作理所当然的文化和社会的全新理解，还有对她想要服务的社区及其人民的共情与尊重。

安娜是约翰斯·霍普金斯大学经济学专业的学生，她选修了一门中国历史课程，并由此被这门课深深吸引。在她离开中国之前，她对中国历史和文化毫无兴趣，只想了解美国文化。尽管她的专业要求修读多门技术性的课程，她还是利用了学校的通识教育要求，选修了几门人文课程，其中一门课程名为"中国现代史"（Modern Chinese History）。

> 我们（中国学生）在中国的初中和高中阶段都学过历史，但美国教授对中国现代史的分析特别令我着迷——他是一个中年白人，能说一口非常流利的普通话。我很欣赏我的教授能够对中国现代史做出客观的解读。大多数教授都是非常优秀的老师。他们激发了我对学习的渴望，尤其是让我渴望了解我国的背景、文化和历史。

安娜承认，她已经成为一位对中国历史以及一般意义上的历史学感到好奇的热心读者。她坦承，以前她并不喜欢阅读，产生这种新兴趣完全要归功于那位激发她思考的美国教授。与此同时，她感觉到离开中国的时间越长，她对中国的理解、亲近感及自豪感就越强烈。她的父母是上海一家工厂的老板,他们曾经因商务或休闲的原因走访欧洲和北美各地,回来后的结论是:"上海是世界上最好的地方。"现在,安娜赞同父母的看法,认为上海确实无与伦比,她在美国获得硕士学位后回到了上海。

即使是那些更关心吃喝玩乐等日常生活的人,在离开中国后也发现自己仍然对中国的饮食和娱乐方式兴趣浓厚,例如卡拉OK和扑克。换言之,他们在美国的生活经历使他们对中国的生活和文化有了新的兴趣。

对于美国政府和制度的批判

中国学生在赴美前,往往对美国体制有一层玫瑰色的滤镜。丽娜描述了她赴美之前对美国的浪漫化想象,"美国的一切对我来说都是理想的"。然而,她在美国的亲身经历使她意识到,现实比她原先想象的要复杂得多。她特别提到了对美国民主的幻灭:

> 丽娜:我意识到,"一人一票"并不一定是一个好的制度。它或许在某些情境下行之有效,但对中国来说未必适用。即便在这里(美国),这一制度也没那么有效。现在美国人不得不接受特朗普的上台,我周围的每个人都在抱怨。我想:"嘿,特朗普是美国人民选出来的。你们怎么了?"
>
> 访谈者:那么你在来美国之前渴望这里的民主吗?

丽娜：当然。我曾认为这是一个平等有效的制度。但现在，我不再认为美国民主在中国行得通。

访谈者：为什么不呢？

丽娜：因为民众的了解并不全面，决策往往也不能尽如人意。看看特朗普的支持者，现在他们不得不忍受自己所做的糟糕选择和种种糟糕的政策。而一些西方学者，比如我的教授，则认为中国社会得到了良好的治理。

丽娜提到，一些西方思想家认为中国领导人在治理方面做得不错，事实上，确实有人认为良好的治理是国家合法性的重要组成部分。[19]丽娜在美国期间见证了选举过程的混乱和美国民众对自身政治选择的普遍不满，因而认为美国式民主选举并非良治的必要条件，这一观点也一直是政治学界广泛讨论和争论的焦点。[20]最近的实证研究表明，中国政府正在积极提升治理水平，尤其注重保障公共产品的供给，以改善民众生活质量，人民对政权的支持度也一直很高。[21]

除了批判美国的民主选举制度，一些学生也批评了美国的外交政策及国内的不平等现象。在提出这些批评时，他们有时能很清楚地意识到他们所持的批判性思维，并欣然将之归功于他们在美国接受的教育。圣奥拉夫学院社会学教育专业的小魏，便将自己的批判性思维能力归功于美国大学教育。她在美国经历了全新的转变（此转变将在下一节中详细阐述）。然而，她在美国的个人成长并未使她更亲近美国政治的体制，反而使她对其持有更为批判的态度，这种态度在很大程度上受到她在美国大学所学课程的影响。

> 我在大学修读的众多课程彻底改变了我的思考方式。例如，这个学期我正在学美国史和伦理学课程。这些课程让我产生了很多思考，对自己过去的许多预设的立场产生了质疑。例如，我开始对美国政府在海外推广其自由民主模式的干预政策持批判态度。我认为这种做法是错误的。我对美国政府很是怀疑。对美国历史的学习使我意识到了美国政府过去犯下的诸多错误。

换句话说，在美国大学所学的课程使小魏对美国历史和政府产生了批判性的看法。她进一步阐释了她因在美国接受通识教育而获得的成长：

> 我接受的通识教育没有灌输给我西方及美国的价值观，而是教会了我如何思考和分析现实世界。我觉得四年的本科教育帮助我建立了一个关于世界的完整思维体系。

小魏还批评了美国的教育体系，尤其是美国的K-12教育*。讽刺的是，通过研究美国教育，她意识到美国的K-12教育存在很多问题，远非她来美国之前所想的那样。她在自主学习课程中完成了一个关于美国标准化测试的研究项目，这让她

---

* 美国基础教育的统称，从幼儿园到十二年级。

对学校间的种族差异、成就差距以及不平等问题有了深入的了解。

丽娜后来在加州大学圣迭戈分校的研究生院学习法律。小魏则在毕业后在若干非营利国际组织工作。他们都是文科生，关心美国的政治体制和国际关系，而很多其他学生则更多地关心自身的日常生活体验。

在埃默里大学读医学预科专业的娜娜表达了她对中国学生在春节期间无法请假的忧虑，而犹太和穆斯林学生却可以在他们的宗教节日期间休假。她认为，中国最重要的节日不被认定为合法假期是不公平的，其他学生也表达了类似的不满。他们因学校不承认春节、自己无法返回中国与家人共度春节而感到格外心酸。春节是中国最重要的节日，人们在这时都期望能回家与家人团圆。小乔就读于纽约著名的帕森斯设计学院时装设计专业，她对此非常不满，因为她所在的学校有很多中国学生：

> 我们在春节期间无法休假，我认为这非常不公平，学校承认犹太同学的节日，却不承认春节。而且我们学校有很多中国学生，比如随便一门十二个学生的课程中就会有两到六名中国学生。美国虽宣扬平等，但却没有践行它。

为了更好地了解这种政策对她的影响，我对她进行了进一步询问：

访谈者：不能在中国法定假日期间休假对你有何影响？

小乔：我觉得我失去了在中国与家人和朋友共度的宝贵时光。这是一种损失，也是我留学的代价。

小乔对自己留学所付出代价的反思既带有一丝悲伤，也有对美国不平等现实的批判性分析。讽刺的是，正是美国教育帮助他们培养出的能力——追求平等和批判性思维能力——使他们能够挑战他们认为自己被不公平对待的现实，进而得出"美国虽宣扬平等，但却没有践行它"的结论。

美国比中国更注重家庭

当这些留学生在异国他乡，哀叹因远离故土而失去与家人共处的时光时，他们往往会觉察到，与今天的中国相比，美国社会有一种更注重家庭的氛围，而中国人忙于追逐财富，对家庭的关注却日渐淡薄。[22]特别是，他们观察到与父母和其他中国人那快节奏、紧张的生活方式相比，普通美国人似乎拥有一种更为悠然自得、宁静惬意的生活方式。

小贾是加州大学洛杉矶分校医学预科班的学生，他的父母都是广东汕头的医生，他也立志追随父母的脚步成为一名医生。据他观察，父母日夜操劳，几乎未曾留出时间与家人好好相处。他认为，父母在中国的生活方式对他并无太多吸引力。"他们太忙了，大部分时间都在工作，不仅要在医院诊治病患，还要在外应酬，参加很多酒局。"在北卡罗来纳州立大学学习的菲菲表示赞同。她常常抱怨父母无法和她共享晚餐时光。她的父亲因此提议带她去和客户一起吃饭。她去了一次，便发誓绝对不会再有下次：

> 我和爸爸一起去了那里，本以为可以享受一段家庭时光。但是我爸爸和他的客人——他的客户——一起抽烟，喝很多酒，谈论着我听不懂的事情。我感到极度无趣，只能低头玩手机。当爸爸要求我放下手机，加入他们的谈话时，我拒绝了。在那样的场合，我又怎么知道该说些什么？气氛一度非常尴尬。我爸爸生我的气，我也生他的气。这次聚会并不愉快。

然而，菲菲从未怀疑过父亲对她的深厚爱意。事实上，她欣然承认自己有一位宠爱自己的父亲。在"文化大革命"的动荡岁月里，她的父亲历经磨难，直至中年方得爱女。菲菲是他唯一的孩子。直到"文革"结束、恢复高考后，她父亲才上大学。市场经济为他带来了无尽的机遇，极大改善了他与家人的生活。在调查样本中，八成的中国留学生的父母受过高等教育。市场经济尤其为有大学学历的人士开辟了广阔机遇，这些机遇又带来了丰厚的回报，使得他们能够供养子女赴美求学。

正如西方人经常描述的那样，自古以来，家庭在中国文化和社会中占据重要地位。[23]然而，拥抱市场经济的中国家庭如今已深陷繁忙之中，家长把工作看得过于重要，甚至因此无暇陪伴子女。参与调查的学生们拒斥此种生活方式，但讽刺的是，正是这种生活方式帮助其父母在中国取得成功，为他们赴美求学提供了资金。尽管如此，通过教育与留学经历，他们开始意识到生活可以有别样的面貌，可以更为从容、更具意义。对松弛生活的向往，以及不愿重蹈父辈覆辙的渴望，促使其中一些人选择留在美国。这一话题将在第九章详尽阐述。

个人转变

中国留学生所经历的个人转变与美国普通大学生有一些共同之处——他们变得更加独立和积极主动。[24]然而，先前在中国的社会化经历使得他们的转变呈现出新的特点，其中的一些变化是中国留学生特有的——他们变得更加叛逆，家庭关系中的代际冲突也跨越国界得以显现。

从被动到主动

小方是雪城大学会计专业的学生，在一所中国大学度过了两年不满意的时光后，她转学至此。她认为自己以前在人际交往中是被动的，尽管她并不是很内向。她从被动到主动的变化表现在两个方面：主动与老师交流和主动参与校园组织。

> 在中国，当我需要帮助时，我不会去找老师。也许只有在遇到重大事情时我才会去找老师。但在这里，我养成了与教授交流的新习惯。每当我需要建议时，我知

道我可以预约与我的教授见面，因为我看到美国同龄人经常这样做。在这里，教授们也会鼓励你这样做。但在中国则不一样，只有当你有麻烦时老师才会接触你或你的父母。所以在中国，我总是尽量远离我的老师。

小方在与老师交流方面变得主动，她将这种变化归因于对美国同龄人的观察。他们总是主动，她想向他们学习。

她还谈到了在中国大学期间不温不火的生活：

> 中国的大学生活没有压力，你做什么都没有什么影响。我的大多数中国同学毕业后都靠父母找工作。但这里不同，我必须为自己规划，我的努力将产生重大影响，这让我感到兴奋和鼓舞。

这种对努力的信念在国内学校的学生中也是普遍存在的，正如第四章所述。但是刻苦学习和认真的工作态度并不等于对学术的浓厚兴趣。到美国留学后，学生们重新燃起了对学术的兴趣。

小桑是雪城大学会计专业的一名大四学生。在中国，她感到缺乏动力，因为她不知道自己对什么感兴趣。她说，她的父辈为了过上好日子不得不努力工作，而她已经过上了好日子，所以她失去了动力。来到美国后，她变得非常勤奋和有行动力。她描述了这种变化：

> 我对我在中国学的东西不感兴趣,那只关乎考试分数。我不擅长考试,最多只是个B等级的学生。老师不喜欢我,因为我不是A等级的学生。但在这里,考试成绩固然重要,但其他事情也很重要。我在会计俱乐部非常活跃,结交了许多好友,我们在学习和职业发展上互帮互助。我感觉我现在是自己生活的主人,我充满了动力。

在中国自称为B等级学生的小桑在美国成为了优秀的A等级学生。她在学习乃至更广泛的生活中,获得了信心、积极性和驱动力。小桑学习动力的增长是一个学习心态从被动变为主动的例子。

然而,这种自我认知的重建和"我是我生活的主人"的感觉有时可能会转变为学生们的叛逆,这种叛逆主要针对他们在中国的父母,导致了跨越大洋的代际紧张关系。

从顺从到叛逆

圣奥拉夫学院的小魏在中国曾是个听话的学生,她的生活基本上由父母和老师安排和决定。但在美国,她开始学会反思并变得叛逆,做出了一些让父母大发雷霆的决定,把家庭关系搞得很紧张。第七章讨论了她选择专业的问题,从最初打算主修数学到最终决定主修社会科学教育。她违背了母亲希望她去读研的愿望,以致她母亲非常生气甚至威胁她。

> 我妈妈性格强势。她信奉证书和高级学位,极度希

望我去读研究生。她还认为，作为一个女孩，我应该在完成学业后结婚生子，所以我必须充分利用现在的时间以获得学位，仿佛在未来我就没有时间这么做了。我试图说服她，告诉她在美国许多人不急于读研究生，这样他们才清楚自己真正想做什么。但她不相信我，认为我只是懒惰、不想上学。

我进一步问她：

访谈者：那你不听她的意见时她是什么感受？

小魏：她感到非常失望。她一再说送我去美国留学不仅仅是为了拿到学士学位。她觉得她是对的，而且她试图为我做出正确的选择……

访谈者：你介意分享一下为什么你想推迟申请研究生，而不是像你妈妈想要你做的那样？

小魏：我兴趣广泛，想在读研究生之前探索一番……她坚持认为我应该在大学毕业后立即去读研究生，而且要去一个比我本科学校更好的学校。但我有自己的计划，我也会坚持下去。

小魏的确没有听从她妈妈的话。大学毕业后，她选择在丹佛的一个非营利组织"妇女豆计划"（Women's Bean Project）中工作，帮助边缘群体女性通过制作食品和手工珠宝获得独立生活和工作的技能。妇女豆计划的参与者中有80%

是有色人种女性，并且很多是曾经历过药物滥用*或家庭暴力的单身母亲。在妇女豆计划工作一年后，小魏参加了在柬埔寨的另一个社区发展项目，我写作这本书时她仍在那里。

加州大学洛杉矶分校应用数学专业的学生阿珍也承认，在美国几年后，她发生了很大变化，经常与父母意见不合。她过去是符合中国标准的好女孩，对父母言听计从。而现在，她常常敢跟父母唱反调，弄得他们备感失望与困惑。

> 我的爸爸会说："你怎么变得这么快？你在中国生活了十七年。你不再是爸爸的乖女儿了。"……但现在我认为总是听父母的话未必是好事。因为有时候父母是错的。

阿珍随后举了一个她与父母意见不合的例子。她父母无法理解她在与朋友一起吃饭时采取"AA制"方式。她的父母认为她应该为朋友买单，下次朋友则会为她买单。她的父母经常在餐后为朋友买单；他们认为这是一种维系人际关系的有效方式。在中国，人际关系对人们获取地位至关重要[25]，她父母的做法在中国相当符合习俗惯例。然而，阿珍发现为朋友买单只会让他们感到亏欠她，她不想这样。她希望与朋友在经济上保持独立，如果他们需要帮助，她再伸出援手。

---

* 药物滥用（substance abuse）常指以损害个人健康的数量或方法使用酒精、成瘾类药物，以及吸毒。

总　结

中国本科生在美国不仅仅是学习，还与美国人及其他来自世界各地的人在校园内外一起生活、互动、交往。这极大地改变了学生们，尤其是考虑到他们正在经历人生中的成长期。

本章通过学生自己的声音和经历，探讨了这些变化，它们可归为三个主题：全球公民身份，对中国和美国的态度，以及个人转变。与他们在中国获得的有限和被缩减的公民教育相比，中国学生在美国更能参与到全球公民身份的实践中。他们还发现，美国的教育在个人层面上改变了他们，帮助他们成为更积极和更融入社会的公民，对他们生活的社会世界保持反思和自省。这种被强化的意识不可避免地导致他们质疑自己先前的观念和偏见，有时会导致他们反叛父母并与之产生冲突。然而，这些变化并没有使他们与中国疏远或脱离联系。相反，许多中国学生在国外对自己作为中国人的身份产生了新的兴趣和认识。

有些人认为，美国高等教育已成为美国软实力的重要来源。[26]美国高等教育被认为传递了美国的文化和价值观，这些观念对中国学生很有吸引力，他们也会将其带回中国。本章的研究结果为这一观点提供了更复杂的视角。部分因为美国的通识教育及其受到推崇的批判性思维技巧，中国学生学会了对他们所处的复杂世界进行分析和思考。对于一些人来说，这意味着他们对美国的态度从浪漫化的想象转变为批判性和现实性的认知。

第九章

留下还是回国：这是一个问题

> 我真的很纠结：是留在美国还是回到中国？在这里找工作很难，可我又不愿空手而归。我不想浪费父母的血汗钱。
>
> ——小程，就读于波士顿大学国际关系专业

作为一名国际关系专业的学生，小程发现自己在美国的就业机会很少——许多岗位因公民身份限制而难以企及。因此，她想在完成波士顿大学的学业后回到中国，但她却因无法让父母在其留学投资上得到回报而感到愧疚。她说，自己的父母"只是南京的普通医生，他们根本就不富裕"。小程说，医生在中国的地位与收入远不及美国，她的父母为她在美国的教育承受了巨大的压力。她理想的计划是在美国工作几年，积累一些存款，然后回国；这个计划很难实现，因为在美国找到与她所学领域相关的工作确实困难重重。

留在美国还是返回中国，这个问题远比表面所见复杂。这不仅是因为决策过程本身就令人困扰，还因为单纯的留美与回国的二元选择无法充分反映出当今全球化世界中更为动

态开放的移民趋势。[1]此外,目前的研究大多聚焦于研究生毕业后的生涯规划,而对中国本科生的移民意向知之甚少。新一波中国留学生究竟是希望作为新移民留在美国,还是选择回到中国,或者在两国之间往来,加入跨国居民的行列?作为一个较新的群体,这些学生来自快速变化的中国,那里不仅商机频出,创业氛围也极为浓厚,这使得他们对未来的抱负和计划充满了不确定性。签证政策的复杂变化以及特朗普政府对国际学生的不友好态度,则进一步加剧了他们对毕业后计划的不确定性。

签证政策背景

一般来说,国际学生毕业后可以通过可选实习训练(Optional Practical Training,OPT)项目在美国停留一年。该项目最初允许持学生签证的国际学生在美国工作最多12个月。2008年,乔治·W.布什总统将科学、技术、工程和数学领域的学生签证期限延至29个月。随后,奥巴马政府将期限延长至36个月,并于2016年5月10日生效。[2]OPT为国际学生提供了一个机会,让他们可以在完成美国高等教育学业期间或毕业后不久在美国临时工作。特朗普政府曾计划对OPT项目施加新的限制,旨在"加强对可能受到OPT外国学生负面影响的美国工人的保护"。[3]但目前尚未做出任何改变。

如果学生获得工作机会,他们的潜在雇主可以选择为他们提供H-1B工作签证,该签证通常允许在美国合法居留长达

6年的时间。H-1B签证为获得永久居留权和公民身份提供了一条途径。根据美国公民及移民服务局（U. S. Citizenship and Immigration Services，USCIS）的说法，"H-1B计划允许美国公司临时雇用外国工人来从事在理论和实践中需要应用高度专业化知识的职业，应聘者需具有特定专业的本科及以上学历，或等同学力"。[4]

然而，H-1B签证的有限名额无法满足国际学生数量的指数级增长，而H-1B签证是OPT期限届满后延长工作时间的唯一途径。在2017财年，国际学生提交了23.6万份H-1B申请，但仅有8.5万个名额可供分配。这意味着仅有36%的申请者会成功获得签证。在这8.5万个名额中，有两万个预留给了拥有硕士及以上学位的申请者。换句话说，只有6.5万个名额可供拥有学士学位的申请者使用。正如《福布斯》（Forbes）的一篇文章所指出的，"获得一个H-1B工作签证的概率与进入美国排名前50的大学的概率相当，但H-1B的获取'纯粹'依赖抽签制度"。[5]这意味着中国学生积累工作经验或获得永久居留权的机会正在逐渐减少。

特朗普政府一直对抽签制度持批评态度，并承诺缩减H-1B名额，称该计划充满漏洞并取代了美国人的就业机会。2017年1月，国会提出了《保护和促进美国就业法案》（the Protect and Grow American Jobs Act）。该法案将H-1B持有者的最低工资从6万美元提高到9万美元。法案还要求公司向劳工部提交详细的报告，说明公司为招聘美国工人做出的努力，包括有多少其他候选人申请工作以及他们未被选中的原因。

2017年11月15日,该法案在众议院司法委员会获得通过,这是使其成为法律的第一步。特朗普总统还于2017年4月签署了"买美国货,雇美国人"的行政命令。[6]自此之后,H-1B签证被拒的数量有所增加。[7]有鉴于此,中国留学生在完成学业后打算留在美国的概率越来越小。

不过,并非所有政策变化都对中国留学生不利。2014年,奥巴马总统宣布了一项新的中美双边互惠的十年签证政策,适用于在中美之间往返的游客和商务人士。[8]也就是说,中国公民可以申请有效期为十年的美国签证,用于旅游或商务旅行。这项政策是相互的,美国公民也可以申请有效期为十年的中国签证。这一签证政策使得中国人民和美国人民能够更加自由地在两国之间往来,省去了每次旅行前申请签证的麻烦和费用。到目前为止,特朗普总统基本上保持了这一政策不变,尽管在少数案例中,一些中国研究人员的十年签证被美国大使馆吊销了。[9]

十年签证政策在很大程度上对中国留学生有利,即使他们离开美国,他们仍然可以前往美国参加研讨会、商务会议和社交活动。这对于那些即使回到中国后也希望参与跨国活动的中国学生来说至关重要。

撇开签证政策不谈,现有的研究经常从人才流失(brain drain)、人才流入(brain gain)的角度或运用更新的有关人才流通(brain circulation)的理论框架来理解留学生毕业后的计划。

人才流失，人才流入，还是人才流通？

移民与迁徙研究领域的经济学家乔治·博尔哈斯（George Borjas）声称，许多国际学生将在美国学习作为一种移民的途径。[10] 人口统计学家迈克尔·芬恩（Michael Finn）的研究结果支持了这种通过留学实现移民的论断，他发现某些国家（尤其是中国和印度）的国际博士生的留美率非常高。[11] 2005年，中国博士生的留美率为92%，仍然是所有国家中最高的，其次是印度学生，为85%。芬恩在2018年的最新报告中称，中国博士毕业生的留美率下降到了85%。[12] 尽管中国的博士毕业生仍然是留美率最高的博士生之一，但值得注意的是，这一比率正在下降，这表明越来越多的毕业生正在返回中国。自然科学和工程学专业学生的留美率高于人文和社会科学专业的学生。需要注意的是，芬恩报告的高留美率是博士生的留美率，他们往往被美国更好的科研环境吸引。

中国的博士留学生毕业后留在美国，并最终成为合法移民的现象，可以通过与所谓的"人才流失"和"人才流入"有关的研究文献来解释。这些文献描述和解释了技术移民从发展中国家向发达国家的流动。"人才流失"指的是移民给原籍国带来的负面影响，而"人才流入"则指留学国获得的收益。[13] 社会学家伊曼纽尔·沃勒斯坦（Immanuel Wallenstein）提出的世界理论体系（World-System Theory）描述了来自边缘国家的人们如何倾向于向核心国家流动。[14] 边缘国家往往生产劳动密集型和低技术水平的产品，而由于高等教育由核心国家生产，它因此被视为更具价值的高端产品。全球化使得更多国家融入了一体化的世界市场，加速了很多国家从边缘向核心过渡的进程。最显著的例子是中国，它过去处于边缘地位，如今在世界体系中扮演着日益重要的角色。[15]

人才流入和人才流失理论框架的问题在于，它将此种类型的移民视为静态的和永久性的，而忽略了国家的动态发展及其在世界体系中地位的演变。中国在世界体系中跻身核心国家之列的结果之一，便是其能够吸引海外游子回国，其中就包括海外留学生。当本国政府出台政策吸引学生回国时，这便成为海外留学生离开留学国并返回祖国的强大动力。在过去的十年里，中国政府采取了新的政策举措，旨在吸引具有外国文凭的中国学生，以提升国家竞争力。[16]艾伯茨（Alberts）和哈森（Hazen）在研究国际学生选择留美而非回国的原因时发现，中国学生是唯一一个将政府的激励措施视为回国理由的群体。[17]

除了政府的激励措施外，私营企业也积极欢迎海归。新东方教育科技集团过去曾专注于托福和留学研究生入学考试（GRE）的备考以及协助中国学生出国留学，最近则开设了一家新的专业分支机构，旨在帮助归国留学生在中国寻找工作或创业。现在，该公司设立了专门从事国际留学咨询和海归就业服务的分支机构。这种双重使命在新东方集团旗下的新人才招聘公司海威时代（Haiwei Career）身上得到了恰如其分的体现。该公司最近重提了这样的口号："出国留学的桥梁，归国创业的彩虹。"海威时代专门为中国留学生在中国提供实习和其他工作机会。[18]

吸引外国学生赴美留学曾是让美国受益的一种明确的人才流入模式，如今正被回流移民所逆转。中国教育部报告称，2016年，持外国文凭回国的中国人数量已达43.25万人，与2000年的9121人相比，[19]增加了近50倍。

然而，这些海归并不会永久留在中国并与其留学国切断联系。正如"人才流通"概念所揭示的那样，其中一部分海归经常维持他们的跨国关系网，并在祖国和留学国都发展事业或经商。安娜莉·萨克森尼安（AnnaLee Saxenian）在她关于人才流通的颇具影响力的论文中指出，[20]海归在祖国和留学国之间往返，传播技术、发展商务关系，并促进祖国当地的创业。萨克森尼安关注的是往返于硅谷和中国台湾之间进行商业和技术交流的中国台湾移民。近年来，多项研究探讨了在北京的中国海归如何在中美两国间运用其跨国商业和技术网络。[21]

在接下来的章节中，我将讨论调查研究和深度访谈的结果，前者展示了学生留美或者回国意愿的普遍模式，后者则超越了二元的选项，提供了细致入微的个案故事。

调查结果

图9.1是一个决策树（decision tree），展示了学生留在美国还是返回中国的意愿。超过60%的人打算毕业后回国。大多数人计划通过一到三年的OPT项目积累一些经验后回国。

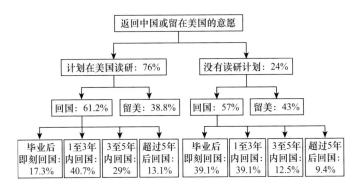

图9.1　受访者返回中国或留在美国的意愿
来源：作者的研究

值得注意的是，超过四分之三的中国学生计划在美国攻读研究生。有读研计划的学生的回国率[22]略高于没有读研计划的人。原因在访谈中得到了充分呈现：许多学生认为在美国接受研究生教育是返回中国的一种途径，因为他们可以获得更具声望的学术证书，从而在中国的就业市场上更具竞争力。通常，父母会督促子女攻读更高的学位。在第八章中，小魏的故事展示了中国父母如何督促孩子读研，他们会强调立即读研是在中国找到有竞争力工作的最有效途径。

那么，谁打算留下来，谁打算回国呢？双变量分析揭示了一些普遍的模式。图9.2显示，对英语水平的自我认知是一个重要的因素。具体而言，认为自己英语很好的人中，有39%的人计划回国，相比之下，自认为英语水平不好的人中，有超过60%的人计划回国。图9.3展示了大学专业选择与回国意愿的相关性。54%的理工科专业学生计划返回中国，65%的人文与社会科学专业学生计划返回中国。这与之前的研究

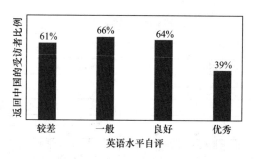

图9.2 按自评英语水平划分的计划回国的受访者比例
来源：作者的研究

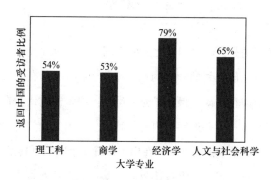

图9.3 按大学专业划分的计划回国的受访者比例
来源：作者的研究

结果一致，因为美国劳动力市场面临着本国理工科毕业生的短缺，而大量外国学生和劳动者填补了这一缺口。[23] 鉴于人文与社会科学领域更依赖留学国的语言和文化，这些领域的学生更有可能计划返回中国也是情理之中的事情。

下一组双变量分析聚焦于对社会融入程度的衡量。图9.4考察了学生的美国密友数量与他们回国意愿之间的关系。在那些拥有三个或三个以上美国密友的人中，只有一半的人打算返回中国,而相比之下,没那么多美国朋友的人中有65%的人打算回国。

图9.5显示,参加校园组织也会产生影响。在从未参加过校园组织的学生中,有69%的人打算回国,而在参加过校园组织的同龄人中,有回国想法的人占55%。这表明在校园内的社会融入程度与中国学生留在美国的意愿呈正相关。

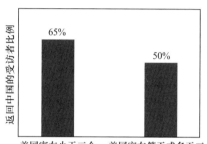

图9.4 按美国密友数量划分的计划回国的受访者比例
来源:作者的研究

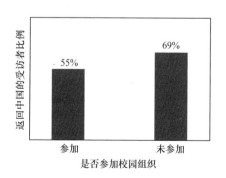

图9.5 按是否参加校园组织划分的计划回国的学生比例
来源:作者的研究

表9.1给出了回国意愿的多变量分析结果。大学专业、在美国读高中以及参与校园组织是影响回国意愿的重要因素。具体而言，人文社会科学专业的中国学生有意回国的可能性比理工科专业的同龄人高出90%以上（在模型3中）。在美国读高中的学生打算返回中国的可能性比其他同龄人低30%以上。那些参加校园组织的人，打算回国的可能性大约降低了50%。换句话说，修读理工科专业、在美国读高中（因此在美国学习的时间更长），以及参加校园组织都增加了留在美国的可能性。

表9.1　回国意向的多变量分析（比值比）

	模型1	模型2	模型3
男性	1.036 （0.194）	1.103 （0.218）	1.000 （0.205）
父母受过大学教育	0.989 （0.247）	1.067 （0.291）	1.024 （0.287）
英语好		0.722 （0.147）	0.842 （0.185）
在美国上高中		0.658* （0.164）	0.652* （0.169）
商科		1.369 （0.320）	1.314 （0.320）
人文社会科学		1.802** （0.436）	1.925*** （0.485）
参加校园组织			0.490*** （0.108）
有美国密友			0.858

***　$p<0.01$
**　$p<0.05$
*　$p<0.1$

注：括号内为标准误差。"英语好"是指学生认为自己的英语水平良好或优秀，相对于较差或一般。

访谈结果

访谈结果提供了更加细致的解释，超越了留美或回国的二元选择。访谈结果包含四条主线：返回中国、留在美国、在两国之间往返以及内心的动摇和计划的变更。

回到中国

特朗普政府鼓吹的"美国优先"言论，以及不断提高H-1B签证申请薪酬门槛的政策举措，对国际学生产生了寒蝉效应（chilling effect），使其觉得自己的留美之路愈加艰难。部分学生仍试图留下，而另一些则毫无尝试之意，径直选择归国。小郭就是这样一个例子。他从高中时代起便在美国求学，先是就读于新罕布什尔州的一所高中，继而进入雪城大学读本科，并最终在波士顿大学获得信息研究专业的硕士学位。学成之后，他立即回到中国。正如他所解释的，"我只是被H-1B签证政策中的抽签政策吓跑了"。他现在在上海工作。

此外，还有些学生无论如何都想回到中国。本研究揭示了中国留学生选择归国的众多原因，并非仅仅与在美国获得工作签证日益艰难，从而导致留美之路受阻有关。

月是故乡明

几乎所有参与调查的学生都是中国的独生子女一代。众多学生表示，他们在美国学习期间会思念家乡和父母。他们还提到，在规划未来时，家庭对他们有着最大的诱惑。例如，来自广东省中山市的女孩小丹继承父业，在圣路易斯大学学习航空航天工程。当谈起父母对她的思念之情时,她的眼泪夺眶而出。她坚决要返回中国,因为对她来说,"与家人团聚最重要"。

对家乡的深情眷恋,亦是一些学生的共同感受。大多数研究参与者来自中国经济发达的地区和城市。安娜,上海人,是约翰斯·霍普金斯大学经济学专业的本科生。2015年我在约翰斯·霍普金斯大学采访她时,她就已经下定决心:

> 访谈者:你打算留在美国还是在完成学业后回到中国?
>
> 安娜:我打算回中国。事实上,我想在上海工作。
>
> 访谈者:为什么?你喜欢上海吗?
>
> 安娜:是的,上海是最好的,是我的家乡。

在约翰斯·霍普金斯大学获得学士学位后,安娜继续在圣路易斯的华盛顿大学攻读了量化金融硕士学位。2017年获得硕士学位后,她立即回到了上海。尽管她本科期间曾在中国的金融机构实习了两个暑假,但她的美国文凭不足以让她在中国竞争激烈的金融行业中找到一份长期工作。在我写作本书时,她还是一名实习生。

美国读研作为回国的渠道

调查数据显示,参与调查的学生中,有超过一半的人表达了最终回国的意愿,而大多数人计划在完成学士学位后的一到三年内回国。在此期间,超过四分之三的受访者计划在美国继续攻读研究生，其中超过61%的受访者打算回国从事长期工作。这一比例略高于打算直接回国而非先攻读更高学位的人群所占的比例。对于中国学生来说，在美读研究生更像是回到中国的渠道，而不是留在美国的途径。

许多计划在美国攻读研究生的学生，其目标是通过进入一所排名比本科院校更好的研究生院来提升自己的学历和声望。这可以从小萍的教育轨迹中看出，她最终回到中国从事新闻行业。

我对小萍的第一次访谈是在2013年，当时她还是雪城大学纽豪斯传播学院报纸和在线新闻专业的一名大三学生。她给我的印象是端庄而低调，对自己在美国的就业前景充满信心，毕竟她所在的学校享有良好的声誉，在当时，她所有想留下来的中国朋友都能够在美国找到工作。然而，她并不打算在美国找工作，她想回到中国。

> 访谈者：你能告诉我你为什么想回中国工作吗？
>
> 小萍：我决心要回国，因为我认为中国能为我未来的职业发展提供更好的机会。但我需要先去读研究生再回去。
>
> 访谈者：为什么要读研究生？
>
> 小萍：……［虽然］我的大学在美国很有名，但在中国却没有那么出名。中国雇主只认可常春藤盟校和少数几所名牌大学。我目前就读的学校不在这个名单上。我必须进入一所在中国很有名的研究生院，这样我才能

在国内找到一份好工作。

访谈者：那你打算申请哪些名校的研究生呢？

小萍：我现在正在考虑哥伦比亚大学、纽约大学和芝加哥大学。

小萍之后被纽约大学录取，实现了她的目标。她现在在上海的一家地方电视台当记者。

中国学生通过在美国攻读研究生来提升他们在中国劳动力市场上的竞争优势，这一现象可从两个维度进行分析：纵向的受教育程度和横向的院校声望。第二章的理论探讨着重分析了中上阶层的家长如何通过提高子女的教育水平（包括量还有质）来传承他们的阶级优势。从量上看，继续读研是提高子女纵向教育成就的关键一步。自21世纪初中国大学扩招以来，尽管接受高等教育的人数增多，但普通大学毕业生面临的就业市场状况却日益严峻，这迫使学生寻求额外的优势以在激烈的就业竞争中脱颖而出。[24]如同第二章所述，这最初是许多学生选择出国留学的原因；但在当前情况下，仅拥有美国的学士学位似乎已不足以满足需求，许多中国学生不得不继续深造，攻读美国的研究生。因此，不少中国大学生选择通过在国内外攻读研究生来延缓进入就业市场的时间。

从质上来说，院校声誉比以往任何时候都更重要。排名一直是中国学生选择大学的决定性因素。[25]然而，进入顶尖大学读本科对美国本土学生而言竞争已是非常激烈，对于中国留学生来说更是如此。对于小萍这样的学生来说，读研提供了一个进入排名更高的院校的机会,她敏锐地意识到,比起她的本科院校雪城大学,中国劳动力市场会更认可纽约大学。大多数参与调查的学生都设法进入了比他们的本科院校排名更好、更有声望的研究生院校。例如,小布从威斯康星大学麦迪逊分校毕业后,进入宾夕法尼亚大学沃顿商学院攻读工商管理硕士(MBA);小温从贝洛伊特学院毕业后,前往哥伦比亚大学教师学院攻读教育经济学研究生;小西本科毕业于东田纳西州立大学,后去哥伦比亚大学公共卫生专业攻读硕士。

在中国更好的机遇vs在美国的职业天花板

与小萍一样,大多数其他受访者也将更好的发展机遇视为吸引他们返回中国的主要因素。尽管有人归国之际尚未找到工作,或者所得薪资不甚理想,然而,他们的心态依旧乐观。他们之所以选择回国,是因为他们相信从长远来看国内会有更好的机遇。当被问及"更好的机遇"的具体含义时,中国学生常常会比较和分析中美两国就业市场的优势与不足。

约翰斯·霍普金斯大学计算机工程专业的小张强调了大多数中国学生面临的语言障碍,他认为由于各种障碍,中国学生在美国担任领导职务机会寥寥。他解释道:

> 职场与学校不同。沟通、人际关系以及其他各类软技能都至关重要。这一切都要依赖语言能力。无论在美国还是在中国,情况都大同小异。然而,在美国,由于

英语不是我们的母语,我们在职场中总处于不利地位。我与我的朋友们常常难以理解美国笑话。一名领导者若连笑话都听不懂,又如何能领导他人?而在中国,我们能够展现个性,成为充满魅力的领导者。在中国,英语反而成了我们的优势而非障碍。

小张着重强调了语言及文化的障碍,指出这些因素严重阻碍了像他这样的中国学生在美国劳动力市场中的职业发展。其他学生的观察则显示,他们对中国移民及亚裔美国人在美国职场的大致地位有着深入的理解,这种理解多半源于他们从朋友和亲属处听到的种种经历。例如,小彭就提到了他的叔叔,叔叔在大约二十年前移民美国、现在在硅谷担任高级工程师。在描述其叔叔的经历时,小彭的语调中流露出讽刺与哀愁:

> 我的叔叔是他那一代典型的中国移民。他聪明且勤奋,是一名工程师。他有一座大房子、两辆汽车及两个孩子。我记得小时候,家里人常羡慕他在美国的生活。但如今,他们在中国生活得很好,对叔叔在美的生活也不再感冒。我叔叔依旧是一名工程师,他告诉我,他想成为高级管理人员,而这一愿望在美国是不可能实现的,因为他是中国人,在语言和文化上面临挑战。而我的志向不止于物质生活的舒适。我想我的未来在中国。

他叔叔职业雄心受挫的背后是一个典型的"玻璃天花板"（glass ceiling）或"竹子天花板"（bamboo ceiling）的故事——这是亚裔美国人遭遇的一种隐形障碍，使他们难以摆脱仅限于技术领域的职业轨迹，进而阻碍他们晋升至管理和领导层。[26]这一现象是亚裔美国人长期面临的社会问题，而如今的年青一代中国学生在决定是否进入美国劳动力市场前，已经对此心知肚明。这种情况在很大程度上源自1965年后大量中国移民涌入美国的历史背景，[27]小彭的叔叔就是这样的移民。对于年青一代来说，上一代中国移民的生活不再具备足够的吸引力，他们追求的不仅是物质回报，更希望在职业生涯中获得发展和成为领导者的机会。这种对中国移民在美国就业市场劣势的清醒认识，对中国学生造成了打击，让他们不愿留在美国。

小彭在获得金融学学士和硕士学位后，于2016年初回到中国。现在，他在中国南方的深圳创办了一只专注于量化交易的基金。这支基金是国内基金，而他的长期目标是在中国香港设立一只海外基金。他实现了成为金融企业家的梦想。他认为，如果留在美国，这个梦想不可能实现。

留在美国

想要不同的生活方式

那些想留在美国的人表示，中国的污染和腐败等因素阻碍了他们回国。他们还谈到了中国城市生活方式的某些特征——快节奏、工作时间长、缺乏陪伴家人的时间——这些都是促使他们留在美国的关键因素。阿珍是加州大学洛杉矶分校应用数学专业的学生，她从小学开始就被送往国内的寄宿学校，讽刺的是，这所学校距离她家只有五分钟的路程，而她被送走仅仅是因为她的父母没有时间照顾她。她向我抱怨："我不想重复我爸妈的生活。他们几乎没在家里陪我一起吃过晚饭。"

阿珍的父母与大多数调查参与者的家长一样，都受过大学教育。他们享受了中国给他们这一代人带来的广阔机遇，这是上一代人永远无法想象的。然而，他们不得不长时间工作，承受着工作带来的巨大压力，并且经常在下班后继续花时间与客户一起吃饭并进行其他社交活动。这种事业上的成功让他们的孩子有机会在美国接受大学教育。然而，这些孩子深知，父母为了他们的教育所付出的代价，不仅仅是经济上的花销，还包括社会和情感上的牺牲。

阿珍在前往加州大学洛杉矶分校学习之前，在美国的一个寄宿家庭生活了一年。在那里，她感受到了高质量的家庭时光，这给她留下了深刻的印象。寄宿家庭中的妻子是一名护士，丈夫则是一名技术员，他们每天都能在家共进晚餐，周末还会参加各种有趣的活动。阿珍将这种生活与自己的父母及其朋友们的生活做了对比：

> 我发现我爸妈在中国的生活方式并不理想：他们忙碌且疲惫。我不想重复这样的生活，也不想自己的孩子在爸妈缺席的环境中长大。我在美国的寄宿家庭都是非

常普通的人，但他们却过着充满乐趣和舒适的生活。这就是我想要的生活：慢节奏、以家庭为中心、轻松自在……然而，在当前中国的城市环境中，要实现这样的生活似乎非常困难。

从加州大学洛杉矶分校毕业后，阿珍在洛杉矶找到了一份统计师的工作。这就是她选择的生活方式——她喜欢美国，认为美国平静、轻松的生活方式很有吸引力。

环境问题

中国学生对于中国环境问题的看法分为两个层面：一是自然环境问题，例如中国的空气、水和土壤污染；二是社会环境问题，如腐败、食品安全和在快速变化的社会中普遍存在的信任缺失。[28]

艾伦刚到美国时，曾感到非常失望，觉得这里像中国的农村。但在过去几年中，他的感受发生了显著变化，现在他更喜欢在美国的生活方式。当被问及他的感受为何会改变时，他解释说：

> 我父母对我的影响非常大。他们自己做生意，常常因为在中国做生意遇到的各种问题而感到烦恼：比如人们不遵守规则，为了赚钱什么都愿意做。他们还非常担忧中国的食品安全、环境污染等问题。因此，现在我更倾向于在美国生活。无论我做出什么选择，我都希望为自己和家人争取更多的选择。

艾伦补充说，他的父母希望他能在美国定居，这样未来他便能帮助他们移民到美国。尽管如此，他们目前并不打算立即移民，因为他们还需要继续经营自己在国内的生意。

艾伦的父母想要跟随艾伦去美国，这实际上是个别案例。大多数希望孩子留在美国的家长自己则想留在中国，这很大程度上是由于语言和文化障碍。俄亥俄州立大学会计专业的学生小简提到，她的父母鼓励她留在美国，因为"天空很蓝，人们很友善"，但他们却计划留在中国。

访谈者：如果你要留在美国，你的父母自己有什么计划？

小简：他们说他们退休后会搬去和兄弟姐妹一起住，他们计划互相照顾，但一想到这点我就感到很愧疚……我不知道我该怎么办……我想留在美国，但是我如何照顾我的父母？

访谈者：那么你的父母对你将来会和他们分开有何看法？

小简：他们说没关系。他们希望给我一个更好的环境。只要我能过上更好的生活，他们就没事。但我感到内疚，我现在已经感到内疚了。

所有父母都希望孩子过上更好的生活，但中国父母愿意付出的努力和牺牲是非同寻常的。正是基于这样的动力，越来越多的中国家庭选择让孩子前往美国求学，而且倾向于越早出国越好。即便要与孩子长时间分离,许多父母依然鼓励孩子留在美国。

在中国,某些职业面临的社会挑战尤为严峻,医生便是其中之一。相较于美国医生所享受的尊重和较高的社会地位,医生在中国常常被视为一种令人厌恶乃至危险的职业。这主要是因为医患关系紧张,矛盾频发。在这样的环境下,给医生发红包以换取治疗的行为在中国并不罕见,人们不相信医患关系能够在没有红包的情况下得到维持。而一旦治疗出现任何问题,患者可能会报复甚至采取暴力的方式来表达不满。针对医生的暴力行为不断升级,并多次登上新闻头条。[29]自中国实行市场经济、社会服务开始商业化以来,腐败问题就很严重,医疗领域的此类现象尤为严重。[30]

菲菲和小贾都是医学预科专业的学生,都想成为医生。小贾来自一个医生家庭。尽管他的父母明确表示不想让他学医——据他们说,"在中国当医生很危险"——小贾仍在坚持梦想,努力朝着成为医生的目标前进。他说学医几乎是他的本能。尽管如此,他的父母仍强烈反对他学医。因此,小贾总结道:"中国的医患关系太腐败、太危险。如果我要成为医生,我就不会回到中国。"他非常努力地学习,希望能够进入美国的医学院,他的目标是在美国行医,而不是在中国。

投资回报

中国学生深知父母为了支持他们去美国留学所做出的牺牲和付出的代价。虽然他们本人很少直接承担经济开支,但留学生活的高昂费用无疑消耗了家庭的大部分储蓄，这让他们感到在情感和经济上都对父母有所亏欠。这种情感负担不仅在中国学生中比较普遍，在其他国际学生中也很常见。[31]

小萨是印第安纳大学布卢明顿分校会计专业的学生。她说她想在美国找工作并赚钱，这样她就可以弥补父母对她的教育投资。她说：

> 小萨：这里的平均工资比我在中国可能获得的要高得多。我确实需要在这里赚些钱，这样我的教育投资才能得到回报。否则，面对父母的时候，我会很难过。
> 访谈者：那你有把钱还给父母的压力吗？
> 小萨：没有。他们没有这么说。我只是觉得他们太辛苦了。这是他们辛苦赚来的钱，如果我浪费了，我会很难受。
> 访谈者：你们谈过这个吗，他们有说期望你报答他们吗？
> 小萨：我们还没有真正讨论过这个问题。我甚至不知道我在这里学习和生活到底花了多少钱。父母总是安慰我，说不要担心。我知道他们也希望我能找到一份高薪的好工作。所以我在这里学习会计，希望能找到一份工作。我经常不确定在这里学习是否值得。

小萨并未表达出任何在美国永久定居的愿望；她只关心父母对她的投资，以及她是否有能力回报他们。

小萨的父母没有明说希望子女回报自己的投资，而雷德的父母对此则直言不讳。雷德是波士顿大学计算机科学专业的学生，来自上海的一个工人阶级家庭。他之所以负担得起在美国接受教育的开支，唯一的原因是上海房产的升值。他的母亲利用这个机会赚了一大笔钱。他这样描述当时的情况：

> 我妈妈卖掉了我们在市中心的高层公寓，在远离市区的地方买了两间较小的单元楼房。我们一家住在一间小单元楼房里，出租另一间。最近房价飙升后，她卖掉了自己的另一处房产。这样我就可以去波士顿大学读书了。我妈妈说我在美国的教育就像她投资的一只股票。我需要在这里找到一份工作来回报她。

雷德能否偿还母亲对他教育的投资？他对自己在美国的就业前景相当乐观。实际上，在他修读的计算机科学领域内，外国工人，特别是中国和印度工人，构成了行业的主要力量。[32]雷德确信自己能在美国找到工作，并偿还母亲对其教育的投资。2015年，他顺利毕业，并在波士顿地区的一家IT公司找到了工作。他计划搬到西海岸，去硅谷碰碰运气，因为那里的工资会更高，而且考虑到很多亚洲人都在西海岸，那里的食物和生活方式的其他方面也会比波士顿更适合他。他现在仍在参加OPT计划，由于他学的是理工科，根据OPT计划他可以在美国待三年。虽然雷德对自己的工作前景感到乐观，但他对自己的签证前景却不那么乐观。他完全不确定自己能否通过抽签政策获得梦寐以求的H-1B签证。如果在OPT期满后无法获得H-1B签证，他将不得不返回中国。他说："我对此也不排斥。现在上海对我来说有很多机会。三年后，我就能赚到足够的钱来还给妈妈。所以我认为我应该没事的。"总而言之，无论是留在美国还是回到中国，他都很乐观。

由于雷德主修计算机科学，他可以在美国找到一份工作，并开始偿还母亲的投资。同样就读于波士顿大学的小程就没那么幸运了。她主修国际关系。来自南京的她也非常在意父母为她赴美留学背负的巨大经济负担。然而，像她这样的留学生在美国的国际关系领域几乎没有工作机会。小程抱怨道：

> 许多政府和国家组织的工作岗位，都要求申请者具有美国公民身份或至少持有绿卡。作为一名中国留学生，我发现在我的专业领域找到一份工作非常困难。我的父母希望我在美国找到工作并留在这里，因为他们已经在我身上花了很多钱。如果我没有任何工作经验就回中国，我就无法偿还他们的钱。但在美国找工作太难了。

家境不富裕的学生往往希望在美国找到工作，以此赚取学费并减轻家庭负担。对于像小程这样的学生来说，他们修读的领域并未为留学生提供很多工作机会，如果想在美国工作，他们将面临一场艰苦的斗争。这个过程充满了焦虑、愧疚和压力。

超越国界

中国学生的职业雄心往往会超越自己的祖国或留学国。对于一些人尤其是那些接受过国际教育的人来说，这些雄心早在高中时就开始了。在对中国高中的实地考察中，我遇到了一些准备出国留学但职业雄心超越国界的学生。许多人立志在跨国公司中工作，而不少跨国公司已将核心业务转移至中国。这些学生希望借助自己的双语能力、对中西两种文化的理解以及商业技能，在全球平台上开展业务，尤其是在中国开展业务。这些年轻的学生打算将中国和美国两种文化的优势结合起来。

例如，小西主修公共卫生专业，她想在美国政府工作，但她知道由于没有美国公民身份，她无法实现这个愿望。

> 美国的很多工作都列出了要求"美国公民身份"，所以我可能会在中国香港工作。我真的很想在那些重要的非营利组织工作，比如无国界医生组织和慈善船组织。我特别感兴趣的是慈善船。它运营着一艘医院船，在港口城市提供医疗服务，通常在非洲。这是一个非常大的非政府组织，为世界各地的许多人提供服务。我真的很想在那种环境下工作。我可能有一天会回到中国或在某个地方定居，但我想经常去美国和其他国家旅行，和老朋友保持联系，同时结交新朋友，因为当今世界真的是紧密相连的。

尽管受到公民身份的限制,小西并未气馁,她计划参与人才流通——经常前往美国和其他国家旅行,拓宽人际交往,并为"世界各地的许多人"服务。作为一名公共卫生专业的学生,她立志在国际环境中施展所学,为世界各地的人们提供医疗保健服务。她认为香港可能会成为其职业生涯的开端,并希望自己的专业服务能够惠及非洲的民众。

小布则是另一个参与人才流通的例子。他在威斯康星大学麦迪逊分校主修工业工程学和心理学,后在宾夕法尼亚大学沃顿商学院获得工商管理硕士学位。在麦迪逊大学读本科期间,他每年夏天都会回到中国陪伴父母。他还在家乡广州的新东方分校兼职担任英语讲师,帮助学生备考托福。他曾经是该学校的学生,他想通过贡献他在美国获得的英语技能和知识来回馈社会。

在美国留学期间,小布在中国创办了一家教育咨询公司,帮助像他一样的中国学生申请美国的大学。他的生意非常成功,这使他在沃顿商学院读研期间已经可以自给自足。2016年年底毕业后,他回到中国全职从事教育咨询工作。2017年3月,他在自己的社交媒体账户上写道:"我刚刚从宾夕法尼亚大学毕业,现在我的一个学生收到了宾夕法尼亚大学的录取通知书。生活实在奇妙!"

无论是在美国留学期间,还是作为教育企业家回到中国后,小布显然都在参与人才流通。在美国读本科期间,他于暑期在中国教学,将从美国获得的知识传授给中国的学生。在沃顿商学院读研期间,他是宾夕法尼亚大学美中论坛的创始人之一。该论坛已经成为他会定期出席的重要活动，每年都会举办一次。现在，小布利用他在美国大学建立的关系，直接为当地的中国学生提供美国的教育资源。新的签证政策允许他这样的中国公民申请有效期为十年的美国商务会议签证，极大地简化了往返于中美之间的流程。他定期访问美国，参加会议和论坛，以此建立业务联系。他还成为了宾夕法尼亚大学东亚地区的校友面试官之一，远程为母校服务。

动摇的心意和改变的计划

2016年春天，当我第一次采访小芬时，她正在圣母大学修读金融学和应用数学，并已经获得了在华尔街一家大型银行实习的机会。根据朋友们之前的经验，她相信这次实习很可能为她带来一份长期工作。凭借理工科领域的应用数学学位，她可以参与OPT计划，并在美国工作三年。金融学学位并不能让她获得延长OPT期限的资格，这也是她选择应用数学作为第二专业的原因之一。她似乎已经非常清楚地制定了未来三到四年留在美国的计划。她解释说，从长远来看，她想留在美国：

> 我是站在下一代的角度思考问题的。我希望我的孩子能在没有同辈压力的环境中成长。我认为，不仅是中国，亚洲国家，比如日本和韩国，都有非常大的社会压力。我以前在日本留学过（在圣母大学期间），也去过韩国。生活在这些国家的人不如美国人自由。在美国，每个人

都是独一无二的。我喜欢这种文化,我希望我的孩子可以在美国长大,他们可以成为自己想成为的人,而不是社会期望他们成为的人。

小芬打算长期留在美国似乎是出于长期的考虑,她已经想好了要在哪里抚养孩子。事实上,她不仅在美国和中国旅行和生活过,也在日本和韩国生活过,这让她意识到东亚社会有一些广泛的文化和社会共性,她认为它们不如美国社会那样尊重孩子的个性和自由发展。

然而,美国文化是复杂的,有时甚至是矛盾的。小芬在圣母大学的象牙塔中求学时未曾深入体验美国社会的现实,而她开始在华尔街工作后,很快就感受到了现实的冲击,这使她定居美国的愿望开始动摇。大约一年后,我再次在纽约采访了她,当时她已经在她实习的银行从事全职工作了。她觉得自己在这里无法充分发挥潜力。最近,她遇到了几位住在美国的亚洲朋友,这次会面让她有所动摇:

> 他们都是亚裔美国人,我的意思是,他们出生在这里,却有身份认同问题。他们在成长过程中感觉某些事情他们不能做,仅仅因为他们是亚洲人。我感到很震惊,因为在国内,我从小就觉得只要我努力工作,我可以取得任何我想要的成就。现在在职场,我也觉得自己在演讲、与人交往方面有一定的局限性,而国内的人际交往让我感觉更自在。所以现在我不再像以前那样坚持要留在美国了。

我提醒她,她之前是如何计划留美的,以及她对未来让孩子在美国接受教育的兴趣,她回答道:

> 中国变化太快了。去年夏天我回到中国,发现有很多超出我之前想象的其他教育模式。我觉得我的孩子在中国可以比我们这一代人拥有更多的教育选择。上海有很多学校同时开设了中西课程。我可以试试那些学校。我的孩子在那里可以享受西方教育的优点,同时又不会像我在美国长大的亚洲朋友们那样受到负面影响。

随着她心意的摇摆和计划赶不上变化,小芬最终会做出怎样的决定尚未可知。但有一点是确定的:随着她对美国社会了解的增多,她改变了最初的期望和计划,更重要的是,正如她所说,"中国变化太快了"——中国不断变化的现实,也像移动的靶子一样影响着中国学生的期望和计划。

总 结

本章考察了中国本科生毕业之后的计划。调查数据揭示了学生意向的普遍模式,并表明大学专业、社会融入程度和英语水平在他们的决策中起着重要作用。修读理工科专业、有三个以上美国密友、认为自己英语很好的中国本科生比那些缺乏上述特征的中国本科生更可能有意向留在美国。总体而言,大约60%的中国学生打算返回中国。

深度访谈将决策过程置于具体情境中,揭示了学生决策过程中更多的复杂性以及做出决策的理由。奥巴马政府推出的十年商务/旅行签证政策便利了在中美之间往返,也加快了许多中国学生渴望参与的中美两国之间的人才流通。然而,H-1B签证政策的新变化让很多中国学生打消了赴美工作的念头,而特朗普政府对移民和外国人日益不友好的态度总体上对中国留学生产生了寒蝉效应,影响了其对留美前景的看法。

第十章

关于中国本科生，美国高等教育需要知道的事

过去十年间，新一波中国本科留学生涌入美国高等院校。他们的故事关乎在世界上最强大的两个国家中成长的经历；这群来自快速变化的中国、条件相对优越的年轻人，讲述了他们如何在成长岁月中应对美国生活的复杂以及由此产生的困惑。多方面的分析阐述了中国学生复杂且常常矛盾的愿望和行为，并揭示了这一相对优越的群体基于其社会阶层的经历。

本书借鉴了与中国高中和美国高校相关的研究，让中国学生自己讲述他们赴美之前的期望、想象和教育轨迹，以及他们目前在美国的经历、挑战和反思。这当然不是对他们在美国经历的所有方面的全面研究。由于调查样本的选取基于学生的自愿参与，一些社会问题，比如学生的心理健康问题和学术不端问题，在本书中并未得到深入探讨，尽管这些问题本身也很重要。

本书涵盖了新一波中国本科留学生在美国的学业和社会生活的许多方面，将他们的雄心和忧虑置于不断变化的中国社会、文化和教育背景下加以分析。中国日新月异的社会变

革打开了数百万中国人的思维,激发了他们出国旅行、留学和移民的渴望,也使得中国中产阶层能够积聚起足够的财富以支付美国教育的费用,而这在十年前还是遥不可及的。中国的崛起也让年青一代的中国人对自己的国家产生了新的自豪感,他们发现美国并不像过去想象的那样发达;社会变革也创造了令人兴奋的新机遇,吸引着这些年轻的旅居者回国。因此,在是否回国的问题上,他们面临着比父辈更为复杂的抉择。

矛盾与复杂性

在本书的研究中,我们看到了在美中国留学生非常复杂、有时互相矛盾的愿望和行为。他们渴望在美国接受不以考试为导向的大学通识教育,但仍然拼命多次参加SAT和托福考试,似乎这些考试是进入理想学校的唯一关键因素。他们抱怨以前在中国接受的教育可能压制了他们的创造力,但又将自己所受的扎实的数学和科学训练以及在学习中坚韧不拔的精神归功于中国的教育体系。他们似乎喜欢和自己的同胞一起玩,但又不喜欢美国大学里有太多中国学生。他们大声质疑,如果周围都是中国同学,那在美国学习还有什么意义?他们中的许多人在课堂上沉默不语,但又在私底下为自己的沉默感到担忧,担心这可能会对成绩造成潜在的负面影响。

上述矛盾凸显了一个事实:美国和中国是截然不同的社会,有着截然不同的教育体系、文化观念和社会规范。新一波中国留学生及其家长有志于驾驭这两个截然不同的体系，并将两个世界的精华结合起来，这本身就是一件复杂的事情，足以导致他们在赴美留学过程中感到焦虑，尽管从抵美前的申请学校到毕业后的展望未来，焦虑都是留学生活不可避免的部分。因此，如果不把留学生在中国和美国的经历联系起来，就不可能对他们的经历有深刻的了解。

雄心与忧虑：连接中国与美国

在很大程度上，留学生在中国形成的雄心和忧虑影响了他们在美国的经历。本书通过以下方式展示了这种联系。

首先，中国学生及其家长将他们的应试思维带入了申请海外大学的过程中。我认为，中国城市形成了一种赴美留学的文化，这已成为新的教育福音，挑战了决定大学录取和就业结果的旧福音，即高考。[1]这些学生早期的目标是顺利通过以高考为代表的一系列高选拔性考试，而后这一雄心转为了顺利通过美国大学的申请流程，并进入美国排名靠前的大学。如果说他们之前的焦虑针对的是国内的考试，那么现在的焦虑则是要破解美国大学综合招生制度中难以捉摸的密码。然而，他们仍然认为通向成功的必由之路是尽可能取得最高的考试分数。申请流程中的其他要素——个人陈述、推荐信和课外活动——对他们来说太新颖、太抽象，令人难以把握。这就是为什么即使学生选择了旨在让他们摆脱高考和应试教育的国际课程，他们仍然会在课后参加托福和SAT补习班。他们甚至为了上这些补习班而缺席常规课程，这让在中国公立学校国际部工作的外籍教师感到惊讶和沮丧。归根结底,他们对优秀的理解根植于中国的应试教育——优秀可以用考试分数这一单一标准来衡量,这与美国大学综合招生制度中所体现的流动、多维度的优秀概念有根本不同。[2]

其次,多年的中式教育培养了留学生们特定的学习方式和与老师互动的模式,给他们在美国的学习留下了不可磨灭的印记。他们抱怨以前在中国接受的学校教育,在他们看来,这种教育抑制了批判性思维,使他们陷入寻找正确或错误答案的二元对立思维模式。他们对中国教育体制的不满在一定程度上促使他们来到美国,而在美国的学习也没有让他们失望:美国同龄人的创造性思维和美国教师对问题和挑战的开放性态度给他们留下了深刻印象。然而,令他们始料未及的是,美国课堂是以讨论为主导的,他们对此感到既兴奋又焦虑——兴奋是因为课堂非常活跃,教授也很平易近人,焦虑则是因为他们感到无法充分参与其中。开口发言远不仅是英语水平的问题。第七章揭示了阻碍中国留学生在课堂上发言的因素:他们在国内被灌输了重行动轻言语的文化观念,中国教育体系又教导他们寻找唯一正确的答案。尽管中国留学生渴望并珍视美国通识教育所培养的批判性思维能力,但他们仍深受先前的二元对立思维模式影响,期望得到非对即错的结果,很难接受多角度的解释或观点。[3]

之前在中国接受的教育也对中国学生的赴美留学生涯产生了积极影响,主要体现在以努力为基础的心态上。中国学生认为,他们在面对学业挑战和挫折时比美国同龄人更能"吃苦"

（eat bitter）——"吃苦"即美国教育学家所称的韧性。[4]中国的独生子女一代经常被描绘成一群"小皇帝",[5]虽然有一定的道理,但他们在大学前所经历的严酷学术训练却培养了他们在学习方面的忍耐力。来自人文学科、商科和工程学等不同领域的中国学生都表示,以努力为基础的学习方式让他们在美国求学时受益匪浅。第四章显示,半数以上的研究参与者都表示,他们比美国同龄人更努力学习,只有少数中国学生给出了相反的回答。

除了承认基于努力的学习心态的价值,参与者们还认为,他们对数学更积极的态度也主要来源于中国对数学及相关学科的重视。许多学生表示,他们在美国能轻松达到教学和科学课程的要求,尽管他们中的一些人在中国并不擅长数学和科学。这与美国人以能力为基础的学习态度有很大关系,[6]即认为只有少数天才适合学习数学和科学,因此普通美国人会避开这些领域。中国学生将自己在数学方面的优势和坚实基础归功于他们之前在中国接受的教育,并认为数学技能是为科技创新铺平道路的关键。一方面他们在数学及其相关学科上有良好的准备和扎实的基础,另一方面他们又缺乏西方文化资本,因此在选择大学专业时,大多数在美留学生都会选择理工科和商科,而回避人文社会科学。一些学生在中国务实的高等教育价值观与美国对热情及兴趣的强调之间左右为难。中国学生毕业至理工科和商科的比例非常高,这有助于为中国近年来在人工智能、移动支付、电动汽车等领域取得创新成果做好准备。

再次，中国学生的文化背景以及先前在中国的社会化经历对他们在美国的社会关系有一定影响。美国教师和学生经常注意到，中国学生倾向于和自己的同胞交往，待在同国籍的社交圈子内。如何理解这种看似自愿的隔离呢？作为国际学生，他们很容易受到基于语言和文化的新种族主义的影响。[7]中国的崛起被认为是一种威胁，加剧了新种族主义。特朗普政府明确将中国留学生视为间谍和国家安全的威胁，这是新种族主义的一种新的变本加厉的表现。[8]从国内处于优势地位的阶层到美国的边缘群体，[9]许多中国留学生都对这样的转变感到失落、幻灭和失望。如果他们就读的美国大学位于小镇或农村地区，他们的失落感会更加强烈，因为新一代中国留学生几乎都来自城市或国际化大都市。正如第二章所示，他们来美国留学的部分原因是为了在美国这个宏大壮丽的全球化中心增加他们的世界性资本，至少他们是这样想象的。[10]但是，很多人来到了美国的小乡镇和农村地区，发现这里的生活与他们想象的都市化生活完全不一样。此外，尽管他们已经通过美国媒体了解到美国学生的娱乐方式是派对和饮酒，但一旦真正置身其中，他们仍然会感到震惊和不安。集体主义的中国社会使他们习惯于以群体为导向，[11]当接触美国朋友的机会有限或感到自己在美国人中间不受欢迎时，他们就会求助于自己的中国朋友圈。

社会阶层与社会再生产

以往的研究和公众的理解倾向于将中国留学生描绘为一

个同质化的群体。本书揭示了他们的阶层差异。这在他们从中国到美国的不同教育轨迹中可以清晰地看到。第三章按照赴美所需的资源差异对这些轨迹进行了研究。成本最高的轨迹是先在美国读私立中学,然后继续在美国接受高等教育;成本最低的则是在中国上大学,然后到美国深造。

此外,父母的受教育程度在塑造中国学生的学业和社会经历方面占据重要地位。第一代大学生在这几个方面处于明显的劣势:与父母受过高等教育的大学生相比,他们不太可能进入选拔型院校,不太可能在课堂上大胆发言,也不太可能有亲近的美国朋友。我认为,在课堂上踊跃发言是学业融合的重要指标,而与美国学生建立友谊则是社会融合的重要指标。在这两方面,第一代大学生与父母受过大学教育的同龄人相比都处于劣势。

父母受教育程度对中国学生在美国的学业和社交结果的影响,有时会通过学生的英语水平表现出来。第一代大学生的英语水平更有可能较差或比较一般,这会阻碍他们在学业上的进步和社会融入。第七章显示,第一代大学生在参与课堂讨论方面可能不太积极,但考虑到他们的英语口语能力后,他们的参与度会接近那些父母受过大学教育的同龄人。第二章和第三章表明,受过大学教育的家长不仅对大学教育有广泛而深入的了解,而且在某些情况下,他们还拥有在美国学习的第一手知识,这些知识是他们从国际旅行、培训或海外学习中获得的。他们不仅认为,英语能力远非考试检验的语法那样简单,更是将语言视为在日常生活中真实使用的工具。

当他们出国旅行时，他们会带回英语资料供子女学习，这为提高子女的英语水平提供了有利条件。

在社交结果方面，父母受教育程度的作用更为持久。第五章表明，第一代大学生的英语水平达到与同龄人相当的程度后，他们在与美国朋友建立亲密关系方面仍然存在障碍。该如何理解父母受教育程度对中国学生社交结果的持久影响呢？访谈显示，受过大学教育的父母经常鼓励他们的孩子有意识地走出自己的舒适区，与美国人交往。这些父母往往游历广泛、家境富裕，在私人生活和专业领域都有全球性的人脉。他们熟悉自由教育理念，鼓励接纳多样化的经历和不同的群体。[12]然而，第一代大学生却没有来自父母的这种支持，因为他们的父母在高等教育方面是新手，对全球化教育理念更是陌生。

学校类别差异

本书探讨了美国高等教育机构两个方面的特征。一个方面是院校类型，即研究型大学与文理学院；另一个方面是院校的选拔性，以《美国新闻与世界报道》的排名为依据。第二章和第三章表明，中国学生和他们的家长为了进入选拔型院校，不惜动用一切资源。问题是：院校差异如何影响这些学生在美国的经历？

总体而言，与非选拔型院校的中国学生相比，选拔型院校的中国学生学习成绩更好，这一点从他们更高的平均绩点中可以看出。相比于非选拔型院校中的同龄人，就读于选拔型院校的中国学生更有可能主修理工科领域的专业。同时，选拔型院校的学生在课堂上积极发言的可能性也比非选拔型院校中的学生要大，这或许是因为选拔型院校会将课堂发言与学生的成绩挂钩。在将父母受教育程度和学生的英语水平纳入解释模型后，就读于选拔型院校与积极发言之间的正相关关系依然存在。换句话说，如果两个中国学生的父母都受过大学教育，自身英语水平也相差无几，那么选拔型院校的学生比非选拔型院校的学生更有可能在课堂上大胆发言。需要注意的是，二者只是相关关系，而非因果关系，因为进入选拔型院校有一个积极择校的过程，而我们的解释模型无法完全捕捉到这一过程中的所有相关因素。

问卷调查显示，院校类型与社会融合度之间没有统计数据上的关联；然而，访谈显示了院校间的差异与社会融合度是相关的。第七章的数据显示，学生在班级规模较小的教室中更愿意表达自己的看法，而不同的院校在班级规模上确实存在差异。尽管没有明显的统计数据上的证据，但访谈显示，就读于文理学院的学生通常在社会和学业融合方面表现得更好。

理论意义

本书的研究结果在四个方面具有理论意义。第一，本书为那些研究大学选择和录取以及排名对国际学生的意义的文献做出了贡献。在美国，主流的大学选择模式依赖于收集不同学校的信息，对于美国国内学生来说，信息主要来源于常规的大学招生、升学指导老师和对大学校园的参观。[13]然而，这个模式对中国学生来说并不适用，因为他们很难获得这些信息。美国大学在中国直接招生的情况很少见；升学指导老师在中国是一个新职业，在学校中还没有完全制度化；而参观美国大学校园对绝大多数中国学生来说是遥不可及的。总之，本书指出，中国学生缺乏关于美国大学招生过程和具体院校的信息，这种信息的缺失迫使他们求助于第三方机构。

中美两国的大学招生制度存在显著而深刻的差异。正如教育学者米切尔·史蒂文斯（Mitchell Stevens）精辟概括的那样：美国大学录取过程中的综合录取标准"严格而宽泛"。[14]我进一步认为，这种综合录取方式对于一直沉浸在以考试为基础的中国录取制度中的学生来说，构成了一种文化束缚。美国大学综合录取的宽泛要求不仅有别于中国以考试为基础的大学招生制度，而且与中国学校的日常现实脱节。在中国，普通学生的社交网中很少有人会用英文写推荐信，学校留学顾问对许多人来说也是遥不可及的。因此，美国高等教育中"严格而宽泛"的大学招生要求并激励着中国学生寻求营利性机构的指导。

中国学生往往依赖于可以获得但不充分的院校排名信息。[15]我认为排名——表现为一串直截了当的数字——暴露了美国大学系统的等级性质，为渴望了解美国高等教育信息的中国学生提供了过于简化的理解。美国大学排名的量化成为了中国大学录取系统（高考评分系统）的一面镜子，这种相似性为焦虑的中国学生及其家长带来了便利和安慰，使他们能够在黑暗中摸索着应对美国大学综合招生制度的未知性和不可预测性。因此，学生和家长在选择大学的过程中对排名的过度依赖助长了进入排名最佳院校的激烈竞争，再加上中国以考试为导向的思维模式，导致学生面临更多的考试和焦虑；许多学生多次参加资格考试，以获得尽可能高的分数。这有助于解释中国学生在对教育的期望方面存在的悖论，[16]他们既希望尽可能获得最高的考试分数，又希望能摆脱以选拔性考试为特点的中国教育体制，转而接受并不注重考试分数的美国通识教育。

第二，本书为有关大学专业选择的研究提供了素材。这些素材在不同国家背景下有力地论证了社会阶层对大学专业选择的影响：经济条件优越的学生更倾向于人文和艺术学科，而相较之下，经济条件较差的学生则更偏向于有利可图的技术和商业领域。[17]富裕家庭的子女可能会对大学教育持有不那么实用的看法，而经济不那么宽裕的家庭则期待大学教育能带来好工作和高薪资。然而，尽管中国留学生的家庭背景通常较为优越，他们的想法却并不符合以上规律。我用"务实的集体主义"这一概念来描绘中国的国民精神。与美国主流话语所倡导的"表达的个人主义"理想相比，中国人在大学里集体倾向于实用的学习领域。本书发现，这些中国学生面临着极大的经济压力，并迫切希望能够在美国高等教育中获得投资的回报，因此他们更倾向于选择能为他们带来高收入的专业。此外，我认为，与在中国的同龄人相比，这些留学生在美国面临着文化资本的流失。他们在中国文化方面的语言和文学知识难以在以西方文化资本为基础的美国高等教育中产生吸引力。[18]这有助于解释为什么中国留学生与他们的美国同龄人和国内的同龄人相比更不愿意选择人文专业。尽管这些学生在经济上较为优越,但理解他们面临的经济压力和在文化上被边缘化的问题,同样至关重要。

第三,本书为有关留学生社会融入的文献做出了贡献。社会关系对任何大学生都至关重要,[19]对于离家人朋友数万里的中国留学生而言更是不可或缺。结合适用于留学生的新种族主义理论以及适用于国内弱势学生群体的保护性隔离理论,[20]我提出了一个外部排斥和内部退缩相互关联的过程框架,以解释中国留学生的社会行为。他们感到自己被边缘化、被排斥在以过度派对和酗酒为主的美国校园社交场景之外。这一结论与有关美国国内弱势学生群体的研究[21]相似,尽管这两个群体在社会经济背景上截然不同。中国留学生对自己想象中的美国也有某种失落感,这种失落感既有经济方面的原因,也有文化方面的原因。中国经济的崛起使这批在中国最繁荣时期成长起来的青年对他们在美国所见的日益衰落的繁荣感到失望,尤其是许多高校的所在地为美国农村和小镇。个人主义的文化倾向也使具有集体主义思维的中国学生[22]感到沮丧,因为他们想象着能与美国人建立深厚的友谊,而这一愿望并未实现。所有这些都促使他们退回到中国同龄人群体中以寻求安慰和支持。

最后,本书为研究国际移民的文献提供了新的视角,并挑战了人们对从留学生到移民的路径的传统理解。[23]以往的研究主要关注留学生（通常是研究生）在留学国的高居留率，[24]本研究则发现，除了一些由于经济机会和生活方式选择等原因想要留在美国的学生之外，大多数中国本科生倾向于返回中国。美国日益严格的工作签证政策以及在中国日益广阔的职业发展前景——更何况还能与家人朋友团聚——是理解他们意图的关键。这与以往关于中国留学生的学术研究相比，出现了明显的变化，以往的研究发现，留学生虽然思念家人和朋友，但仍选择留在海外以把握更好的机会。[25]此外，中国移民及亚裔美国人普遍面临的玻璃天花板问题，也成为目前这一波中国留学生长期留在美国的一大阻碍，而严峻的移民环境则进一步限制了他们短期内留在美国。许多中国留学生都希望参与人才流通，即在祖国和留学国都能保持并发展自己的人脉和职业生涯，而回国并不妨碍他们实现这一目标。这充分反映了世界日益相互联系的趋势，以及他们作为中国公民在这个全球化的世界中感受到的自主权。[26]

政策影响

由于中国大学入学人数的减少和中国经济增长速度放缓，中国留学生赴美人数的减少也变得不可避免。[27]此外，随着澳大利亚、加拿大和英国等其他主要国家加大吸引国际学生的力度，美国高校也面临着失去中国学生的风险。[28]特朗普政府提出的美国优先政策进一步挫伤了外国学生赴美留学的积极性，尽管美国高等教育和科技部门的负责人提供了充分的论据证明留学生能够加强美国的领导力，而不是对其构成威胁。[29]另一方面，中国学生及其家长对国际教育的渴望似乎难以满足，这一点体现在中国国内蓬勃发展的国际教育产业中。在这种不断变化的情况下，本书的研究结果对美国高等教育机构继续吸引中国留学生并改善以下行政和教学部门的支持，具有政策上的影响。

首先是招生部门。招生负责人和官员并没有充分认识到美国的综合招生体系与中国的应试招生体系之间存在的不匹配，这为第三方中介填补空白并从中获利创造了巨大的空间。美国高等教育系统需要加大在中国直接招生的力度。他们可以通过与中国当地学校合作、传播信息以及分享有关申请流程的知识来实现这一点。如果目标是招收高质量的学生，那么一个有效的策略是从当地重点中学直接招收学生，因为这些学校的学生都是通过严格的选拔程序从当地招收的，通常具有较强的上进心和良好的学术能力。实施这一策略需要与这些学校建立联系和合作关系，在此过程中，中国学生及其家长有机会通过比单纯依赖排名更真实、更复杂的方式了解美国院校。由于缺乏相关知识，中国学生不得不求助于专门从事留学咨询的机构，而这些机构往往会促使他们多次参加考试，并将被排名靠前的学校录取的学生当作炫耀的资本，从而助长了考试竞争之风。美国大学采取主动措施会帮助那些被蒙在鼓里、任由营利性中介机构摆布的中国申请人找到真正符合他们能力和兴趣的学校。反过来，学校的直接招生也会招收到准备更充分、更符合标准的学生。这对中国学生和美国院校来说是双赢的局面。

其次是学生服务部门。许多美国高等院校在中国学生入校后会为他们提供入学指导，但这远远不够。学校需要为学生的大学生涯提供持续的、具有文化针对性的服务。在主要的学生服务部门，如宿舍、国际学生中心和心理咨询部门增加会讲中文的工作人员，对改善中国学生的在校体验至关重要。我发现，许多中国学生看似自愿的自我隔离，其实是非自愿的。中国学生需要美国高等教育机构提供有意识的支持，以促进他们与本地学生的融合。为了大家都能实现最佳的全球学习效果，美国院校需要建立制度化的平台，为国际学生和本地学生提供多样化的交流机会。特别是国际学生办公室，需要构建一个更好的愿景，为国际学生提供社交的场所并搭建其与本地学生交流的桥梁，而不仅仅是在移民文件上盖章。例如，许多中国学生并不喜欢美国大学校园里的派对文化，但他们也没有和那些不参加派对的美国同龄人建立联系。实际上，有些美国人和他们的中国同龄人一样厌恶派对。美国院校可以帮助弥合校园中这些不同的群体。如果他们团结起来，就能形成另一种联盟，对抗占主导地位的派对群体，使美国大学文化多元化。对于第一代中国大学生来说，他们在社交上的边缘化和劣势有时会被他们的经济资源掩盖。美国高等教育需要提供额外的支持，以帮助这些学生交到朋友。本研究发现，加入校园组织对中国留学生与美国同学建立友谊有很强的促进作用。美国教育机构可以在这方面提供帮助，有意识地鼓励中国留学生加入校园组织。

再次是对教师的支持。美国高等教育需要为教师提供资源和支持，例如举办论坛和研讨会，让他们了解和学习如何管理有中国留学生的课堂。对中国有深入了解和经验、掌握中文技能的教师可以成为一种为同行提供指导和支持的重要资源。对具有中国相关专业知识和经验的教师的奖励和支持，需要在制度化的平台上进行，而不是以零散的方式进行。例如，由具有中国相关专业知识的教师和学生代表组成的大学委员会，可以就与中国留学生相关的各种问题举办演讲和论坛。这样的制度化平台可以持续为教师提供合法性支持，帮助他们深入了解中国留学生的学习需求和风格，并与他们进行持续的对话。例如，第七章涉及中国学生不愿意在课堂上发言的问题，指出了中美两国在发言问题上存在显著的文化差异，并分析了应试教育背景等阻碍中国留学生充分参与课堂讨论的深层因素。美国学校需要更多地了解这些差异，并为教师提供支持，以推广文化上适宜的教学方法。特别是，中国学生更愿意在小组内而不是大型课堂上发言。尽管在大众面前发言是一项需要培养的宝贵能力，但内容课程（content course）的教师可以先把公共演讲技巧放一放，强调思想的交流，并尽可能组织小组讨论。教师可以有意识地将中国留学生分配到不同的小组中，特别是当中国学生已经在课堂上形成一定规模时。这样他们就不必自己组建小组了，也不用担心一个小组内全是中国学生。

最后一个是就业服务领域。尽管本书对留学生"通过留学移民"的传统观念提出了挑战，但许多中国留学生仍然希望回国前在美国获得一些工作经验。近期的H-1B签证短缺凸显了留学生在美国工作的愿望，至少他们希望先暂时在这里工作一段时间。然而，在美国劳动力市场上获得工作签证并找到就业机会对留学生来说充满挑战，这最终对美国大学招收国际学生的努力构成了威胁。美国大学校园里的就业服务主要是为美国国内学生设计的。问题是：面向美国国内学生的就业服务机构如何为留学生提供支持？

就业服务的一个潜在有效策略是与校友联络办公室密切合作，聚焦于建立更强大的全球校友网络。本书显示，许多中国留学生渴望在中国境内外的跨国公司或国际组织工作。换言之，他们寻求全球职业平台，力求成为具有全球竞争力的人才，这与他们赴美留学的初衷完全一致。许多跨国公司和国际组织在中国开展业务，从人力资本到金融再到技术，它们都在寻找具备跨文化能力的中国公民来填补这些职位的空缺。美国高等教育就业服务机构可以像一直为国内学生所做的那样，充当这些公司与中国学生之间的桥梁。挑战在于如何在雇用中国公民的跨国公司和国际组织中发现这些就业机会。中国校友网络可以用来应对这一挑战。许多中国校友已在中国以及世界各地取得了事业上的成功，但他们往往仍是美国院校尚未开发的资源，因为这些院校的校友办公室大多甚至完全只面向国内。美国高等教育机构必须与国际校友建立联系，帮助他们与母校保持联系并参与校园社群，特别是与在校中国学生进行互动。这种联系有可能为中国留学生在美国之外的职业发展提供机会。

总　结

本章总结了美国高等教育需要了解的中国本科留学生面临的问题——他们的经历充满矛盾和复杂性，只有结合他们在快速变化的中国中的社会、文化和教育背景才能理解。基于对新一代中国留学生的深入理解，本章还阐述了美国高等教育要想继续吸引中国留学生并为他们提供更好的支持，需要从招生、学生体验、教师支持和就业服务等方面做些什么。

中国本科留学生渴望在当今全球化世界中获得高质量的大学教育和美好的未来。在中国教育系统的激烈竞争中脱颖而出的野心，驱使他们跨越太平洋来到美国求学。他们的父母不惜一切代价支持他们取得成功，陪同他们走过艰难曲折的大学申请之路，有时甚至将全部家产都押在独生子女的教育前途上。留学美国代表着更广阔的人生理想，意味着拥有全球性的平台。催生这些理想和抱负的是中国人日益富裕的生活以及他们从国际舞台的边缘走向中心的过程。

在中国留学生优越的经济条件和跨国流动性背后，是他们在抵达美国后社会地位和文化资本的相对流失。从学业到社会融入，他们的边缘化是明显的，这也让他们备感焦虑。那些父母从未上过大学的第一代中国学生所面临的问题更为严重。然而，离开父母的庇护，独自生活在万里之外，中国学生往往在美国开启了一段自我发现之旅。一些学生陷入中美文化冲突，导致他们与父母的关系紧张，并进一步加剧了他们的焦虑。随着特朗普政府日益严格的签证政策和对外国留学生总体上不友好的态度，这种情况变得更加严重。

这一代中国留学生与以往几代人的不同之处在于，他们认为留学美国是一件很自然的事情。"自然"这个词本身就说明了留学文化在中国城市中的普遍性和主导性；留学不再是少数学术或经济精英的专利。这种变化体现了中国社会结构的变化，即中产阶层和中上阶层的崛起。[30]送子女出国留学的愿望，根植于新兴中产阶层家庭将自己的社会地位传承给下一代的心愿。这一代中国父母和他们的子女愈发雄心勃勃，也越来越国际化，但同时也对未来感到焦虑和不安。在新一代本科留学生身上体现出的雄心与忧虑的双重性，可能正是当代中国的真实写照——一个快速崛起且变化迅猛的国家，以至于难以认知自我。

附 录

研究采取的方法

数据收集

我和我的研究助理利用滚雪球抽样法（snowball sampling method），对在美中国留学生进行了在线问卷调查，并从中选出愿意参加深度访谈的学生。我们通过个人和专业网络，包括一百多所大学的国际学生办公室和中国学生组织，来招募在线调查的参与者。招募渠道包括电子邮件和社交媒体（包括Facebook和微信）上的帖子/推送。问卷调查用英语进行，时间为2013年6月至2014年5月。超过两千名学生参与了我们的调查，最终我们从50所院校中收到了507份完整可用的调查问卷。回复率与一般的在线调查大致相当。调查结束后，我们请愿意接受访谈的学生提供他们的联系方式（电子邮箱或电话号码），并与65名在2013年至2016年间就读于美国高校的本科生进行了访谈。

我尽力与受访者进行面对面的交谈，参加高校研讨会，或在暑假回国时与那些同样在中国过暑假的学生们见面。作为一名中国学者，我曾在美国留学，现在则任职于美国一所受人尊敬的院校，这一身份不仅提高了我研究的可信度，也激发了中国学生的兴趣，他们渴望与我分享他们的经历，有时也包括他们的困惑和焦虑。所有访谈均为一对一的半结构式访谈，访谈地点是由学生自行选择的私人环境，每次访谈持续一到两个小时。我在学生的工作场所、我的工作场所、咖啡馆或学校图书馆与他们会面。在访谈过程中，参与者可以选择使用英文或中文交流，几乎所有人都选择了中文。访谈内容以中文逐字记录，然后翻译成英文。

通过对已在美国高校读书的中国学生进行深入访谈，我了解到他们中的一些人来自专门培养学生出国留学的高中，这些高中的学生可以不用参加高考。一些在美国的受访者成了我的联络人，带我到他们的高中母校进行实地考察。2013年和2014年夏天，以及2015年春天，我在中国6个城市的9所高中进行了实地考察，这些城市分别为北京、上海、广州、成都、无锡和南通。鉴于这些高中发展迅速、变化很大，我在2017年暑假期间再次访问了其中的3所高中。旁听了课堂教学、参与了学校组织的社会活动，并对20名准备申请美国大学的高中生进行了观察和一对一访谈。我还访谈了10位在这些高中任职的留学辅导老师、8位学校校长或国际班分管领导、5位外籍教师。下表列出了从2013年到2017年与各方进行的所有访谈。

诚然，我们并不能完全控制遴选参与者的过程——是否参与问卷调查和访谈，由学生们自行决定。在线上调查中，自选择偏差往往是不可避免的。[1]在学业和社交方面表现良

在美中国大学生	65人
中国高中生	20人
中国高中留学辅导老师	10人
中国高中校长/部门负责人	8人
中国的外籍教师	5人
总计	108人

好的学生更有可能参与调查。换句话说，自愿参与者样本中可能存在一些正向选择的情况。如果被正向选择的学生表达了学业和社交焦虑，那么其他中国学生可能会遇到更多的问题。反过来说，被留校察看或有心理健康问题的学生也不太可能参与调查。因此，本书在理解这些问题方面存在局限性。

我们确实努力弥补了上述局限性。首先，我们实现了样本群体的性别平衡。以往的调查研究发现，女性比男性更有可能自愿参与调查研究，这种性别偏差来源于学业成绩的影响，因为研究表明，女性往往比男性学习更努力、成绩也更好。[2] 为了弥补这种性别偏差，我聘请了一位中国男性大学生做研究助理，通过他的个人和专业网络招募参与者。通过他的努力，我们能够接触到更多男性，以实现样本的性别平衡。

其次，我们认识到院校类型也会影响学生的留学生体验。我们的目标是接触各种类型的院校。研究涉及的50所院校分布广泛，不仅有东西海岸的院校，也有中西部和南部的院校。此外，这些院校的类型多样，包括小型私立文理学院、大型公立赠地大学、大型私立研究型大学和女子学院。

我努力通过社交媒体与参与者保持联系，并设法与三分之二的受访者保持沟通。虽然我没有进行正式的追踪访谈，但我尽可能地收集了后续信息，例如他们的实习经历、毕业和研究生入学情况，如果可能的话，还包括他们在中国和美国的就业情况。

整合定量和定性数据

问卷调查有助于收集与群体行为的频率和规模有关的信息。例如，问卷设立的问题包括学生毕业后计划留在美国还是回国。调查结果揭示了这些学生的规划以及与他们的决定相关的因素，例如，他们选择的大学专业或他们的家庭背景是否推动了他们做出相应的选择。然而，问卷调查并不能揭示学生是如何思考这一问题的以及他们的意图背后的细微差别。而在访谈中，他们不仅被问及他们的决定，还被问及决定背后的理由。访谈为受访者提供了表达想法和反思并解释他们所面临的困境的空间。对于那些不确定自己意图的人来说，访谈为他们提供了一个进一步探讨未来想法的平台，并加深了他们对留在美国还是返回中国的意向形成过程的理解。

另一个最适合采用混合方法的领域是中国留学生的社会经历。问卷调查的问题包括来自中国的本科生是否有亲密的美国朋友，有多少个。这些信息有助于评估没有美国密友的中国学生的人数比例，并研究哪些因素（学校类型、大学专业、家庭背景等）会影响他们的社交经历。然而，调查问卷的问题无法回答为什么有些学生没有亲密的美国朋友，深入访谈可以对此进行探究。这不仅能解决与美国人建立亲密友谊的障碍问题，还可以探讨这些学生可能认为的亲密关系的含义。

有时，调查数据和访谈内容既相互补充又彼此矛盾，它们共同提供了一幅更全面、更丰富、更细致的图景。例如，越来越多的中国家长送孩子去美国读高中，认为这样可以获得更多进入选拔型高校的机会并在大学里拥有更好的体验。然而，我们的调查分析（见第三章）没有发现有任何证据表明在美国读高中能够系统性地增加大学录取机会。如果说有什么影响的话，中国学生在美国待的时间越长，他们就越不可能比美国同龄人在学业上更加努力（第四章说明了这一点）。然而，在进入选拔型高校方面没有明显优势并不意味着在美国读高中没有教育上的益处。我们的深入访谈表明，对于一些学生而言，在美国读高中有助于提高他们的英语水平，使他们适应美国的学习文化和环境，并提升他们在美国上大学的整体体验。综合考虑定量和定性数据，在美国读高中对中国留学生的留学经历和留学成果的影响是多方面的，不能简单地一概而论。

注 释

第一章 雄心勃勃，忧心忡忡：在美国的中国本科生

为保护个人隐私，书中所有学生的名字均为化名。有些学生选用了在美国的英文名，也有学生延用原来的中文名。化名是英文还是中文，与学生在美国选择的称呼方式相一致。在我采访的中国学生中，一半以上的学生选用了英文名。[*]

[1] Peck 2014.

[2] 中国大学的本科学费大致为一年 1000 美元或更少，包括北京大学等名牌大学。

[3] Redden 2018a.

[4] Redden 2018b.

[5] Fan 2016.

[6] Feng, Gu, and Cai 2016.

[7] Cameron et al. 2013; Fong 2004.

[8] Lareau 2011.

[9] *Times Higher Education* 2018.

[10] 有关中国高等教育及其分层的详细信息，请参见 Liu 2016。

[11] Osnos 2014.

[12] Bourdieu 1998.

[13] Ong 1999; Brooks and Waters 2011; Waters 2005.

[14] Haugh 2016.

---

[*] 考虑到阅读体验，译者将所有英文名均翻译为常见的中文名字。

〔15〕Abelmann and Kang 2014.

〔16〕Lyman 2000.

〔17〕Johanson 2016.

〔18〕Liu 2015.

〔19〕美联社 2015。

〔20〕Al-Sharideh and Goe 1998; Bevis and Lucas 2007; Zhao, Kuh, and Carini 2005.

〔21〕Ruble and Zhang 2013.

〔22〕Zhao and Bourne 2011.

〔23〕Dolby and Rahman 2008; Lee and Rice 2007; Lee 2010.

〔24〕Marginson 2014.

〔25〕Hung 2015.

〔26〕英国广播公司新闻频道 2016。

〔27〕Hedrick-Wong 2018.

〔28〕关于中国的新兴中产阶层及其社会影响，请参见 Li ed 2010; Babones 2018; Lu 2010; Hung 2015; Guthrie 2012。

〔29〕Lu 2010.

〔30〕联合国教科文组织（UNESCO）2017。

〔31〕Hung 2015.

〔32〕教育部 2018。

〔33〕Fong 2011.

〔34〕Guthrie 2012.

〔35〕Guthrie 2012.

〔36〕Soong 2016.

〔37〕Burton 2007.

〔38〕更多细节，参见美国国务院 2005。

〔39〕Kujawa, Anthony 2006.

〔40〕Fischer 2019.

〔41〕Redden 2018b.

〔42〕美国国际教育研究所 2017。

〔43〕美国国际教育研究所,"Open Doors: International Students in the U. S.—2017 Fast Facts", https://www.iie.org/en/Research-and-Insights/Open-Doors/Fact-Shees-and-Infographics/ Fast-Facts。

〔44〕Pokorney 2018.

〔45〕Bound et al. 2016.

〔46〕Ruiz 2016.

〔47〕Drash 2015.

〔48〕Ma and Garcia-Murillo 2017; Brooks and Waters 2011.

〔49〕Briggs 2017.

〔50〕Altbach and Knight 2007.

〔51〕Gareis 2012.

〔52〕汇总自作者从美国国际教育研究所获取的数据。

〔53〕Loo 2017.

〔54〕Xu 2006; Yan and Berliner 2011.

〔55〕Heng 2016; 2017; Purdue 2018, https://www.purdue.edu/crcs/wp-content/uploads/2018/10/2018-Purdue-Survey-Report_Rev.pdf.

〔56〕Wang 2008.

〔57〕Bellah et al. 2007.

〔58〕Nye 2005b.

〔59〕Borjas 2002; Finn 2003.

第二章 小别离:留学成为中国城市新的教育福音

〔1〕Shavit and Blossfeld 1993; Lucas 2001.

〔2〕Zhao 2007; Stevens 2009.

〔3〕Brooks and Waters 2011; Ong 1999.

〔4〕Hossler and Gallagher 1987; Perna 2006.

〔5〕Yeung 2013; Wu and Zhuoni Zhang 2010.

〔6〕*Times Higher Education* 2018.

〔7〕Loyalka 2009; Xinchen 2018; Ma and Wang 2016.

〔8〕Loyalka 2009; Li, Morgan, and Ding 2008; Mooney 2006.

〔9〕Altbach 1999; Chen 2007.

〔10〕Liu 2013; Liu 2016.

〔11〕Ma and Wang 2016; Zhang, Zhao, and Lei 2012.

〔12〕Rui 2014, 12–13; Fu 2018.

〔13〕Yeung 2013; Mooney 2006.

〔14〕Bodycott 2009.

〔15〕Weenink 2008; Chiang 2018.

〔16〕Hout, Raftery, and Bell 1993; Davies and Guppy 1997.

〔17〕Oakes and Guiton 1995; Gerber and Cheung 2008.

〔18〕Lucas 2001, 1652.

〔19〕Guthrie 2012; Hung 2015.

〔20〕Fong 2004.

〔21〕Kipnis 2011.

〔22〕Osnos 2014; Osburg 2013.

〔23〕Waters 2005.

〔24〕Noddings 2005, 8; Zhao 2007.

〔25〕Abelmann 2009.

〔26〕Weenink 2008, 1092; Huang and Yeoh 2005; Waters 2005.

〔27〕Weenink 2008, 1092; Ma and Garcia-Murillo 2017.

〔28〕Fong 2011.

〔29〕Espeland and Sauder 2007.

〔30〕Cebolla-Boado, Hu, and Soysal 2018.

〔31〕Hu 1944; Chung 2016.

〔32〕Espenshade and Radford 2009; Chambliss and Takacs 2014.

〔33〕Liu 2013; Li 2010.

〔34〕Chen 2007; Waters 2005; Hoover-Dempsey and Sandler 1997.

第三章 "从哈喽到哈佛"：通往美国高等教育之路

〔1〕一些大学实行SAT（学业能力评估测试，即"美国高考"）可选录取政策；最近的一个例子是西北大学，该校不再将SAT作为申请的必备

部分。其他一些大学已经接受将中国高考成绩作为替代，但大多数名牌大学仍需要 SAT 成绩。

〔2〕Deschamps and Lee 2015; Liang 2018; Young 2017.

〔3〕Farrugia 2017a.

〔4〕Farrugia 2017a.

〔5〕Fong 2011; Lan 2019; Cheng and Yang 2019.

〔6〕Li 2010; Ma and Wang 2016.

〔7〕Young 2017.

〔8〕Zanten 2015; Waters 2007.

〔9〕Chao 1994; Lin and Fu 1990; Porter et al. 2005.

〔10〕Kaufman and Gabler 2004; Lareau, Annette 2011.

〔11〕Suen and Yu 2006.

〔12〕Chua 2017; Lan 2019.

〔13〕Joseph 2013; Hoover-Dempsey and Sandler 1997.

〔14〕Zhao 2009; Ma and Wang 2016; Liu 2016, Black, Cortes, and Lincove 2015.

〔15〕Stevens 2009; Bastedo et al. 2018; Hossler et al. 2019.

〔16〕Farrugia 2017a.

〔17〕Farrugia 2017b.

〔18〕Ling 2015; Wu 2012.

〔19〕Schulte 2017.

〔20〕Schulte 2017.

第四章　中美教育体系探索与比较

〔1〕Tucker 2011.

〔2〕Aik-Kwang 2001; Morris and Leung 2010. Aik-Kwang and Smith 2004; Lin 2011.

〔3〕Ma 2015; Li 2012; Stevenson and Stigler 1994.

〔4〕Hofstede and Hofstede 1991.

〔5〕Wu 2015; Ma 2015.

［6］Oakes 1995; 2005; Ma and Wang 2016; Liu 2016.

［7］Kim 2005. LeTendre 1999; Chu 2017.

［8］Hong and Kang 2010.

［9］Park 2013.

［10］Weisberg 1993, 92.

［11］Weisberg 1993, 73.

［12］Zhao 2009, 91.

［13］Bradsher 2017.

［14］Storer 1972; Zuckerman and Merton 1971.

［15］Kuhn 2012; Storer 1967.

［16］Friedman 2005, 365.

［17］Riegle-Crumb and King 2010; Ma and Liu 2015.

［18］Perry 1970; Perry 1981.

［19］Li 2012, 118.

［20］Kim 2005; Li 2012.

［21］Turner 2006; Gu 2008.

［22］Stevenson and Stigler 1994.

［23］Hong et al. 1999, 588; Dweck 2006.

［24］Duckworth 2016.

［25］Lee and Zhou 2015.

［26］DiPrete and Buchmann 2013; The Economist 2015.

［27］Gordon 1964; Chiswick 1978; Alba and Nee 1997.

［28］Loveless 2006.

［29］Xie and Killewald 2012.

［30］Eagan et al. 2014.

［31］Scott-Clayton, Crosta, and Belfield 2012.

［32］Ma and Wang 2016.

［33］Liu 2016; Liu 2018.

［34］Li et al, 2012; Wu 2010.

［35］Redden 2015; Qing et al. 2016.

〔36〕艾奥瓦大学作弊丑闻是一起明显的蓄意违规案件，背后有营利性商业机构作弊团伙的参与。参见 Qing et al. 2016。

〔37〕Russikof et al. 2013.

第五章　保护性隔离：中国学生自己玩

〔1〕McPherson, Smith-Lovin, and Cook 2001.

〔2〕Gareis 2012; Tian 2019.

〔3〕Ogbu and Simons 1998.

〔4〕Sawir et al. 2008.

〔5〕Ma and Garcia-Murillo 2017.

〔6〕Kudo and Simkin 2003; Marginson et al. 2010.

〔7〕Wei et al. 2007, 385; Glass et al. 2014.

〔8〕Ruble and Zhang 2013.

〔9〕Ting-Toomey 1989; Trice 2007; Kim 1991.

〔10〕Armstrong and Hamilton 2013.

〔11〕Yuan 2011; Will 2016.

〔12〕Rose-Redwood and Rose-Redwood 2013; Heng 2017.

〔13〕Stevenson and Stigler 1994.

〔14〕Heng 2016b; Glass et al. 2014; Hail 2015.

〔15〕Lee and Rice 2007.

〔16〕Ruble and Zhang 2013.

〔17〕Hail 2015, 319.

〔18〕Tuan 1998.

〔19〕Hail 2015.

〔20〕Anderson 2006.

〔21〕Fong 2011, 6.

〔22〕Beoku-Betts 2004; Lee and Rice 2007.

〔23〕Whyte 2010; Ma 2011a.

〔24〕Hofstede 2001; Heng 2017.

〔25〕Gareis 2012; Kim 1991; Searle and Ward 1990.

〔26〕Bellah et al. 2007, xiv.

〔27〕Hofstede, Hofstede, and Minkov 2010; Hofstede and Geert 2001.

〔28〕Steele and Lynch 2013.

〔29〕Ma 2015.

〔30〕Gareis 2012, 321.

〔31〕Ostrove 2003.

〔32〕Kariuki 2016.

〔33〕Matheson 2016.

〔34〕Bista and Foster 2011; Choudaha 2017.

〔35〕Matheson 2016.

第六章　大学的专业选择、理由和困境

〔1〕人文科学指标 2017。

〔2〕Davies and Guppy 1997; Ma 2009; Gerber and Cheung 2008.

〔3〕Eccles 1994; Ma 2011b; Charles and Bradley 2009.

〔4〕Loyalka 2009; Liu 2016.

〔5〕Lowell 2010.

〔6〕Hira 2010; Ma 2011c, 1169–90.

〔7〕Yu and Killewald 2012.

〔8〕Tang 2000.

〔9〕Rimer 2008.

〔10〕Ma and Lutz 2018.

〔11〕Hao, Long, and Zhang 2011.

〔12〕数据来自作者对《中国统计年鉴1985》第591页数据进行的汇总。

〔13〕Li 2001.

〔14〕Andreas 2009.

〔15〕Yan 2010.

〔16〕Hu and Wu 2017.

〔17〕Bourdieu and Passeron 1977, 156; Lamont and Lareau 1988.

〔18〕Ma 2010.

〔19〕DiMaggio 1982, 194.

〔20〕**见第四章模型 5a 至模型 5d。**

〔21〕Trow 1973.

〔22〕Jeung 2013; Li et al. 2012.

〔23〕Armstrong and Hamilton 2013; Marginson 2006.

〔24〕Brooks 2011.

〔25〕Bellah et al. 2007.

〔26〕Deresiewicz 2015; Gerber and Cheung 2008; Li 2010.

〔27〕Armstrong and Hamilton 2013.

〔28〕Loyalka 2009; Ma 2015.

〔29〕Datta and Miller 2012.

〔30〕Del Rossi and Hersch 2008.

〔31〕Pitt and Tepper 2012.

〔32〕Seymour 2000.

第七章 三思而后言：课堂参与的真正难题?

〔1〕如果学生在英语国家取得了高中或大学文凭，有些学校会免除对学生托福成绩的要求。

〔2〕Tyre 2016.

〔3〕Tsui 1996; Liu 2006.

〔4〕Liu and Jackson 2008.

〔5〕Cheng and Erben 2012.

〔6〕Du Bois〔1903〕1982, 45.

〔7〕Falcon 2008.

〔8〕Sue, Diane, and Ino 1990; Zane et al. 1991.

〔9〕Li 2012.

〔10〕Ames and Rosemont 2010, 93.

〔11〕Li 2012.

〔12〕Yum 1988; Lyon 2004, 137.

〔13〕Li 2012, 302.

〔14〕Gao 1998; Chang 1999.

〔15〕Liberman 1994. Liu 2002.

〔16〕Zane et al. 1991, 63.

〔17〕Cortazzi and Jin 1996; Li and Han 2010.

〔18〕Li 2012, 120.

〔19〕Cain 2013.

〔20〕Li 2012, 281.

〔21〕King, Pan, and Roberts 2013; King, Pan, and Roberts 2014.

〔22〕Xu, Mao, Halderman 2011; Wacker 2003; Guo and Feng 2012.

〔23〕Paulhus, Duncan, and Yik 2002; Aristotle 1992.

〔24〕Suen and Lan 2006.

〔25〕Grigorenko et al. 2008.

〔26〕Miyazaki 1981; Niu 2007.

〔27〕Lee and Larson 2000.

〔28〕Ma and Wang 2016.

第八章　留学生的变化与反思

〔1〕Liu 1998, 197.

〔2〕Ma 2014.

〔3〕Levin 2009; Salisbury, An, and Pascarella 2013; Gacel-Ávila 2005.

〔4〕Cheng and Yang 2019.

〔5〕Zemach-Bersin 2007; Jorgenson and Shultz 2012.

〔6〕Soong, Stahl, and Shan 2018; Maxwell and Aggleton 2016; Cheng and Yang 2019.

〔7〕Ibrahim 2005; Nussbaum 2002.

〔8〕Nussbaum 1997; Nussbaum 2002.

〔9〕Oxley and Morris 2013.

〔10〕Resnik 2012; Bunnell 2009.

〔11〕Dill 2013, 5.

〔12〕Banks 2004; Armstrong 2006.

〔13〕Davies 2006.

〔14〕Richardson 1979, 1.

〔15〕Oxley and Morris 2013.

〔16〕Taylor 2016, 212.

〔17〕Amir 1976.

〔18〕Hail 2015.

〔19〕Ang 2016; Shen and Tsai 2016.

〔20〕Tong 2011; Gilley 2006.

〔21〕Dickson et al. 2016; Kweon and Choi 2018.

〔22〕Osnos 2014.

〔23〕Thornton and Fricke 1987; Fuligni and Zhang 2004.

〔24〕Baxter Magolda 2009; Baxter Magolda 2004.

〔25〕Bian 1997.

〔26〕Nye 2005b.

第九章 留下还是回国：这是一个问题

〔1〕Wu and Wilkes 2017; Arthur and Nunes 2014.

〔2〕Costa and Hira 2015.

〔3〕Reginfo.gov 2018.

〔4〕**美国公民及移民服务局** 2019。

〔5〕Wang 2016.

〔6〕**美国公民及移民服务局** 2017。

〔7〕Semotiuk 2019.

〔8〕Diamond 2014.

〔9〕Wu 2018.

〔10〕Borjas 2002.

〔11〕Finn 2003.

〔12〕Finn and Pennington 2018; Zweig, Chung, and Vanhonacker 2006.

〔13〕Gaillard and Gaillard 1997; Johnson and Regets 1998.

〔14〕Wallerstein 2011.

〔15〕Zakaria 2008.

〔16〕Zweig, Chung, and Vanhonacker 2006; Chen 2008.

〔17〕Alberts and Hazen 2005.

〔18〕有关海威时代的更多信息，参见 http://zhiye.xdf.cn/en/。

〔19〕中国教育部 2017，www.eol.cn/html/lx/report2017/wu.shtml。

〔20〕Saxenian 2005.

〔21〕Shen 2008.

〔22〕本章分析的回国率和留美率均为意向。

〔23〕Hira 2010; Hossain and Robinson 2012.

〔24〕Yeung 2013.

〔25〕See chapter 2.

〔26〕Hyun 2005.

〔27〕Zhou 2009; Zhou and Gatewood 2007.

〔28〕Wank 1996; Wederman 2004.

〔29〕The Economist 2012.

〔30〕Wedeman 2012; Zhang and Li 2012.

〔31〕Thomas 2017.

〔32〕Xiang 2007.

第十章　关于中国本科生，美国高等教育需要知道的事

〔1〕中国公布了一项未来几年全面改革高考的计划。参见 Fu 2018。

〔2〕Karabel 2006.

〔3〕Perry 1970; Perry 1981.

〔4〕Perez et al. 2009; Duckworth 2016.

〔5〕Cameron et al. 2013.

〔6〕第四章讨论了基于能力的学习态度和基于努力的学习态度；Stevenson and Stigler 1994; Dweck 2006。

〔7〕Lee and Rice 2007.

〔8〕Lockie 2018.

〔9〕Louie 2017.

〔10〕Tinto 1987; Astin 1993.

〔11〕Hofstede, Hofstede, and Minkov 2010; Hofstede 2001.

〔12〕Abelmann 2009.

〔13〕Hossler and Gallagher 1987; Perna 2006.

〔14〕Stevens 2009.

〔15〕Altbach 2006; Marginson and Van der Wende 2007.

〔16〕Kipnis 2011.

〔17〕Davies and Guppy 1997; Ma 2009.

〔18〕Bourdieu and Passeron 1977; Lamont and Lareau 1988.

〔19〕Chambliss 2014.

〔20〕Lee and Rice 2007; Armstrong and Hamilton 2013.

〔21〕Armstrong and Hamilton 2013.

〔22〕Hofstede, Hofstede, and Minkov 2010; Bellah et al. 2007.

〔23〕Borjas 2002.

〔24〕Finn 2003; Finn and Pennington 2018.

〔25〕Fong 2011.

〔26〕Nye 2005a; Xuetong 2006.

〔27〕Wang 2016.

〔28〕Semotiuk 2018.

〔29〕Wong 2018.

〔30〕关于中国新兴中产阶层及其社会影响，参见 Li ed. 2010; Babones 2018; Lu 2010; Hung 2015; Guthrie 2012。

附录　研究采取的方法

〔1〕Wright 2005.

〔2〕Sax, Gilmartin, and Bryant 2003.

参考文献

Abelmann, Nancy. 2009. *The Intimate University: Korean American Students and the Problems of Segregation*. Durham, NC: Duke University Press.

Abelmann, Nancy, and Jiyeon Kang. 2014. "A Fraught Exchange? US Media on Chinese International Undergraduates and the American University." *Journal of Studies in International Education* 18, no. 4: 382–97.

Aik-Kwang, Ng. 2001. *Why Asians Are Less Creative than Westerners*. Singapore: Prentice Hall.

Aik-Kwang, Ng, and Ian Smith. 2004. "Why Is There a Paradox in Promoting Creativity in the Asian Classroom?" In *Creativity: When East Meets West*, ed. Sing Lau, Anna N. N. Hui, and Grace Y. C. Ng, 87–112. Singapore: World Scientific Publishing.

Alba, Richard, and Victor Nee. 1997. "Rethinking Assimilation Theory for a New Era of Immigration." *International Migration Review* 31, no. 4: 826–74.

Alberts, Heike C., and Helen D. Hazen. 2005. "'There Are Always Two Voices . . .': International Students' Intentions to Stay in the United States or Return to their Home Countries." *International Migration* 43, no. 3: 131–54.

Al-Sharideh, Khalid A., and W. Richard Goe. 1998. "Ethnic Communities Within the University: An Examination of Factors Influencing the Personal Adjustment of International Students." *Research in Higher Education* 39, no. 6: 699–725.

Altbach, Philip G. 2006. "The Dilemmas of Ranking." *International Higher Education*, no. 42: 2–4.

Altbach, Philip G., and Jane Knight. 2007. "The Internationalization of Higher Education: Motivations and Realities." *Journal of Studies in International Education* 11, no. 3–4: 290–305.

Ames, Roger T., and Henry Rosemont Jr. 2010. *The Analects of Confucius: A Philosophical Translation*. New York: Ballantine.

Amir, Yehuda. 1976. "The Role of Intergroup Contact in Change of Prejudice and Ethnic Relations." In *Toward the Elimination of Racism*, ed. Phyllis A. Katz, 245–308. Elmsford, NY: Pergamon.

Anderson, Benedict. 2006. *Imagined Communities: Reflections on the Origin and Spread of Nationalism*. London: Verso.

Andreas, Joel. 2009. *Rise of the Red Engineers: The Cultural Revolution and the Origins of China's New Class*. Stanford, CA: Stanford University Press.

Ang, Yuen Yuen. 2016. *How China Escaped the Poverty Trap*. Ithaca, NY: Cornell University Press.

Aristotle. 1992. *The Art of Rhetoric*. New York: Penguin.

Armstrong, Chris. 2006. "Global Civil Society and the Question of Global Citizenship." *Voluntas* 17: 349–57.

Armstrong, Elizabeth A., and Laura T. Hamilton. 2013. *Paying for the Party: How College Maintains Inequality*. Cambridge, MA: Harvard University Press.

Arthur, Nancy, and Sarah Nunes. 2014. "Should I Stay or Should I Go Home? Career Guidance with International Students." In *Handbook of Career Development*, ed. Gideon Arulmani, Anuradha J. Bakshi, Frederick T. L. Leong, and A. G. Watts, 587–606. New York: Springer.

Associated Press. 2015. "U.S. Prosecutors Allege Chinese Citizens in College Exam Scheme." *Wall Street Journal*, May 28, 2015.

Astin, Alexander W. 1993. *What Matters in College: Four Critical Years Revisited*. San Francisco: Jossey-Bass.

Babones, Salvatore. 2018. "China's Middle Class Is Pulling Up the Ladder Behind Itself." *Foreign Policy*, February 1, 2018. https://foreignpolicy.com/2018/02/01/chinas-middle-class-is-pulling-up-the-ladder-behind-itself/.

Banks, James A. 2004. *Diversity and Citizenship Education: Global Perspectives*. San Francisco: Jossey-Bass.

Bastedo, Michael N., Nicholas A. Bowman, Kristen M. Glasener, and Jandi L. Kelly. 2018. "What Are We Talking About When We Talk About Holistic Review? Selective College Admissions and Its Effects on Low-SES Students." *Journal of Higher Education* 89, no. 5: 782–805.

Baxter Magolda, Marcia B. 2004. *Making Their Own Way: Narratives for Transforming Higher Education to Promote Self-Development*. Sterling, VA: Stylus.

Baxter Magolda, Marcia B. 2009. "Promoting Self-Authorship to Promote Liberal Education." *Journal of College and Character* 10, no. 3: 1–6.

BBC News. 2016. "China Tops US in Numbers of Billionaires." October 13, 2016.

Bellah, Robert N., Richard Madsen, William M. Sullivan, Ann Swidler, and Steven M. Tipton. 2007. *Habits of the Heart: Individualism and Commitment in American Life*. Berkeley: University of California Press.

Beoku-Betts, Josephine A. 2004. "African Women Pursuing Graduate Studies in the Sciences: Racism, Gender Bias, and Third World Marginality." *NWSA Journal* 16, no. 1: 116–35.

Bevis, Teresa Brawner, and Christopher J. Lucas. 2007. *International Students in American Colleges and Universities: A History*. New York: Palgrave Macmillan.

Bian, Yanjie. 1997. "Bringing Strong Ties Back In: Indirect Ties, Network Bridges, and Job Searches In China." *American Sociological Review* 62, no. 3: 366–85.

Black, Sandra E., Kalena E. Cortes, and Jane Arnold Lincove. 2015. "Academic Undermatching of High-Achieving Minority Students: Evidence from Race-Neutral And Holistic Admissions Policies." *American Economic Review* 105, no. 5 (2015): 604–10.

Bodycott, Peter. 2009. "Choosing a Higher Education Study Abroad Destination: What Mainland Chinese Parents and Students Rate as Important." *Journal of Research in International Education* 8, no. 3: 349–73.

Borjas, George J. 2002. "Rethinking Foreign Students: A Question of the National Interest." *National Review*, June 17, 2002.

Bound, John, Breno Braga, Gaurav Khanna, and Sarah Turner. 2016. "A Passage to America: University Funding and International Students." National Bureau of Economic Research. Working paper no. 22981. https://www.nber.org/papers/w22981.

Bourdieu, Pierre. 1998. *The State Nobility: Elite Schools in the Field of Power*. Stanford, CA: Stanford University Press.

Bourdieu, Pierre, and Jean-Claude Passeron. 1977. *Reproduction in Education, Society, and Culture*. Thousand Oaks, CA: Sage.

Bradsher, Keith. 2017. "China Hastens the World Toward an Electric-Car Future." *New York Times*, October 9, 2017. https://www.nytimes.com/2017/10/09/business/china-hastens-the-world-toward-an-electric-car-future.html.

Briggs, Peter. 2017. "Responding to Campus Change, Rising Numbers of Chinese Undergraduates and Michigan State University's Response." In *Understanding International Students from Asia in American Universities: Learning and Living Globalization*, ed. Yingyi Ma and Martha A. Garcia-Murillo, 195–213. Cham, Switzerland: Springer International.

Brooks, David. 2011. "It Is Not About You." *New York Times*, May 30, 2011. http://www.nytimes.com/2011/05/31/opinion/31brooks.html.

Brooks, Rachel. 2008. "Accessing Higher Education: The Influence of Cultural and Social Capital on University Choice." *Sociology Compass* 2, no. 4, 1355–71.

Brooks, Rachel, and Johanna Waters. 2011. *Student Mobilities, Migration, and the Internationalization of Higher Education*. London: Palgrave-Macmillan.

Bunnell, Tristan. 2009. "The International Baccalaureate in the USA and the Emerging 'Culture War.'" *Discourse: Studies in the Cultural Politics of Education* 30, no. 1: 61–72.

Burton, Bollag. 2007. "Coalition of Exchange, Trade, and Research Groups Calls for a More Open Visa Policy." *Chronicle of Higher Education*, January 31, 2007. https://www.chronicle.com/article/Coalition-of-Exchange-Trade/122836.

Cain, Susan. 2013. *Quiet: The Power of Introverts in a World That Can't Stop Talking*. New York: Broadway.

Cameron, Lisa, Nisvan Erkal, Lata Gangadharan, and Xin Meng. 2013. "Little Emperors: Behavioral Impacts of China's One-Child Policy." *Science* 339, no. 6122: 953–57.

Cebolla-Boado, Héctor, Yang Hu, and Yasemin Nuhoğlu Soysal. 2018. "Why Study Abroad? Sorting of Chinese Students Across British Universities." *British Journal of Sociology of Education* 39, no. 3: 365–80.

Chambliss, Daniel F., and Christopher G. Takacs. 2014. *How College Works*. Cambridge, MA: Harvard University Press.

Chang, Hui-Ching. 1999. "The 'Well-Defined' Is 'Ambiguous': Indeterminacy in Chinese Conversation." *Journal of Pragmatics* 31, no. 4: 535–56.

Chao, Ruth K. 1994. "Beyond Parental Control and Authoritarian Parenting Style: Understanding Chinese Parenting Through the Cultural Notion of Training." *Child Development* 65, no. 4: 1111–19.

Charles, Maria, and Karen Bradley. 2009. "Indulging Our Gendered Selves: Sex Segregation by Field of Study in 44 Countries." *American Journal of Sociology* 114, no. 4: 924–76.

Chen, Liang-Hsuan. 2007. "Choosing Canadian Graduate Schools from Afar: East Asian Students' Perspectives." *Higher Education* 54, no. 5: 759–80.

Chen, Yun-Chung. 2008. "The Limits of Brain Circulation: Chinese Returnees and Technological Development in Beijing." *Pacific Affairs* 81, no. 2: 195–215.

Cheng, Baoyan, and Po Yang. 2019. "Chinese Students Studying in American High Schools: International Sojourning as a Pathway to Global Citizenship." *Cambridge Journal of Education*. doi:10.1080/0305764X.2019.1571560.

Cheng, Rui, and Antony Erben. 2012. "Language Anxiety: Experiences of Chinese Graduate Students at US Higher Institutions." *Journal of Studies in International Education* 16, no. 5: 477–97.

Chiang, Yi-Lin. 2018. "When Things Don't Go as Planned: Contingencies, Cultural Capital, and Parental Involvement for Elite University Admission in China." *Comparative Education Review* 62, no. 4: 503–21.

Chinese Ministry of Education. 2017. *Chinese Students Study Abroad Report*. www.eol.cn/html/lx/report2017/wu.shtml.

Chiswick, Barry R. 1978. "The Effect of Americanization on the Earnings of Foreign-Born Men." *Journal of Political Economy* 86, no. 5: 897–921.

Chua, Ryan. 2017. "Agencies Helping Chinese Students Study Abroad Cash in on Lucrative Business." *CGTN America*, December 20, 2017. america.cgtn.com/2017/12/20/agencies-helping-chinese-students-study-abroad-cash-in-on-lucrative-business.

Chu, Lenora. 2017. *Little Soldiers: An American Boy, a Chinese School and the Global Race to Achieve*. London: Hachette.

Chung, Angie Y. 2016. *Saving Face: The Emotional Costs of the Asian Immigrant Family Myth*. New Brunswick, NJ: Rutgers University Press.

Cortazzi, Martin, and Lixian Jin. 1996. "Cultures of Learning: Language Classrooms in China." In *Society and the Language Classroom*, ed. E. H. Coleman, 169–206. Cambridge: Cambridge University Press.

Costa, Daniel, and Ron Hira. 2015. "The Department of Homeland Security's Proposed STEM OPT Extension Fails to Protect Foreign Students and American Workers." Economic Policy Institute, December 1, 2015. https://www.epi.org/blog/the-department-of-homeland-securitys-proposed-stem-opt-extension-fails-to-protect-foreign-students-and-american-workers/.

Danni, Fu. 2018. "China Announces Radical Overhaul of College Entrance Exam." Sixth Tone, April 24, 2018. https://www.sixthtone.com/news/1001031/china-announces-radical-overhaul-of-college-entrance-exam.

Datta, Jashodeep, and Bonnie M. Miller. 2012. "International Students in United States' Medical Schools: Does the Medical Community Know They Exist?" *Medical Education Online* 17, no. 1: 10.3402/meo.v17i0.15748. http://doi.org/10.3402/meo.v17i0.15748.

Davies, Lynn. 2006. "Global Citizenship: Abstraction or Framework for Action?" *Educational Review* 58, no. 1: 5–25.

Davies, Scott, and Neil Guppy. 1997. "Fields of Study, College Selectivity, and Student Inequalities in Higher Education." *Social Forces* 75, no. 4: 1417–38.

Del Rossi, Alison F., and Joni Hersch. 2008. "Double Your Major, Double Your Return?" *Economics of Education Review* 27, no. 4: 375–86.

Deresiewicz, William. 2015. *Excellent Sheep: The Miseducation of the American Elite and the Way to a Meaningful Life*. New York: Simon and Schuster.

Deschamps, Eric, and Jenny J. Lee. 2015. "Internationalization as Mergers and Acquisitions: Senior International Officers' Entrepreneurial Strategies and Activities in Public Universities." *Journal of Studies in International Education* 19, no. 2. https://doi.org/10.1177/1028315314538284.

Diamond, Jeremy. 2014. "New Visa Policy Elevates U.S.-China Relations." *CNN*, November 10, 2014. https://www.cnn.com/2014/11/10/politics/visa-10-years-obama-announces/index.html.

Dickson, Bruce J., Pierre F. Landry, Mingming Shen, and Jie Yan. 2016. "Public Goods and Regime Support in Urban China." *China Quarterly* 228: 859–80.

Dill, Jeffrey S. 2013. *The Longings and Limits of Global Citizenship Education: The Moral Pedagogy of Schooling in a Cosmopolitan Age*. New York: Routledge.

DiMaggio, Paul. 1982. "Cultural Capital and School Success: The Impact of Status Culture Participation on the Grades of US High School Students." *American Sociological Review* 47, no. 2: 189–201.

DiPrete, Thomas A., and Claudia Buchmann. 2013. *The Rise of Women: The Growing Gender Gap in Education and What It Means for American Schools*. New York: Russell Sage Foundation.

Dolby, Nadine, and Aliya Rahman. 2008. "Research in International Education." *Review of Educational Research* 78, no. 3: 676–726.

Drash, Wayne. 2015. "Culture Clash in Iowa: The Town Where Bubble Tea Shops Outnumber Starbucks." *CNN News*. https://www.cnn.com/interactive/2015/07/us/culture-clash-american-story/.

Du Bois, W. E. B. [1903] 1982. *The Souls of Black Folk*. New York: Penguin.

Duckworth, Angela. 2016. *Grit: The Power of Passion and Perseverance*. New York: Simon and Schuster.

Dweck, Carol S. 2006. *Mindset: The New Psychology of Success*. New York: Random House.

Eagan, Kevin, Ellen Bara Stolzenberg, Joseph J. Ramirez, Melissa C. Aragon, Maria Ramirez Suchard, and Sylvia Hurtado. 2014. "The American Freshman: National Norms, Fall 2014." Los Angeles: Higher Education Research Institute, UCLA.

Eccles, Jacquelynne. 1994. "Understanding Women's Educational and Occupational-Choices: Applying the Eccles et al. Model of Achievement-Related Choices." *Psychology of Women Quarterly* 18, no. 4: 585–609.

The Economist. 2012. "Heartless Attacks." July 21, 2012. https://www.economist.com/china/2012/07/21/heartless-attacks.

The Economist. 2015. "Why Girls Do Better at School than Boys." May 6, 2015. www.economist.com/the-economist-explains/2015/03/06/why-girls-do-better-at-school-than-boys.

Espeland, Wendy Nelson, and Michael Sauder. 2007. "Rankings and Reactivity: How Public Measures Recreate Social Worlds." *American Journal of Sociology* 113, no. 1: 1–40.

Espenshade, Thomas J., and Alexandria Walton Radford. 2009. *No Longer Separate, Not Yet Equal: Race and Class in Elite College Admission and Campus Life*. Princeton, NJ: Princeton University Press.

Falcon, M. Sylvianna. 2008. "Mestiza Double Consciousness: The Voices of Afro-Peruvian Women on Gendered Racism." *Gender & Society* 22, no. 5.

Fan, Jiayang. 2016. "China's Rich Kids Head West." *New Yorker*, February 22, 2016. https://www.newyorker.com/magazine/2016/02/22/chinas-rich-kids-head-west.

Farrugia, Christine. 2017a. "Globally Mobile Youth: Trends in International Secondary Students in the United States, 2013–2016." *IIE: The Power of International Education*.

Farrugia, Christine. 2017b. "More International Students Seeking U.S. High School Diplomas." *IIE: The Power of International Education*.

Feng, Wang, Baochang Gu, and Yong Cai. 2016. "The End of China's One-Child Policy." *Studies in Family Planning* 47, no. 1: 83–86.

Finn, Michael G. 2003. *Stay Rates of Foreign Doctorate Recipients from US Universities, 2001*. Oak Ridge, TN: Oak Ridge Institute for Science and Education Oak Ridge.

Finn, Michael G., and Leigh Ann Pennington. 2018. *Stay Rates of Foreign Doctorate Recipients from US Universities*. No. 18-SAWD-0103. Oak Ridge, TN: Oak Ridge Institute for Science and Education Oak Ridge.

Fischer, Karin. 2019. "How International Education's Golden Age Lost Its Sheen." *Chronicle of Higher Education*, March 28, 2019. https://www.chronicle.com/interactives/2019-03-28-golden-age?cid=wsinglestory_hp_1.

Fong, Vanessa L. 2004. *Only Hope: Coming of Age Under China's One-Child Policy*. Stanford, CA: Stanford University Press.

Fong, Vanessa. 2011. *Paradise Redefined: Transnational Chinese Students and the Quest for Flexible Citizenship in the Developed World*. Stanford, CA: Stanford University Press.

Friedman, Thomas L. 2005. *The World Is Flat: A Brief History of the Twenty-First Century*. New York: Macmillan.

Fu, Danni. 2017. "China Announces Radical Overhaul of College Entrance Exam" Oct. 20, 2017. Six Tone https://www.sixthtone.com/news/1001031/china-announces-radical-overhaul-of-college-entrance-exam.

Fuligni, Andrew J., and Wenxin Zhang. 2004. "Attitudes Toward Family Obligation Among Adolescents in Contemporary Urban and Rural China." *Child Development* 75, no. 1: 180–92.

Gacel-Ávila, Jocelyne. 2005. "The Internationalization of Higher Education: A Paradigm for Global Citizenry." *Journal of Studies in International Education* 9, no. 2: 121–36.

Gaillard, Jacques, and Anne Marie Gaillard. 1997. "Introduction: The International Mobility of Brains: Exodus or Circulation?" *Science Technology & Society* 2, no. 2: 195–228.

Gao, Ge. 1998. "'Don't Take My Word for It': Understanding Chinese Speaking Practices." *International Journal of Intercultural Relations* 22, no. 2: 163–86.

Gareis, Elisabeth. 2012. "Intercultural Friendship: Effects of Home and Host Region." *Journal of International and Intercultural Communication* 5, no. 4: 309–28.

Gerber, Theodore P., and Sin Yi Cheung. 2008. "Horizontal Stratification in Postsecondary Education: Forms, Explanations, and Implications." *Annual Review of Sociology* 34: 299–318.

Gilley, Bruce. 2006. "The Meaning and Measure of State Legitimacy: Results for 72 Countries." *European Journal of Political Research* 45, no. 3: 499–525.

Glass, Chris R., Edwin Gómez, and Alfredo Urzua. 2014. "Recreation, Intercultural Friendship, and International Students' Adaptation to College by Region of Origin." *International Journal of Intercultural Relations* 42, no. 5: 104–17.

Gordon, Milton M. 1964. *Assimilation in American Life: The Role of Race, Religion, and National Origins*. Oxford: Oxford University Press on Demand.

Gordon, Virginia N. 1995. *The Undecided College Student: An Academic and Career Advising Challenge*. 2nd. ed. Springfield, IL: Charles C. Thomas.

Grigorenko, Elena L., Linda Jarvin, Weihua Niu, and David Preiss. 2008. "Is There a Standard for Standardized Testing? Four Sketches of the Applicability (Or Lack Thereof) of Standardized Testing in Different Educational Systems." In *Extending Intelligence: Enhancement and New Constructs*, ed. Patrick C. Kyllonen, Richard D. Roberts, and Lazar Stankov, 135–57. New York: Lawrence Erlbaum Associates.

Gu, Yan. 2008. "Chinese Learner: My Lived Experiences of Studying in Mainland China and Australia." *Critical Perspectives on Accounting* 19, no. 2: 217–21. doi: 10.1016/j.cpa.2006.09.006.

Guo, Steve, and Guangchao Feng. 2012. "Understanding Support for Internet Censorship in China: An Elaboration of the Theory of Reasoned Action." *Journal of Chinese Political Science* 17, no. 1: 33–52.

Guthrie, Doug. 2012. *China and Globalization: The Social, Economic, and Political Transformation of Chinese Society*. New York: Routledge.

Hail, Henry Chiu. 2015. "Patriotism Abroad: Overseas Chinese Students' Encounters With Criticisms of China." *Journal of Studies in International Education* 19, no. 4: 311–26.

Hao, Weiqian, Long Zhengzhong, and Zhang Jinfeng. 2011. *The History of Higher Education in the People's Republic of China* (in Chinese). Beijing: New World Press.

Hao, Xue, Kun Yan, Shibao Guo, and Meiling Wang. 2017. "Chinese returnees' motivation, post-return status and impact of return: A systematic review." *Asian and Pacific Migration Journal* 26, no. 1: 143–57.

Haugh, Michael. 2016. "Complaints and Troubles Talk About the English Language Skills of International Students in Australian Universities." *Higher Education Research & Development* 35, no. 4: 727–40.

Hedrick-Wong, Yuwa. 2018. "The Reality of China's Economic Slowdown." *Forbes*, August 23, 2018.

Heng, Tang Tang. 2016. "Different is Not Deficient: Contradicting Stereotypes Around Chinese International Students in U.S. Higher Education." *Studies in Higher Education* 43, no. 1: 1–15.

Heng, Tang Tang. 2017. "Voices of Chinese International Students in USA Colleges: 'I Want to Tell Them That . . .' " *Studies in Higher Education* 42, no. 5, 833–50.

Hira, Ron, 2010. "US Policy and the STEM Workforce System." *American Behavioral Scientist* 53, no. 7: 949–61.

Hofstede, Geert. 2001. *Culture's Consequences: Comparing Values, Behaviors, Institutions, and Organizations Across Nations*. Thousand Oaks, CA: Sage.

Hofstede, Geert, and Gert Jan Hofstede. 1991. *Cultures and Organizations: Software of the Mind*. New York: McGraw-Hill.

Hofstede, Geert, Gert J. Hofstede, and Michael Minkov. 2010. *Cultures and Organizations: Software of the Mind: Intercultural Cooperation and Its Importance for Survival*. New York: McGraw-Hill.

Hong, Miyoung, and Nam-Hwa Kang. 2010. "South Korean and the U.S. Secondary School Science Teachers' Conceptions of Creativity and Teaching for Creativity." *International Journal of Science and Mathematics Education* 8, no. 5: 821–43.

Hong, Ying-yi, Chi-yue Chiu, Carol S. Dweck, Derrick M.-S. Lin, and Wendy Wan. 1999. "Implicit Theories, Attributions, and Coping: A Meaning System Approach." *Journal of Personality and Social Psychology* 77, no. 3: 588.

Hoover-Dempsey, Kathleen, and Howard M. Sandler. 1997. "Why Do Parents Become Involved in Their Children's Education?" *Review of Educational Research* 67, no. 1: 2–42.

Hossain, Mokter, and Michael G. Robinson. 2012. "How to Motivate US Students to Pursue STEM (Science, Technology, Engineering and Mathematics) Careers." *US-China Education Review* 4: 442–51.

Hossler, Don, Emily Chung, Jihye Kwon, Jerry Lucido, Nicholas Bowman, and Michael Bastedo. 2019. "A Study of the Use of Nonacademic Factors in Holistic Undergraduate Admissions Reviews." *Journal of Higher Education* 89, no. 5: 1–27.

Hossler, Don, and Karen S. Gallagher. 1987. "Studying Student College Choice: A Three-Phase Model and the Implications for Policymakers." *College and University* 62, no. 3: 207–21.

Hout, Michael, Adrian E. Raftery, and Eleanor O. Bell. 1993. "Making the Grade: Educational Stratification in the United States, 1925–1989." In *Persistent Inequality: Changing Educational Attainment in Thirteen Countries*, ed. Yossi Shavit and Hans-Peter Blossfeld, 25–50. Boulder, CO: Westview Press.

Hu, Anning, and Xiaogang Wu. 2017. "Science or Liberal Arts? Cultural Capital and College Major Choice in China." *British Journal of Sociology* 70, no. 1: 190–213.

Huang, Shirlena, and Brenda S. A. Yeoh. 2005. "Transnational Families and Their Children's Education: China's 'Study Mothers' in Singapore." *Global Networks* 5, no. 4: 379–400.

Humanities Indicators. 2017. "Bachelor's Degrees in the Humanities." https://humanitiesindicators.org/content/indicatordoc.aspx?i=34.

Hung, Ho-fung. 2015. *The China Boom: Why China Will Not Rule the World*. New York: Columbia University Press.

Hyun, Jane. 2005. *Breaking the Bamboo Ceiling: Career Strategies for Asians*. New York: Harper Business.

Ibrahim, Tasneem. 2005. "Global Citizenship Education: Mainstreaming the Curriculum?" *Cambridge Journal of Education* 35, no. 2: 177–94.

Institute of Internal Education. 2017. "Economic Impact of International Students." IIE. Accessed July 18, 2019. https://www.iie.org/Research-and-Insights/Open-Doors/Data/Economic-Impact-of-International-Students.

Johanson, Mark. 2016. "Capital—A Lust For Speed: Young, Rich And Chinese In Rural America." *BBC News*, June 8, 2016.

Johnson, Jean M., and Mark C. Regets. 1998. "International Mobility of Scientists and Engineers to the United States: Brain Drain or Brain Circulation?" *SRS Issue Brief*. NSF 98-316. https://www.nsf.gov/statistics/issuebrf/sib98316.htm.

Jorgenson, Shelane, and Lynette Shultz. 2012. "Global Citizenship Education (GCE) in Post-Secondary Institutions: What Is Protected and What Is Hidden Under the Umbrella of GCE." *Journal of Global Citizenship & Equity Education* 2, no. 1: 1–22.

Joseph, Rebecca. 2013. "A Plea to Those Helping Students with College Application Essays: Let the 17-Year-Old Voice Take Center Stage." *Huffington Post*, December 15, 2013. www.huffingtonpost.com/rebecca-joseph/editing-college-application-essays_b_4105569.html.

Karabel, Jerome. 2006. *The Chosen: The Hidden History of Admission and Exclusion at Harvard, Yale, and Princeton*. Boston: Houghton Mifflin Harcourt.

Kariuki, Nick. 2016. "The New Language of American College Sports Is Chinese." *VICE*, March 4, 2016. https://www.vice.com/en_au/article/4xzd7d/the-new-language-of-american-college-sports-is-chinese.

Kaufman, Jason, and Jay Gabler. 2004. "Cultural Capital and the Extracurricular Activities of Girls and Boys in the College Attainment Process." *Poetics* 32, no. 2: 145–68. doi: 10.1016/j.poetic.2004.02.001.

Kim, Hyun J. 1991. "Influence of Language and Similarity on Initial Intercultural Attraction." In *Cross-Cultural Interpersonal Communication*, ed. Stella Tin-Toomey and Felipe Korzenny, 213–29. Newbury Park, CA: Sage.

Kim, Kyung Hee. 2005. "Learning from Each Other: Creativity in East Asian and American Education." *Creativity Research Journal* 17, no. 4: 337–47.

King, Gary, Jennifer Pan, and Margaret E. Roberts. 2013. "How Censorship in China Allows Government Criticism But Silences Collective Expression." *American Political Science Review* 107, no. 2: 326–43.

King, Gary, Jennifer Pan, and Margaret E. Roberts. 2014. "Reverse-Engineering Censorship in China: Randomized Experimentation and Participant Observation." *Science* 345, no. 6199: 1–10.

Kipnis, Andrew B. 2011. *Governing Educational Desire: Culture, Politics, and Schooling in China*. Chicago: University of Chicago Press.

Kudo, Kazuhiro, and Keith A. Simkin. 2003. "Intercultural Friendship Formation: The Case of Japanese Students at an Australian University." *Journal of Intercultural Studies* 24, no. 2: 91–114.

Kuhn, Thomas S. 2012. *The Structure of Scientific Revolutions*. Chicago: University of Chicago Press.

Kujawa, Anthony. 2006. "U.S. Eager to Attract More Foreign Students, Rice Says." Washington File, U.S. Department of State, January 6, 2006. https://wfile.ait.org.tw/wf-archive/2006/060106/epf505.htm.

Kweon, Yesola, and ByeongHwa Choi. 2019. "What Money Can Buy: Perceived Economic Security in China." *Journal of Contemporary China* 28, no. 119: 1–16.

Lamont, Michele, and Annette Lareau. 1988. "Cultural Capital: Allusions, Gaps, and Glissandos in Recent Theoretical Developments." *Sociological Theory* 6, no. 2: 153–68.

Lan, Shanshan. 2019. "State-Mediated Brokerage System in China's Self-Funded Study Abroad Market." *International Migration* 57, no. 3: 266–79.

Lareau, Annette. 2011. *Unequal Childhoods: Class, Race, and Family Life*. Berkeley: University of California Press.

Lee, Jennifer, and Min Zhou. 2015. *The Asian American Achievement Paradox*. New York: Russell Sage Foundation.

Lee, Jenny. J. 2010. "International Students' Experiences and Attitudes at a US Host Institution: Self-Reports and Future Recommendations." *Journal of Research in International Education* 9, no. 1: 66–84.

Lee, Jenny. J. and Charles Rice. 2007. "Welcome to America? Perceptions of Neo-Racism and Discrimination Among International Students." *Higher Education* 53: 381–409.

Lee, Meery, and Reed Larson. 2000. "The Korean 'Examination Hell': Long Hours of Studying, Distress, and Depression." *Journal of Youth and Adolescence* 29, no. 2: 249–71.

LeTendre, Gerald K. 1999. "The Problem of Japan: Qualitative Studies and International Educational Comparisons." *Educational Researcher* 28, no. 2: 38–45.

Levin, Ross, ed. 2009. *The Handbook of Practice and Research in Study Abroad: Higher Education and the Quest for Global Citizenship*. New York: Routledge.

Li, Cheng. 2001. *China's Leaders: The New Generation*. Lanham, MD: Rowman & Littlefield.

Li, Cheng, ed. 2010. *China's Emerging Middle Class: Beyond Economic Transformation*. Washington, DC: Brookings Institution Press.

Li, Fengliang, W. John Morgan, and Xiaohao Ding. 2008. "The Expansion of Higher Education, Employment and Over-Education in China." *International Journal of Educational Development* 28, no. 6: 687–97.

Li, Haizheng Z. 2010. "Higher Education in China: Complement or Competition to US Universities." In *American Universities in a Global Market*, ed. Charles T. Clotfelter, 269–304. Chicago: University of Chicago Press.

Li, Jin. 2012. *Cultural Foundations of Learning: East and West*. Cambridge: Cambridge University Press.

Li, Yao Amber, John Whalley, Shunming Zhang, and Xiliang Zhao. 2012. "The Higher Educational Transformation of China and Its Global Implications." In *The Globalization of Higher Education*, ed. Christine Ennew and David Greenaway, 135–62. London: Palgrave Macmillan.

Liberman, Kenneth. 1994. "Asian Student Perspectives on American University Instruction." *International Journal of Intercultural Relations* 18, no. 2: 173–92.

Lin, Chin-Yau Cindy, and Victoria R. Fu. 1990. "A Comparison of Child-Rearing Practices Among Chinese, Immigrant Chinese, and Caucasian-American Parents." *Child Development* 61, no. 2: 429–33.

Lin, Yu-Sien. 2011. "Fostering Creativity Through Education–a Conceptual Framework of Creative Pedagogy." *Creative Education* 2, no. 3: 149.

Ling, Minhua. 2015. " 'Bad Students Go to Vocational Schools!': Education, Social Reproduction and Migrant Youth in Urban China." *China Journal* 73: 108–31.

Liu, Eric. 1998. *The Accidental Asian: Notes of a Native Speaker*. New York: Vintage.

Liu, Jun. 2002. "Negotiating Silence in American Classrooms: Three Chinese Cases." *Language and Intercultural Communication* 2, no. 1: 37–54.

Liu, Meihua. 2006. "Anxiety in Chinese EFL Students at Different Proficiency Levels." *System* 34, no. 3: 301–16.

Liu, Meihua, and Jane Jackson. 2008. "An Exploration of Chinese EFL Learners' Unwillingness to Communicate and Foreign Language Anxiety." *Modern Language Journal* 92, no. 1: 71–86.

Liu, Ye. 2013. "Meritocracy and the Gaokao: A Survey Study of Higher Education Selection and Socio-Economic Participation in East China." *British Journal of Sociology of Education* 34, nos. 5–6: 868–87.

Liu, Ye. 2016. *Higher Education, Meritocracy, and Inequality in China*. New York: Springer.

Liu, Ye. 2018. When Choices Become Chances: Extending Boudon's Positional Theory to Understand University Choices in Contemporary China. *Comparative Education Review* 62, no. 1: 125–46.

Liu, Yi-Ling. 2015. "China's Nouveau Riche Have Landed on America's Campuses." *Foreign Policy*, September 1, 2015. https://foreignpolicy.com/2015/09/01/chinas-nouveau-riche-have-landed-on-americas-campuses/.

Lockie, Alex. 2018. "Trump Reportedly Considered Banning Chinese Student Visas to Keep Out Spies." *Business Insider*, October 2, 2018.

Loo, Bryce K. 2017. "Community Colleges: An Unexpected On-Ramp for International Students." *World Education News + Reviews*, November 8, 2016.

Louie, Vivian. 2017. "The One-Way Street of Learning and Living Globalization: Chinese MBA Students in American Universities." In *International Students from Asia: Learning and Living Globalization*, ed. Martha A Garcia-Murrilo and Yingyi Ma, 149–71. New York: Springer.

Loveless, Tom. 2006. *The 2006 Brown Center Report on American Education: How Well Are American Students Learning? With Special Sections on the Nation's Achievement, the Happiness Factor in Learning, and Honesty in State Test Scores*. Vol. 2, no. 1. Brookings Institution.

Lowell, B. Lindsay. 2010. "A Long View of America's Immigration Policy and the Supply of Foreign-Born STEM Workers in the United States." *American Behavioral Scientist* 53, no. 7: 1029–44.

Loyalka, P. K. 2009. *Three Essays on Chinese Higher Education After Expansion and Reform: Sorting, Financial Aid and College Selectivity*. PhD thesis. Stanford, CA: Stanford University.

Lu, Chunlei, and Wenchun Han. 2010. "Why Don't They Participate? A Self-Study of Chinese Graduate Students' Classroom Involvement in North America." *Brock Education Journal* 20, no. 1: 80–96.

Lu, Xueyi. 2010. *Research Report on Contemporary China's Social Stratification*. Beijing: Shehui kexue wenxian chubanshe.

Lucas, Samuel R. 2001. "Effectively Maintained Inequality: Education Transitions, Track Mobility, and Social Background Effects." *American Journal of Sociology* 106, no. 6: 1642–90.

Lyman, Stanford M. 2000. "The 'Yellow Peril' Mystique: Origins and Vicissitudes of a Racist Discourse." *International Journal of Politics, Culture, and Society* 13, no. 4: 683–747.

Lyon, Arabella. 2004. "Confucian Silence and Remonstration: A Basis for Deliberation?" In *Rhetoric Before and Beyond the Greeks*, ed. Carol S. Lipton and Robert A. Binkley, 131–45. Albany: State University of New York Press.

Ma, Yingyi. 2009. "Family Socioeconomic Status, Parental Involvement, and College Major Choices: Gender, Race/Ethnic, and Nativity Patterns." *Sociological Perspectives* 52, no. 2: 211–34.

Ma, Yingyi. 2010. "Model Minority, Model for Whom? An Investigation of Asian American Students in Science/Engineering." *AAPI Nexus: Policy, Practice and Community* 8, no. 1: 43–74.

Ma, Yingyi. 2011a. "Chinese Rural Women in Agriculture and Urban Work." *American Review of China Studies* 12, no. 1: 1–12.

Ma, Yingyi. 2011b. "College Major Choice, Occupational Structure, and Demographic Patterning by Gender, Race and Nativity." *Social Science Journal* 48, no. 1: 112–29.

Ma, Yingyi. 2011c. "Gender Differences in the Paths Leading to a STEM Baccalaureate." *Social Sciences Quarterly* 92, no. 5: 1169–90.

Ma, Yingyi. 2014. "Being Chinese Away from China." *China Daily*, August 23, 2014. http://europe.chinadaily.com.cn/opinion/2014-08/23/content_18474098.htm.

Ma, Yingyi. 2015. "Is the Grass Greener on the Other Side of the Pacific?" *Contexts* 14, no. 2: 34–39.

Ma, Yingyi, and Martha A. Garcia-Murillo, eds. 2017. *Understanding International Students from Asia in American Universities: Learning and Living Globalization*. Cham, Switzerland: Springer International.

Ma, Yingyi, and Yan Liu. 2015. "Race and STEM Degree Attainment." *Sociology Compass* 9, no. 7: 609–18.

Ma, Yingyi, and Amy Lutz. 2018. "Jumping on the STEM Train: Differences in Key Milestones in the STEM Pipeline between Children of Immigrants and Natives in the United States." In *Research in the Sociology of Education*, ed. Hyunjoon Park and Grace Kao, 129–54. Bingley, UK: Emerald Publishing.

Ma, Yingyi, and Lifang Wang. 2016. "Fairness in Admission: Voices from Rural Chinese Female Students in Selective Universities in Chinese Mainland." *Frontiers of Education in China* 11, no. 1: 44–73. doi:10.3868/s110-005-016-0003-1.

Marginson, Simon. 2014. "Student Self-Formation in International Education." *Journal of Studies in International Education* 18, no. 1: 6–22.

Marginson, Simon. 2016. "High Participation Systems of Higher Education." *Journal of Higher Education* 87, no. 2: 243–71.

Marginson, Simon, Chris Nyland, Erlenawati Sawir, and Helen Forbes-Mewett. 2010. *International Student Security*. Cambridge: Cambridge University Press.

Marginson, Simon, and Marijk Van der Wende. 2007. "To Rank or to Be Ranked: The Impact of Global Rankings in Higher Education." *Journal of Studies in International Education* 11, nos. 3–4: 306–29.

Matheson, Kathy. 2016 "Basketball Broadcasts at Temple Have an International Flavor." *USA Today*, February 22, 2016. www.usatoday.com/story/sports/ncaab/2016/02/22/basketball-broadcasts-at-temple-have-an-international-flavor/80727064/.

Maxwell, Claire, and Peter Aggleton. 2016. "Creating Cosmopolitan Subjects: The Role of Families and Private Schools in England." *Sociology* 50, no. 4: 780–95.

McPherson, Miller, Lynn Smith-Lovin, and James M. Cook. 2001. "Birds of a Feather: Homophily in Social Networks." *Annual Review of Sociology* 27, no. 1: 415–44.

Miyazaki, Ichisada. 1981. *China's Examination Hell: The Civil Service Examinations of Imperial China*. New Haven, CT: Yale University Press.

Mooney, Paul. 2006. "Unable to Find Work, 20,000 College Graduates Refuse to Move Out of Dormitories in China." *Chronicle of Higher Education* 52, no. 46: A33.

Morris, Michael W., and Kwok Leung. 2010. "Creativity East and West: Perspectives and Parallels." *Management and Organization Review* 6, no. 3: 313–27.

Niu, Weihua. 2007. "Western Influence on Chinese Educational Testing System." *Comparative Education* 43, no. 1: 71–91. doi: 10.1080/03050060601162412.

Noddings, Nel. 2005. "What Does It Mean to Educate the Whole Child?" *Educational Leadership* 63, no. 1: 8–13.

Nussbaum, Martha C. 1997. "Kant and Stoic Cosmopolitanism." *Journal of Political Philosophy* 5, no. 1: 1–25.

Nussbaum, Martha. 2002. "Education for Citizenship in an Era of Global Connection." *Studies in Philosophy and Education* 21, no. 4–5: 289–303.
Nye, Joseph S. 2005a. "The Rise of China's Soft Power." *Wall Street Journal*, December 29, 2005.
Nye, Joseph. 2005b. "Soft Power and Higher Education." *Forum for the Future of Higher Education*. Accessed July 18, 2019. http://forum.mit.edu/articles/soft-power-and-higher-education/.
Oakes, Jeannie. 2005. *Keeping Track: How Schools Structure Inequality*. New Haven, CT: Yale University Press.
Oakes, Jeannie, and Gretchen Guiton. 1995. "Matchmaking: The Dynamics of High School Tracking Decisions." *American Educational Research Journal* 32, no. 1: 3–33.
Ogbu, John U. and Herbert D. Simons. 1998. "Voluntary and Involuntary Minorities: A Cultural-Ecological Theory of School Performance with Some Implications for Education." *Anthropology & Education Quarterly* 29, no. 2: 155–88.
Ong, Aihwa. 1999. *Flexible Citizenship: The Cultural Logics of Transnationality*. Durham, NC: Duke University Press.
Osburg, John. 2013. *Anxious Wealth: Money and Morality among China's New Rich*. Palo Alto, CA: Stanford University Press.
Osnos, Evan. 2014. *Age of Ambition: Chasing Fortune, Truth, and Faith in the New China*. New York: Farrar, Straus, and Giroux.
Ostrove, Joan M. 2003. "Belonging and Wanting: Meanings of Social Class Background for Women's Constructions of Their College Experiences." *Journal of Social Issues* 59, no. 4: 771–84.
Oxfam. 1997. *A Curriculum for Global Citizenship*. Oxford: Author.
Oxley, Laura, and Paul Morris. 2013. "Global Citizenship: A Typology for Distinguishing Its Multiple Conceptions." *British Journal of Educational Studies* 61, no. 3: 301–25.
Park, Hyunjoon. 2013. *Re-Evaluating Education in Japan and Korea: Demystifying Stereotypes*. London: Routledge.
Paulhus, Delroy L., Jacqueline H. Duncan, and Michelle S. M. Yik. 2002. "Patterns of Shyness in East-Asian and European-Heritage Students." *Journal of Research in Personality* 36, no. 5: 442–62.
Peck, Kaitlin. 2014. "The Impact of Academic Exchange between China and the U.S., 1979–2010." *Psi Sigma Siren* 8, no 1: article 4.
Perez, William, Roberta Espinoza, Karina Ramos, Heidi M. Coronado, and Richard Cortes. 2009. "Academic Resilience Among Undocumented Latino Students." *Hispanic Journal of Behavioral Sciences* 31, no. 2: 149–81.
Perna, Laura W. 2006. "Studying College Access and Choice: A Proposed Conceptual Model." In *Higher Education: Handbook of Theory and Research*, vol. 21, ed. John C. Smart, 99–157. Dordrecht, The Netherlands: Springer.
Perry, William G. 1970. *Forms of Intellectual and Ethical Development in the College Years: A Scheme*. New York: Holt, Rinehart and Winston.
Perry, William G. 1981. "Cognitive and Ethical Growth: The Making of Meaning." In *The Modern American College*, ed. Arthur W. Chickering, 76–116. San Francisco: Jossey-Bass.

Pitt, Richard N., and Steven A. Tepper. 2012. "Double Majors: Influences, Identities, and Impacts." Prepared for the Teagle Foundation, Curb Center, Vanderbilt University.

Pokorney, Therese. 2018. "Chinese Student Enrollment Declines." *Daily Illini*, September 17, 2018.

Porter, Christian, Craig Hart, Chongming Yang, Clyde Robinson, Susanne Frost Olsen, and Qing Zeng. 2005. "A Comparative Study of Child Temperament and Parenting in Beijing, China, and the Western United States." *International Journal of Behavioral Development* 29, no. 6: 541–51.

Purdue Center on Religion and Chinese Society. 2018. Purdue Survey of Chinese Students and Scholars in the United States: A General Report. https://www.purdue.edu/crcs/wp-content/uploads/2018/10/2018-Purdue-Survey-Report_Rev.pdf

Qing, Koh Gui, Alexandra Harney, Steve Stecklow, and James Pomfret. 2016. "How an Industry Helps Chinese Students Cheat Their Way Into and Through US Colleges." *Reuters*, May 25, 2016. https://www.reuters.com/investigates/special-report/college-cheating-iowa/.

Redden, Elizabeth. 2015. "In China, No Choice But to Cheat." *Inside Higher Ed* https://www.insidehighered.com/news/2015/07/09/admissions-process-broken-chinese-students.

Redden, Elizabeth. 2018a. "International Student Numbers Decline." *Inside Higher Ed*, January 22, 2018. https://www.insidehighered.com/news/2018/01/22/nsf-report-documents-declines-international-enrollments-after-years-growth.

Redden, Elizabeth. 2018b. "New International Enrollments Decline Again." *Inside Higher Ed*, November 13, 2018. https://www.insidehighered.com/news/2018/11/13/new-international-student-enrollments-continue-decline-us-universities.

Reginfo.gov. 2018. "Practical Training Reform." U.S. General Services Administration, Spring 2018. https://www.reginfo.gov/public/do/eAgendaViewRule?pubId=201804&RIN=1653-AA76.

Resnik, Julia. 2012. "The Denationalization of Education and the Expansion of the International Baccalaureate." *Comparative Education Review* 56, no. 2: 248–69.

Richardson, R., ed. 1979. *Learning for Change in World Society*. London: World Studies Project.

Riegle-Crumb, Catherine, and Barbara King. 2010. "Questioning a White Male Advantage in STEM: Examining Disparities in College Major by Gender and Race/Ethnicity." *Educational Researcher* 39, no. 9: 656–64.

Rimer, Sara. 2008. "Math Skills Suffer in U.S., Study Finds." *New York Times*, October 10, 2008. https://www.nytimes.com/2008/10/10/education/10math.html.

Rose-Redwood, CindyAnn R., and Reuben S. Rose-Redwood. 2013. "Self-segregation or Global Mixing?: Social Interactions and the International Student Experience." *Journal of College Student Development* 54, no. 4: 413–29.

Ruble, Racheal A., and Yan Bing Zhang. 2013. "Stereotypes of Chinese International Students Held by Americans." *International Journal of Intercultural Relations* 37, no. 2: 202–11.

Rui, Yang. 2014. "China's Removal of English from Gaokao." *International Higher Education* 75: 12–13.

Ruiz, Neil G. 2016. *The Geography of Foreign Students in U.S. Higher Education: Origins and Destinations*. Washington, DC: Brookings.

Russikof, Karen, Liliane Fucaloro, and Dalia Salkauskiene. 2013. "Plagiarism as a Cross-cultural Phenomenon." *The CAL Poly Pomona Journal of Interdisciplinary Studies* 16: 109–20.

Salisbury, Mark H., Brian P. An, and Ernest T. Pascarella. 2013. "The Effect of Study Abroad on Intercultural Competence Among Undergraduate College Students." *Journal of Student Affairs Research and Practice* 50, no. 1: 1–20.

Sauder, Michael, and Wendy Nelson Espeland. 2009. "The Discipline of Rankings: Tight Coupling and Organizational Change." *American Sociological Review* 74, no. 1: 63–82.

Sawir, Erlenawati, Simon Marginson, Ana Deumert, Chris Nyland, and Gaby Ramia. 2008. "Loneliness and International Students: An Australian Study." *Journal of Studies in International Education* 12, no. 2: 148–80.

Sax, Linda J., Shannon K. Gilmartin, and Alyssa N. Bryant. 2003. "Assessing Response Rates and Nonresponse Bias in Web and Paper Surveys." *Research in Higher Education* 44, no. 4: 409–32.

Saxenian, AnnaLee. 2005. "From Brain Drain to Brain Circulation: Transnational Communities and Regional Upgrading in India and China." *Comparative International Development* 40, no. 2: 35–61.

Schulte, Barbara. 2017. "Private Schools in the People's Republic of China: Development, Modalities and Contradictions." In *Private Schools and School Choice in Compulsory Education: Global Change and National Challenge*, ed. Thomas Koinzer, Rita Nikolai, and Florian Waldow, 115–31. Wiesbaden: Springer.

Scott-Clayton, Judith, Peter M. Crosta, and Clive R. Belfield. 2012. "Improving and Targeting of Treatment: Evidence from College Remediation." National Bureau of Economic Research, working paper no. 18457 (October). https://www.nber.org/papers/w18457.

Searle, Wendy, and Colleen Ward. 1990. "The Prediction of Psychological and Sociocultural Adjustment During Cross-Cultural Transitions." *International Journal of Intercultural Relations* 14, no. 4: 449–64. doi:10.1016/0147-1767(90)90030-Z.

Semotiuk, Andy. 2018. "International Students Pour into Canada While the U.S. And Others Lag Behind." *Forbes*, November 16, 2018.

Semotiuk, Andy. 2019. "Recent Changes to the H1B Visa Program and What Is Coming in 2019." *Forbes*, January 2, 2019. https://www.forbes.com/sites/andyjsemotiuk/2019/01/02/recent-changes-to-the-h1b-visa-program-and-what-is-coming-in-2019/#7b36e7e44a81.

Seymour, Elaine. 2000. *Talking About Leaving: Why Undergraduates Leave the Sciences*. Boulder, CO: Westview Press.

Shavit, Yossi, and Hans-Peter Blossfeld. 1993. *Persistent Inequality: Changing Educational Attainment in Thirteen Countries*. Boulder, CO: Westview Press.

Shen, Wei. 2008. "International Student Migration: The Case of Chinese 'Sea-Turtles.'" In *World Yearbook of Education 2008*, ed. Debbie Epstein, Rebecca Boden, Rosemary Deem, Fazal Rizvi, and Susan Wright, 211–31. New York: Routledge.

Shen, Xiaoxiao, and Kellee S. Tsai. 2016. "Institutional Adaptability in China: Local Developmental Models Under Changing Economic Conditions." *World Development* 87: 107–27.

Soong, Hannah. 2016. *Transnational Students and Mobility: Lived Experiences of Migration*. London: Routledge.

Soong, Hannah, Garth Stahl, and Hongxia Shan. 2018. "Transnational Mobility Through Education: A Bourdieusian Insight on Life as Middle Transnationals in Australia and Canada." *Globalisation, Societies, and Education* 16, no. 2: 241–53.

Steele, Liza G., and Scott M. Lynch. 2013. "The Pursuit of Happiness in China: Individualism, Collectivism, and Subjective Well-Being During China's Economic and Social Transformation." *Social Indicators Research* 114, no. 2: 441–51.

Stevens, Mitchell L. 2009. *Creating a Class: College Admissions and the Education of Elites*. Cambridge, MA: Harvard University Press.

Stevenson, Harold, and James W. Stigler. 1994. *Learning Gap: Why Our Schools Are Failing and What We Can Learn from Japanese and Chinese Education*. New York: Simon and Schuster.

Storer, Norman W. 1967. "The Hard Sciences and the Soft: Some Sociological Observations." *Bulletin of the Medical Library Association* 55: 75–84.

Storer, Norman W. 1972. "Relations Among Scientific Disciplines." In *The Social Contexts of Research*, ed. Saad Z. Nagi and Ronald G. Corwin, 229–68. New York: Wiley Interscience.

Sue, David., Sue M. Diane, and Steve Ino. 1990. "Assertiveness and Social Anxiety in Chinese-American Women." *Journal of Psychology* 124, no. 2: 155–63.

Suen, Hoi K., and Lan Yu. 2006. "Chronic Consequences of High Stakes Testing? Lessons from the Chinese Civil Service Exam." *Comparative Education Review* 50, no. 1: 46–65. doi: 10.1086/498328.

Tang, Joyce. 2000. *Doing Engineering: The Career Attainment and Mobility of Caucasian, Black, and Asian-American Engineers*. Lanham, MD: Rowman & Littlefield.

Taylor, Keeanga-Yamahtta. 2016. *From #BlackLivesMatter to Black Liberation*. Chicago: Haymarket.

Thomas, Susan. 2017. "The Precarious Path of Student Migrants: Education, Debt, and Transnational Migration Among Indian Youth." *Journal of Ethnic and Migration Studies* 43, no. 11: 1873–89.

Thornton, Arland, and Thomas E. Fricke. 1987. "Social Change and the Family: Comparative Perspectives from the West, China, and South Asia." *Sociological Forum* 2, no. 4: 746–79.

Times Higher Education. 2018. "World University Rankings." Accessed April 9, 2018. https://www.timeshighereducation.com/world-university-rankings/2018/world-ranking#!/page/0/length/25/sort_by/rank/sort_order/asc/cols/stats.

Ting-Toomey, Stella. 1989. "Identity and Interpersonal Bonding." In *Handbook of International and Intercultural Communication*, ed. Molefi Kete Asante and William B. Gudykunst, 351–73. Newbury Park, CA: Sage.

Tinto, Vincent. 1987. *Leaving College: Rethinking the Causes and Cures of Student Attrition*. Chicago: University of Chicago Press.

Tong, Yanqi. 2011. "Morality, Benevolence, and Responsibility: Regime Legitimacy in China from Past to the Present." *Journal of Chinese Political Science* 16, no. 2: 141–59.

Trice, Andrea G. 2004. "Mixing It Up: International Graduate Students' Social Interactions with American Students." *Journal of College Student Development* 45, no. 6: 671–87.

Trice, Andrea G. 2007. "Faculty Perspectives Regarding Graduate International Students' Isolation from Host National Students." *International Education Journal* 8, no. 1: 108–17.

Trow, Martin A. 1973. *Problems in the Transition from Elite to Mass Higher Education*. Berkeley, CA: Carnegie Commission on Higher Education.

Tsui, Amy B. M. 1996. "Reticence and Anxiety in Second Language Learning." In *Voices from the Language Classroom*, ed. Kathleen M. Bailey and David Nunan, 145–67. Cambridge: Cambridge University Press.

Tuan, Mia. 1998. *Forever Foreigners or Honorary Whites?: the Asian Ethnic Experience Today*. Rutgers University Press.

Tucker, Marc S. 2011. *Surpassing Shanghai: An Agenda for American Education Built on the World's Leading Systems*. Cambridge, MA: Harvard Education Press.

Turner, Yvonne. 2006. "Students from Mainland China and Critical Thinking in Postgraduate Business and Management Degrees: Teasing Out Tensions of Culture, Style, and Substance." *International Journal of Management Education* 5, no. 1: 3–11.

Tyre, Peg. 2016. "How Sophisticated Test Scams From China Are Making Their Way into the U.S." *Atlantic*, March 21, 2016. https://www.theatlantic.com/education/archive/2016/03/how-sophisticated-test-scams-from-china-are-making-their-way-into-the-us/474474/.

U.S. Citizenship and Immigration Services. 2017. "Buy American and Hire American." https://www.uscis.gov/legal-resources/buy-american-hire-american-putting-american-workers-first.

U.S. Citizenship and Immigration Services. 2019. "H-1B Fiscal Year (FY) 2019 Cap Season." https://www.uscis.gov/working-united-states/temporary-workers/h-1b-specialty-occupations-and-fashion-models/h-1b-fiscal-year-fy-2018-cap-season.

U.S. Department of State. 2005. "U.S. Extends Visa Validity for Chinese Students and Exchange Visitors." June 15, 2005. https://2001-2009.state.gov/r/pa/prs/ps/2005/47974.htm.

Wacker, Gudrun. 2003. "The Internet and Censorship in China: Gudrun Wacker." In *China and the Internet*, ed. Christopher R. Hughes and Gudrun Wacker, 70–94. London: Routledge.

Wallerstein, Immanuel. 2011. *The Modern World-System I: Capitalist Agriculture and the Origins of the European World-Economy in the Sixteenth Century, with a New Prologue*. Vol. 1. Berkeley: University of California Press.

Wang, Feng. 2008. *Boundaries and Categories: Rising Inequality in Post-Socialist Urban China*. Stanford, CA: Stanford University Press.

Wang, Feng. 2016. "China's Population Destiny: The Looming Crisis." *Brookings*, July 28, 2016.

Wang, Xiang. 2016. "Why a Trump Crackdown on Visa Programs Would Benefit Foreign Students." *Forbes*, December 1, 2016. https://www.forbes.com/sites/xiangwang/2016/12/01/why-a-trump-crackdown-on-visa-programs-could-benefit-foreign-students/#7dd3ac49e0ac.

Wank, David L. 1996. "The Institutional Process of Market Clientelism: Guanxi and Private Business in a South China City." *China Quarterly* 147: 820–38.

Waters, Johanna L. 2005. "Transnational Family Strategies and Education in the Contemporary Chinese Diaspora." *Global Networks* 5, no. 4: 359–77.

Waters, Johanna L. 2007. " 'Roundabout Routes and Sanctuary Schools': the Role of Situated Educational Practices and Habitus in the Creation of Transnational Professionals." *Global Networks* 7, no. 4: 477–97.

Wederman, Andrew. 2004. "The Intensification of Corruption in China." *China Quarterly* 180: 895–921.

Wedeman, Andrew. 2012. *Double Paradox: Rapid Growth and Rising Corruption in China*. Ithaca, NY: Cornell University Press.

Weenink, Don. 2008. "Cosmopolitanism as a Form of Capital: Parents Preparing their Children for a Globalizing World." *Sociology* 42, no. 6: 1089–106.

Wei, Meifen, Puncky P. Heppner, Michael J. Mallen, Tsun-Yao Ku, Kelly Yu-Hsin Liao, and Tsui-Feng Wu. 2007. "Acculturative Stress, Perfectionism, Years in the United States, and Depression Among Chinese International Students." *Journal of Counseling Psychology* 54, no. 4: 385.

Weisberg, Robert W. 1993. *Creativity: Beyond the Myth of Genius*. New York: W. H. Freeman.

Whyte, Martin King, ed. 2010. *One Country, Two Societies: Rural-Urban Inequality in Contemporary China*. Cambridge, MA: Harvard University Press.

Will, Nancy Li. 2016. "From Isolation to Inclusion: Learning of the Experiences of Chinese International Students in US." *Journal of International Students* 6, no. 4: 1069–75.

Wong, Alia. 2018. "Should America's Universities Stop Taking So Many International Students?" *Atlantic*, June 28, 2018. https://www.theatlantic.com/education/archive/2018/06/international-students/563942/.

Wright, Kevin B. 2005. "Researching Internet-Based Populations: Advantages and Disadvantages of Online Survey Research, Online Questionnaire Authoring Software Packages, and Web Survey Services." *Journal of Computer-Mediated Communication* 10, no. 3: JCMC1034.

Wu, Cary, and Rima Wilkes. 2017. "International Students' Post-Graduation Migration Plans and the Search for Home." *Geoforum* 80: 123–32.

Wu, Qi. 2015. "Re-Examining the 'Chinese Learner': A Case Study of Mainland Chinese Students' Learning Experiences at British Universities." *Higher Education* 70, no. 4: 753–66. doi:10.1007/s10734-015-9865-y.

Wu, Wendy. 2018. "US Voids 10-Year Multiple-Entry Visas for Some Chinese Researchers." *South China Morning Post*, November 22, 2018.

Wu, Xiaogang, and Zhuoni Zhang. 2010. "Changes in Educational Inequality in China, 1990–2005: Evidence from the Population Census Data." In *Globalization, Changing Demographics, and Educational Challenges in East Asia*, ed. Emily Hannum, Hyunjoon Park, and Yuko Goto Butler, 123–52. Bingley, UK: Emerald Group Publishing.

Wu, Xiaogang. 2010. "Economic Transition, School Expansion and Educational Inequality in China, 1990–2000." *Research in Social Stratification and Mobility* 28, no. 1: 91–108.

Wu, Xiaoxin. 2012. "School Choice with Chinese Characteristics." *Comparative Education* 48, no. 3: 347–66.

Xiang, Biao. 2007. *Global "Body Shopping": An Indian Labor System in the Information Technology Industry*. Princeton, NJ: Princeton University Press.

Xu, Xiaoqiu. 2006. "The Dilemma of Chinese Students in America: To Return or Stay?" Unpublished MA thesis, University of Southern California.

Xu Xinchen. 2018. "What Does It Take to Get into China's Top Unversities?" *China Global Television Network* (CGTN), June 9, 2018. https://news.cgtn.com/news/3d3d674e7841444d78457a6333566d54/share_p.html

Xu, Xueyang, Zhuoqing Morley Mao, and John A. Halderman. 2011. "Internet Censorship in China: Where Does the Filtering Occur?" In *International Conference on Passive and Active Network Measurement*, 133–42. Berlin: Springer.

Xuetong, Yan. 2006. "The Rise of China and Its Power Status." *Chinese Journal of International Politics* 1, no. 1: 5–33.

Yan, Kun, and David C. Berliner. 2011. "Chinese International Students in the United States: Demographic Trends, Motivations, Acculturation Features, and Adjustment Challenges." *Asia Pacific Education Review* 12, no. 2: 173–84.

Yan, Min. 2010. *The History of Sociology in China* [in Chinese]. Tsinghua University Press. Beijing, China.

Yeung, Wei-Jun Jean. 2013. "Higher Education Expansion and Social Stratification in China." *Chinese Sociological Review* 45, no. 4: 54–80.

Young, Natalie A. E. 2017. "Departing from the Beaten Path: International Schools in China as a Response to Discrimination and Academic Failure in the Chinese Educational System." *Comparative Education* 54, no. 2: 159–80. doi:10.1080/03050068.2017.1360566.

Yu, Xie, and Alexandra A. Killewald. 2012. *Is American Science in Decline?* Cambridge, MA: Harvard University Press.

Yuan, Wenli. 2011 "Academic and Cultural Experiences of Chinese Students at an American University: A Qualitative Study." *Intercultural Communication Studies* 20, no. 1, 141–57.

译后记

2016年,在国内接受了完整的本科与研究生教育之后,我踏上了赴美读博士的旅程,有幸成为马颖毅教授指导的学生。读博期间,我担任马老师的课程助教,跟随她开展研究项目,近距离接触了马老师的学问和为人。同时,在中美两国经历了不同的大学教育、感受了两种不同的社会环境,又在留学期间亲身体会到国际时局变动对留学生的影响,让我在2020年初读此书时,就想把它翻译介绍给国内的读者。幸运的是,四年后,在雅理的推动下,这个愿望得以实现。接下来,我愿意简要分享我个人阅读翻译此书的心得体会,希望能对国内读者有所裨益。

一

从19世纪70年代清政府派出留美幼童算起,远渡重洋的留学生在中国迈向现代化的历程中一直扮演着非常重要的角色。詹天佑、周恩来、鲁迅、胡适、钱学森、华罗庚、邓稼先……这些在中国近现代史上留下璀璨印记的名字,都曾经拥有一个共同的身份——留学生。可以说,留学生群体不仅肩负了近现代中国向国外学习先进科学技术和经济政治制度的重任，也是中外文化交流与文明互鉴的主要载体。

而要理解本书的内容，需要考虑三个方面。第一个方面是宏观的时代背景。改革开放后，随着中国经济的腾飞与社会的发展，留学的目的与留学生的类型都有了显著变化。特别是在21世纪，自费留学的本科生人数快速增长，首次出国的年龄逐渐变小。从2014年起，美国高校的中国本科生入学人数超过研究生入学人数。与此相伴的是中国留学生，或者说，中国人对于西方与自身看法的变化。对于留学生的考察无法脱离这一全球化的时代背景和中国社会的变化。

第二个方面是教育的作用。中国有"大学之道，在明明德，在亲民，在止于至善"的传世之语，虽然此"大学"不能完全对应今日的高等教育机构，但却凸显了教育对文明具有的教化作用；西方同样强调教育对文明的作用，从古希腊将公民教育作为实现城邦正义的必要条件、柏拉图倡导培养"the man in man"到杜威的"教育即生活"。教育绝非仅仅局限于课堂专业知识的讲授，同时也与公共生活和社会发展息息相关。留学生直接接触的美国教育体系，往往体现了美国社会的根本特征，包括其优点与缺点。

第三个方面涉及留学生的个人成长，从个体的角度来看，大多数留学生赴美留学的年龄为18—30岁，这一阶段正是思想变动与价值观逐渐成形的关键时期。在不同文化的交融与碰撞中，他们逐步探索出自己的志向和选择。这一过程不可避免地涉及与原有规范的冲突以及对规范的重组。不同教育模式共同起作用，不仅给留学生提供进入社会的学历凭证，也帮助留学生确定自己的人生道路。因此，研究留学生的经历本身就是在研究更广阔的跨文化教育对个体的塑造意义。

之前对于留学生群体的媒体报道常常充斥着刻板印象，将其描述为在社会经济地位上具有同质性的优势群体，学术研究则多关注他们在融入当地文化方面的不足。本书则强调理解留学生个体的主体性，并从上述三个方面对其进行讨论，主张理解留学生在海外的自我塑造过程同样需要考虑中美之间的教育、社会和文化背景。留学的过程同时也是两个不同的文化冲撞融合的过程。

二

本书令我印象最为深刻的地方正在于此，它既将留学生的经历放在中国和美国社会的宏观背景中考察，又以学生个体的主体性和多维度的经历为出发点。本书采用了量化研究与质性访谈相结合的混合研究方法，包含丰富的数据，也呈现了持有不同经济和文化资本的中国留学生自己的声音和经历。这实际上也是马老师在日常研究工作中经常教给我的——将个人体验与时代特征结合在一起，避免在陈词滥调和狭隘偏见中得出僵化教条的结论。在我看来，这种观点在社会科学研究中几乎可以说是头等重要的。尽管研究对象都受到时代的影响，但每个人又都是活生生的、包含不同经历与心境的复杂个体。对于这些个体的研究，要避免简单的脸谱化理解、警惕理论套用式的笼统概括。

此外，本书还具有非常明显的跨学科视野，涉及社会学、心理学、教育学、国际关系等诸多领域。这想必与马老师在学生时期从英语语言文学转向统计学与社会学专业，并将主要的研究兴趣放在教育领域有关。她在与我的交流中，似乎从不受任何学科条条框框的束缚，对于知识和事物始终保持开放的心态。作为一名生于中国、学术生涯开始于美国的社会学家，马老师有着难得的对于中国社会的融入式理解。就像她在书中得出的结论，美国教育对批判性思维和创造力的重视吸引了中国学生，而中国教育基于努力的学习观也培养了中国学生的毅力和坚持不懈的精神，从而为科技创新奠定了基础。"念终始典于学"，这一看似简单的表述实际上蕴含了极为深刻的含义，体现了人类不同文明的相互印证、相互学习，没有对两国教育制度和文化结构的开放而诚实的态度，是不能得出这样的结论的。社会学经验研究，所追求的也是这种用客观的态度收集各种可以证否的证据，并不断修正的过程。

通过这种方式，本书打破了几个固有的有关中国留学生的偏见，例如认为中国的本科留学生在经济上都处于优势地位、为了逃避高考或者因在国内高考制度中失败才来到了美国、在美国课堂上经常违反学术伦理等。即便是一些常见的现象，诸如中国留学生在申请过程中求助留学中介、在美国课堂上不爱发言、在社交上容易和自己人抱团，本书也进行了更加详细的区分，追溯了这些现象背后的文化、经济、政治背景和教育体制的成因。在日常交往中，马老师也常常对于某个看似常见的现象刨根问底。她似乎总能揭示简单现象背后的复杂结构和多重因素，看到事物的本质。

最后，本书的结论同样发人深省。"雄心勃勃"与"忧心忡忡"这一二元对照共生的心态不仅为年轻的留学生所有，甚至在很大程度上映射出当代中国人的集体境况。当然，由于留学生群体需要面对更加陌生的美国教育体系和社会文化规则，这种雄心与忧虑并存的双重性具体表现在了留学生申请大学、社交学习、就业定居的过程中。本书将"忧虑"的源头归于中美两国截然不同的教育体系、文化价值观和社会规范，并在最后发人深省地提到，这种雄心与忧虑的双重性正是当代中国的真实写照："一个快速崛起且变化迅猛的国家，以至于难以认知自我。"

三

本书英文版出版于2020年，主要的问卷调查与访谈工作完成于2013年至2017年间，有关国际背景变化的介绍基本停留在2018年。这一段时间正好是中国本科留学生数量飞速增长的时期。众所周知，2018年至今，中美关系与国内外形势有了新的变化，这也影响了赴美留学生特别是本科生数量的增长。那些已经在美留学的学生身处时代变动之中，面临着更大的不确定性。不过，只要全球化的趋势依然延续，本书所关心的留学生的议题就依旧没有过时。

承接上述提到的三个方面，我认为，对留学生的研究不仅仅关乎年轻人的教育问题，更因留学生群体所独有的载体作用，具有了文化比照的特征。例如书中提到的一个略显讽刺的结论，在美国接受了批判性思维教育的中国留学生，对美国的态度从浪漫化的想象转变为批判性和现实性的认知。这样的结论绝非对某个体系好于另一个体系的证明，而更像是具备了跨文化视野的年轻人能够使用更加辩证的态度看待事物的表现。留学生在西方社会的经历，使他们往往能够基于课堂内外的切身体会来比较中国与西方，以此理解自己的国家，并进一步理解自己。

由于翻译时间较为紧张，我邀请了蔡冲尔、顾志豪、李燕姿、荣扬超、于瑶卉、朱泓颐（排名不分前后）与我共同完成了翻译工作。他们的认真负责和团队精神大大减轻了我的翻译压力，也尽可能地避免了多人翻译可能导致的前后表述不一致。与这些同学合作，让我翻译本书的过程愉快而有意义。其中有些同学在阅读翻译本书之后，坚定选择了出国交换或者读研。在此过程中，马颖毅教授随时为我们的翻译提供指导并答疑解惑。当然，如果本书的翻译出现任何错误，责任应由我最终承担。

展　宁
2024年7月